集人文社科之思　刊专业学术之声

集 刊 名：知识产权与市场竞争研究

主办单位：武汉大学知识产权与竞争法研究所
　　　　　湖北省法学会竞争法学研究会

主　　编：宁立志

JOURNAL OF INTELLECTUAL PROPERTY AND MARKET COMPETITION No.7

第7辑

集刊序列号：PIJ-2018-340

中国集刊网：www.jikan.com.cn

集刊投约稿平台：www.iedol.cn

JOURNAL OF
INTELLECTUAL PROPERTY AND
MARKET COMPETITION

No.7

知识产权与
市场竞争研究

宁立志●主编

第 7 辑

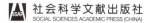

社会科学文献出版社
SOCIAL SCIENCES ACADEMIC PRESS (CHINA)

卷首语

在学界各位同人的鼓励与支持下，《知识产权与市场竞争研究》已经顺利出版了6辑。本书作为第7辑，仍聚焦于知识产权法和竞争法领域的理论探讨及实务研究，考虑选题性质、收稿时间等因素，精选出了13篇文章，分别收录于"互联网领域不正当竞争专题"、"理论聚焦"、"学术专论"以及"青年论坛"四个栏目中。

"互联网领域不正当竞争专题"栏目共收录了2篇文章，分别聚焦网络广告屏蔽行为与流量竞争行为。宁立志和钟思颖的《网络广告屏蔽行为的法律规制》梳理了理论上对网络广告屏蔽行为的观点冲突，并分别就网络广告屏蔽行为的四种主要法律规制路径进行述评，探讨存在的不足之处，进而主张应适当转变网络广告屏蔽行为的评判理念，从道德评判走向经济分析，从行为动机考察走向竞争效果衡量，改变中心化的价值评判理念，更多地转向多重价值间平衡的分析视角。孟奇勋和李靖的《流量竞争行为的损害赔偿：价值评判与量化规范》梳理了流量竞争行为的基本类型与典型案例，主张将用户流量视作平台的财产利益纳入赔偿范围并量化赔偿数额，提出在损害事实认定层面，应结合无形资产评估的成本法、收益法、市场法进行价值评判，确定用户流量损失的赔偿内容及计算方式；在赔偿数额量化层面，应遵循因果关系、损益相抵以及过失相抵等原则，以多元渠道取数并采取公证鉴定等方式，确保损害赔偿数额计算的合理性。

"理论聚焦"栏目共收录了4篇文章，聚焦前沿法律问题，深剖背后法学理论。本栏目的第一篇文章是丁文和邓宏光合作的《论专利开放许可制度中的使用费问题——兼评〈专利法修正案（草案）〉第16条》，主张不应将明确许可使用费支付方式和标准作为专利开放许可声明成立的前提条件，并讨论了专利开放许可中许可使用费的确定方式与行政机关确定许可使用费的原则与标准。张江莉与张镭在《社交网络平台的大数据竞争及其规制》一文中指出，规范数据竞争行为，核心是把握好三方面的关系：一是社交网络平台之间的关系，二是社交网络平台和用户之间的关系，三是社交网络平台和商户之间的关系。这三对关系中均蕴含着潜在的竞争法风险。邱越的《反垄断法视角下的开放银行论纲》在厘清开放银行的定义、源起及运行机制的基础上，认为开放银行将颠覆传统银行业的市场结构及竞争格局，异化传统银行业的垄断行为，带来垄断协议、滥用市场支配地位、经营者集中以及行政性垄断方面的问题，进而提出了我国开放银行发展及监管的原则性思路。谢枕寒的《开放源代码的反垄断悖论——由微软"Edge"浏览器内核迁移事件说起》揭示了开源软件的垄断风险，主张应重新审视开源软件与竞争秩序的相容性，避免作为反抗垄断手段而生的开源软件演变为软件市场上新的垄断力量。

"学术专论"栏目共收录了4篇文章，分别针对我国创意成果的知识产权保护、商标指示性合理使用问题、知识产权法定赔偿制度的构建、姓名商标与姓名权的冲突及其解决等问题进行了富有见地的探索。杨巧与鲁甜在《论创意成果的知识产权保护》中指出创意产业的保护存在制度供给不足与理论研究不深入的问题，主张对于未纳入知识产权保护体系的创意成果，目前仍可适用现有知识产权法律制度予以保护，待时机成熟后，应设立创意成果权或创意成果提供权制度。冯晓青和陈彦蓉的《商标指示性合理使用问题研究》从理论与实践两个方面探讨了商标指示性合理使用过程中出现的主要问题，并从商标指示性使用的适用情形与构成要件两个方面对商标指示性使用的体系进行重新构建。张广良教授在《中国知识产权法定赔偿制度的异化及再造》中强调，知识产权法定赔偿制度被严重异化，不利于加大对权利人的赔偿力度，应在完善以权利人损失、侵权人获利或参照涉案知识产权市场价值等确定损害赔偿的方法的基础上，再造中国法定赔偿制度。凌洪斌的《姓名商标与姓名权的冲突及其解决》聚焦姓名商标与姓名权的冲突问题，通过分析二者的识别功能与财产属性明晰了冲突的内在原因，指出可以从细化姓名商标授权确权的各项条件、明确商标申请注册时应避让的在先权利等两个方面解决二者的冲突。

"青年论坛"栏目共收录了 3 篇文章。桂栗丽的《〈反不正当竞争法〉中竞争关系司法认定与立法改进——以"头腾大战"等平台型企业相关案例为引证》提出，平台企业不正当竞争行为的认定应遵循竞争利益、竞争行为、竞争损害、竞争评估的判断顺序，摒弃传统的地域、行业判断竞争关系的判断方式，根据平台企业特点考虑其中的竞争关系。王亚岚的《从欧美案例分析判定 FRAND 许可费率的最佳方法》聚焦于如何在 FRAND 原则下确定标准必要专利的专利许可费率，根据欧美判例法中的相关案例对可比协议法和自上而下法这两种方法进行了分析，认为自上而下法的主要缺陷在于主观性较强，并且没有充分准确地考虑技术的实际价值；可比协议法则仔细审查了在现实生活中的许可谈判下经由专业人士协商所达成的实际协议，从理论和实践角度来看都更为可靠。赵超在《数据抓取行为的不正当竞争认定路径研究》一文中提出，司法机关在审理数据抓取不正当竞争案件时应革新审判思路，结合互联网经济的发展特性和反不正当竞争法基础理论，从数据权益、市场效果等角度出发，构建利益整体保护观念，在依法规制不正当竞争行为、维护市场秩序的同时，为互联网相关产业的发展提供行为范式与价值引导。

《知识产权与市场竞争研究》的出版离不开各位作者、编辑以及其他工作人员的热情支持和无私奉献，希望第 7 辑能够起到凝聚学术共识、研拟法治策略的作用，为推动中国知识产权法与竞争法理论与实务研究的不断深入和发展略效绵力。

知识产权与市场竞争研究

第 7 辑

2021 年 11 月出版

互联网领域不正当竞争专题

网络广告屏蔽行为的法律规制 ······················ 宁立志　钟思颖 / 3

流量竞争行为的损害赔偿：价值评判与量化规范

···················· 孟奇勋　李　靖 / 49

理论聚焦

论专利开放许可制度中的使用费问题

——兼评《专利法修正案（草案）》第 16 条

···················· 丁　文　邓宏光 / 67

社交网络平台的大数据竞争及其规制 ·············· 张江莉　张　镭 / 84

反垄断法视角下的开放银行论纲 ···················· 邱　越 / 111

开放源代码的反垄断悖论

——由微软"Edge"浏览器内核迁移事件说起 ·············· 谢枕寒 / 130

学术专论

论创意成果的知识产权保护 ···················· 杨　巧　鲁　甜 / 149

商标指示性合理使用问题研究 ···················· 冯晓青　陈彦蓉 / 167

中国知识产权法定赔偿制度的异化及再造 ·············· 张广良 / 204

姓名商标与姓名权的冲突及其解决 ·················· 凌洪斌 / 238

青年论坛

《反不正当竞争法》中竞争关系司法认定与立法改进

——以"头腾大战"等平台型企业相关案例为引证 ······· 桂粟丽 / 255

从欧美案例分析判定 FRAND 许可费率的最佳方法 …………… 王亚岚／275

数据抓取行为的不正当竞争认定路径研究 …………………… 赵　超／296

征稿启事 ………………………………………………………………… ／312

互联网领域不正当竞争专题

《知识产权与市场竞争研究》第 7 辑
第 3~48 页
© SSAP，2021

网络广告屏蔽行为的法律规制

宁立志　钟思颖 *

内容提要：网络广告屏蔽行为是否应受法律规制的问题在理论研究和司法实践中均存在重大争议，该行为中诸多相互矛盾的利益诉求更提升了行为可责性的评判难度。于社会整体发展而言，既需充分实现信息的自由流动，亦需通过网络广告屏蔽等技术的发展促进信息控制技术的进步，以实现社会对信息的可控和无扰的需求，一律放任或一律禁止网络广告屏蔽均不利于社会整体效益的提升。

现有评判思路及评判理念存在不足，应改变中心化的价值评判理念，转向多重价值间平衡的分析视角，可从反垄断法上借鉴制度资源，形成合理原则下的分析及评判思路。可从网络广告屏蔽行为的行为客体、行为主体、行为方式以及行为后果四个层面明确具体的判别要素，在个案中逐一考量。当个案行为中合理因素多于不合理因素时，整体上应对行为予以宽容；反之当不合理因素更多时，整体上行为应受法律规制。

关键词：广告屏蔽；利益平衡；规制路径；合理原则

一　问题的提出

网络广告屏蔽行为是屏蔽工具的提供方通过用户对屏蔽工具的使用，

---

* 宁立志，武汉大学法学院教授、博士生导师，武汉大学知识产权与竞争法研究所所长；钟思颖，武汉大学 2016 级经济法硕士。

实现对网络广告这类互联网信息的处分的行为。行为的直接作用对象是以网页、视频、文章、音乐等为载体的互联网广告，技术层面上须借助一系列的识别技术、比对技术、代码的改写、命令的增添等手段阻却网络广告的最终呈现，并在一定程度上使得互联网经营者之间产生竞争优势的转移。随着近年来广告屏蔽工具使用量的上升，关于该行为的裁判在司法实践中存在不统一的现象，学界对此问题也是众说纷纭。行为涉及技术、市场和法律三重维度，其中体现的多重利益诉求间的矛盾冲突和正反两面的社会效应更加剧了问题的复杂性。

（一）网络广告屏蔽行为的司法实践与理论争议

1. 实践层面：司法裁判中的不同认识

有关网络广告屏蔽行为的纠纷近年来频繁发生，我国法院在既有的司法裁判中存在对立观点，也出现了对类似案件作出不同判决的"同案不同判"现象。笔者选取几则较为典型的司法案例，从中可以窥见目前法院在此类案件的判决中显著的观点差异。

贝壳网际（北京）安全技术有限公司等与合一信息技术（北京）有限公司等不正当竞争纠纷案①（以下简称"优酷网诉猎豹浏览器不正当竞争案"）和湖南快乐阳光互动娱乐传媒有限公司诉广州唯思软件股份有限公司不正当竞争案②（以下简称"芒果TV诉唯思公司不正当竞争案"）同为网络广告屏蔽案件中较典型的浏览器屏蔽视频网站广告纠纷案件，但在不同案件的判决中、同一案件不同法院的判决中出现了截然相反的观点。第一，优酷网诉猎豹浏览器不正当竞争案中，一审及二审法院均认可视频网站现有"免费视频＋广告"的商业模式具有可受法律保护的利益，肯定其是一

---

① 即猎豹浏览器与优酷视频网站的不正当竞争纠纷，该案被评选为2014年中国法院50件典型知识产权案例及2014年度北京法院知识产权十大案例。参见北京市海淀区人民法院（2013）海民初字第13155号民事判决书、北京市第一中级人民法院（2014）一中民终字第3283号民事判决书。

② 参见广州市黄埔区人民法院（2017）粤0112民初737号民事判决书、广东省广州知识产权法院（2018）粤73民终1022号民事判决书。

种为市场所普遍接受的经营模式，通过其相对稳定的运营能够弥补视频网站在作品著作权方面的支出，维系视频网站的经营。而芒果 TV 诉唯思公司不正当竞争案中，一审法院认为商业模式及其利益并非一项具体的民事权益，视频网站经营者和浏览器经营者在法律地位上是平等的民事主体，浏览器并无呈现视频网站广告的法定或约定义务，双方均有选择经营模式和技术手段的自由，二审法院也进一步认可该观点。第二，优酷网诉猎豹浏览器不正当竞争案中，法院认为屏蔽行为会对用户利益产生不利影响，包括短期来看使得经营者难以负担经营成本，从而导致经营者采用的商业模式向使用户承担更多经济成本的方向变化，以及长期来看使得视频网站丧失生存空间，客观上不利于保护用户利益。而芒果 TV 诉唯思公司不正当竞争案中，一审法院认为消费者并无观看广告的义务，屏蔽行为属于行使我国《消费者权益保护法》所维护的消费者自主选择商品或服务的权利。同时，屏蔽软件的使用不一定会导致既有商业模式的消失，因而未必会影响消费者的长远利益。但是，该案的二审法院对此与一审法院持相反观点，二审法院认为，"免费视频 + 广告"与"会员 + 无广告"的不同模式保持了消费者选择的多样性，广告屏蔽长远来看可能使得消费者无法继续观看免费视频，从而影响消费者长远利益。第三，优酷网诉猎豹浏览器不正当竞争案中，法院认为被诉屏蔽行为既属于破坏视频网站正常经营活动的行为又不当利用了视频网站的经营利益，有违诚实信用原则，故而构成不正当竞争。而芒果 TV 诉唯思公司不正当竞争案中，一审法院认为不明确针对特定主体开发和使用的广告屏蔽行为难以被认定为违背诚实信用原则和公认的商业道德，不构成不正当竞争。但是，该案的二审法院则认为，拦截他人合法经营的广告属于对他人在广告内容上的处分权的侵害，违背了互联网行业惯例及通行做法，即违反了互联网领域公认的商业道德。

芒果 TV 诉唯思公司不正当竞争案已非广告屏蔽类案件中首例二审改判的案件，此前审结的深圳市腾讯计算机系统有限公司与北京世界星辉科技有限责任公司不正当竞争纠纷案①（以下简称"腾讯公司与世界星辉公司不正当竞争纠纷案"）中，一审法院与二审法院的观点已出现相互对立。接连出现的一、二审法院观点相斥的现象使此类案件判决中的矛盾冲突越发凸显。腾讯公司与世界星辉公司不正当竞争纠纷案中，一审法院认为，"损害"是市场竞争天然的对抗性所必然导致的结果，仅市场竞争中有主体受有损害，尚不能构成评价竞争行为正当性的倾向性要件。屏蔽技术的使用和发展于技术创新及社会公众利益是有益的，具有选择性屏蔽广告功能的浏览器不针对特定经营者，未对竞争对手造成根本损害，因此屏蔽行为不足以被认定为不正当竞争行为。而二审法院反对上述观点，认为市场经营中经营者的合法经营行为不受他人干涉，屏蔽行为属于直接干涉、插手经营者合法经营的行为，违反商业道德，屏蔽行为的长期存在不利于用户的长远利益和社会总体福利。行为是否具有针对性不影响行为性质的认定，况且被诉屏蔽行为因需要单独对经营者进行设置而具有针对性。由此，二审法院对一审判决予以改判，将行为认定为不正当竞争行为。

从上述司法裁判的比较中可以看出，目前我国司法实践中对于网络广告屏蔽行为是否应当受到法律规制的问题出现了裁判标准上的不统一，部分案件中甚至存在评判态度截然相反的现象。这也为进一步研究和解决此问题、探寻更适当的应对路径留有空间。

2. 理论层面：学界探讨众说纷纭

针对网络广告屏蔽行为是否应受法律制裁，学界存在多种不同观点，具体到如何规制的问题更是众说纷纭。

部分学者主张网络广告屏蔽行为构成不正当竞争行为，认为商业模式及其背后的利益值得法律保护，与既往判决中法院的观点有相似性。持类似观点学者的主要论点在于，一方面，屏蔽行为符合不正当竞争行为的判定要件，视频网站的商业模式为用户所普遍接受且为视频网站经营者收回

---

① 参见北京市朝阳区人民法院（2017）京 0105 民初 70786 号民事判决书、北京知识产权法院（2018）京 73 民终 558 号民事判决书。

运营成本的重要途径，其完整性及背后的法益均应受法律保护，网络广告屏蔽行为从根本上破坏了合法的商业模式故而具有不正当性；另一方面，屏蔽技术的提供者开发及促使消费者使用屏蔽功能的行为存在主观过错，故不适用技术中立抗辩，行为对消费者长远利益有不利影响，故亦不适用消费者抗辩。[①] 在此基础上，有学者进一步论证保护视频网站商业模式的合理性及经济必要性。[②]

部分学者则持截然相反的观点，认为网络广告屏蔽行为具有正当性，不构成不正当竞争行为。持类似观点学者的主要论点在于，一方面，否定经营者的商业模式或经营模式属于受法律保护的利益，因为商业模式或经营模式在"干扰"和"破坏"之下不断变化和更新正是市场竞争发挥作用的体现，对商业模式的保护将导致对技术创新、用户体验和消费者需求等价值的忽视；另一方面，屏蔽技术符合技术中立的要求，且在微观上有益于对用户选择权的维护和消费者福利的提升，在宏观上因鼓励创新而有益于对公共利益的维护。[③] 在此基础上，有学者进一步提出以比例原则的分析框架考察网络广告屏蔽行为，并论述其具体适用。[④]

[①] 冯晓青、陈东辉：《浏览器屏蔽视频网站广告行为性质研究——关于深圳市某计算机系统有限公司诉北京某科技有限责任公司不正当竞争纠纷案的思考》，《河北法学》2018年第5期；刘建臣：《浏览器屏蔽网页广告行为的不正当竞争认定》，《上海政法学院学报》（法治论丛）2015年第2期；谢兰芳、王喆、关悦：《拦截"正当经营的互联网广告"行为的违法性分析》，《电子知识产权》2016年第7期；袁锋：《浏览器自带网络广告屏蔽功能的竞争法责任研究》，《电子知识产权》2014年第7期；张钦坤、刘娜：《浅析屏蔽视频网站广告行为的违法性》，《中国版权》2015年第4期。

[②] 焦萍：《论反不正当竞争法视阈下视频网站商业模式保护》，《电子知识产权》2016年第9期。

[③] 梁志文：《论〈反不正当竞争法〉下广告屏蔽软件的合法性判断》，《电子知识产权》2018年第1期；张广良：《具有广告过滤功能浏览器开发者的竞争法责任解析》，《知识产权》2014年第1期；朱静洁：《浏览器过滤视频贴片广告行为的认定研究》，《上海政法学院学报》（法治论丛）2018年第1期；刘晓纯、李舒顿：《浏览器过滤贴片广告功能的不正当竞争属性》，《天津法学》2016年第2期；董慧娟、周杰：《对浏览器过滤视频广告功能构成不正当竞争的质疑》，《电子知识产权》2014年第12期。

[④] 兰磊：《比例原则视角下的〈反不正当竞争法〉一般条款解释——以视频网站上广告拦截和快进是否构成不正当竞争为例》，《东方法学》2015年第3期；史欣媛：《利益衡量方法在屏蔽视频广告行为正当性判定中的适用》，《中南大学学报》（社会科学版）2017年第1期。

也有学者从《反不正当竞争法》一般条款的裁判思维与方法视角出发，提出网络广告屏蔽行为的正当性判断应突破寻求"唯一正解"的思维，在多个相互冲突的法律命题中寻找个案规范，在个案事实中具体权衡，使其更具有确定性。[①]

（二）网络广告屏蔽行为背后的利益诉求

网络广告屏蔽行为涉及多组相互矛盾的利益诉求，复杂而矛盾的利益诉求也是网络广告屏蔽行为产生重大争议的原因之一。笔者将梳理出其中矛盾冲突最为显著的利益诉求进行对比剖析。

1. 商家盈利最大化需求与用户体验最优化需求

商家与用户间的利益矛盾贯穿经营活动始终，体现在网络广告屏蔽行为中即广告背后的互联网经营者实现最大化盈利的需求与用户实现最优化体验的需求间的矛盾。用户对于互联网经营者的经营活动有不断提升商品或服务质量以及用户体验的需求，尤其有对接收到的网络信息能够在最大程度上实现用户自主控制的需求。具体到网络广告领域，大体而言，用户观看意愿弱的广告显示量越少，用户的体验感越好。但广告的发布又是互联网经营者维持经营及实现更多盈利的重要方式，故从经营者视角而言，更多的广告能够带来更大的收益，这份需求也是市场竞争者的天然追求。

商家与用户在经营活动中有着相互依存的关系，用户需要商家为其提供产品或服务，商家开发的产品或提供的服务需要用户的使用才能持续维系，二者的利益在总体上并无冲突，但具体到网络广告这一微观层面却存在一定的利益矛盾，局部上呈现出利益的此消彼长。

盈利最大化是市场经营者持续追求的目标，而用户体验的优化又是增进消费者福祉的体现，此二重利益均应受到充分尊重，但又都不应被极端化。过度保护经营者的盈利诉求将降低用户体验感，不利于保护消费者利

---

① 谢晓尧：《一般条款的裁判思维与方法——以广告过滤行为的正当性判断为例》，《知识产权》2018年第4期。

益，最终亦无益于经营者经营活动的持续良好推进；而过度维护用户体验感又将导致经营者盈利来源和经营动力的缺失。因此，在评判网络广告屏蔽行为时，应尽可能保持商家盈利最大化与用户体验最优化间的平衡。

2. 信息覆盖最大化的需求与信息可控的需求

网络广告从更宏观的层面来看是网络信息的一部分。就信息而言，互联网经营者对其发布的信息有吸引更多注意力资源的需求，该需求属于市场竞争者的正当利益诉求。而就全社会而言，伴随着信息的爆炸式增长信息干扰成为日渐突出的问题，社会对信息有着可控、无害、无扰的需求。具体到网络广告领域，发布的广告在更大范围内覆盖、受到更多的关注是广告发布平台及其背后的广告投放者作为商事主体最核心的需求，与社会整体上对于信息可控的需求矛盾。

信息覆盖最大化是市场经营主体的正当需求，应予维护，而信息的可控、无害和无扰等方面的需求又是全社会的重要需求，在信息传播效率不断革新的工业 4.0 时代，各种信息不断地生成和排放，其中不乏无益于社会进步和发展的内容，故信息可控的需求亦是正当的社会需求。信息作为新时代重要的生产要素和思维资源，倘若不加控制地任其泛滥，反而会阻碍未来社会的良性发展。

网络广告屏蔽技术是信息控制技术的重要体现，屏蔽技术的发展为信息可控和无扰提供了良好基础。因此，在评判网络广告屏蔽行为的过程中，广告发布者的信息在更大范围内覆盖的需求与社会整体层面信息可控的需求均应受到重视，该组矛盾关系亦需予以平衡。

3. 既有商业模式的维护与新型商业模式的探索

商业模式是网络广告屏蔽行为涉及的一个重要元素，商业模式从本质上看是企业的价值创造逻辑，[①] 在经营者获取竞争优势的过程中有突出价值。屏蔽行为人很大程度上就是由于对视频网站等互联网经营者既有的商业模式造成干扰而受到非难。网络广告屏蔽行为中，被屏蔽方即受干扰者

---

① 原磊：《国外商业模式理论研究评介》，《外国经济与管理》2007 年第 10 期。

维护现有商业模式的需求与屏蔽方即干扰者探索新的商业模式的需求间存在矛盾。两方面的需求相互冲突，但均为无可非议的重要利益。

一方面，被干扰者既有的商业模式是市场上相对稳定、用户接受度高的商业模式，为互联网经营者所普遍采用。其既是经营者维系自身经营和保持其收益流的方法，也为互联网用户带来一定福利。如目前视频网站普遍采用的"免费视频＋广告"的商业模式，这一模式为较多用户所接受，在消费者群体中也得到了一定的认可。另一方面，干扰者有催生新的盈利机制的需求，过度维护既有商业模式势必会对新商业模式的创造形成阻碍。经营者的竞争优势通常需建立在创新的基础上，经营者的优势越是难以复制，其经营策略就越发成功。① 新事物、新模式往往正是在对旧事物、旧有模式的破坏过程中产生的，过分维护既有商业模式将无益于促使新的商业模式的生成，对屏蔽技术的过度限制于推动经营策略、经营模式的创新不利，也无益于技术进步。

因此，在评判网络广告屏蔽行为的过程中，亦需注重既有商业模式的维护与新的商业模式的创造之间的利益平衡，既不宜过度打击既有商业模式使其丧失生存空间，也不宜过度保护既有商业模式而阻碍新商业模式的探索，极端化的思路不利于社会整体的发展和进步，对于该组矛盾关系亦需予以充分关注和协调。

（三）网络广告屏蔽行为的社会影响

从网络广告屏蔽行为引发的诸多纠纷及矛盾冲突来看，该行为显然给受到干扰的互联网服务经营者和广告投放方造成了诸多不利影响。但不可否认的是，从互联网用户的角度看，尽管屏蔽行为未必均为合理、妥当，但客观上的确反映了大量用户的现实需求。大众对免费文化的需求使得各种各样的屏蔽产品的诞生有了更强的动力，屏蔽服务提供者也正是瞄准了

---

① 〔比〕保罗·纽尔：《竞争与法律：权力机构、企业和消费者所处的地位》，刘利译，法律出版社，2004，第95页。

大量用户对网络广告忍受程度低这一"痛点",从而吸引了大量互联网用户的关注,实现自身竞争利益的增长。而在信息社会,更为重要的是,信息传播技术的发展与信息控制技术的发展均不宜被忽视,网络广告屏蔽技术的发展和创新对于信息控制技术的发展产生了推动作用。因此,伴随着网络广告屏蔽技术的诞生和广泛使用,对社会整体而言,网络广告屏蔽行为既产生一定的负面影响,也形成一定的正面影响。

1. 负面影响

首先,正如许多法院在网络广告屏蔽纠纷案件判决中的观点,网络广告屏蔽行为在较大程度上冲击了市场上较为稳定的商业模式。例如,鉴于视频网站为作品著作权所付出的巨额成本,主流视频网站平台普遍采用"免费视频+广告"模式弥补该部分成本,而屏蔽行为的实施对该商业模式的顺畅运行形成打击。根据美国 PageFair 2015 年有关广告屏蔽的报告,屏蔽工具的出现使得广告商通过网络广告进行营销的模式受到极大打击,并且使用屏蔽工具的用户以每年41%的幅度增长,而与此同时网络广告带来的收入却减少了三分之一。[①]

网络广告屏蔽行为对于被干扰的互联网经营者的用户流量形成了"截取"效果,相当一部分的注意力资源被"引流"至提供屏蔽技术的互联网经营者一方,对于被干扰的互联网经营者造成了利益上的损害,激化了干扰者与被干扰者间的矛盾,挤压受干扰的互联网经营者的盈利甚至是生存空间。有学者认为,若没有发布广告带来的收入,网站经营者将无法正常提供服务,并将被迫关闭服务或切换为付费模式。广泛使用广告屏蔽软件的最终结果是,互联网用户可不受限制地获取的信息将更少。[②]

同时,也有观点认为,长期使用网络广告屏蔽技术,不利于市场培养

[①] 参见 The Cost of Ad Blocking-PageFair and Adobe 2015 Ad Blocking Report, 2015, last visit July 27, 2021, https://f.hubspotusercontent10.net/hubfs/4682915/Adblock% 20Reports/PageFair% 20Report% 202015. pdf。

[②] 参见 John L. Hemmer, "The Internet Advertising Battle: Copyright Laws Used to Stop the Use of Ad-Blocking Software," *Temple Journal of Science, Technology & Environmental Law* 24 (2005)。

"为作品著作权付费"的用户习惯,因为"免费视频 + 广告"的方式并非真正完全的、全面的免费,其中的"观看广告"客观上是用户付出的时间成本,而网络广告屏蔽技术的运用使得用户既无须付出经济成本,也免除了其时间成本,对于培养互联网用户购买或正版视听作品的观念和使用习惯有所不利。

2. 正面影响

网络广告屏蔽行为也为社会带来了积极影响,最直接的就是推动了信息屏蔽技术的发展与创新,甚至进一步"倒逼"反屏蔽技术的革新。在信息爆炸的时代,信息屏蔽技术能够为用户从数不尽的碎片化信息中识别、抓取、获得真正需要的目标信息提供高效的方式。总体而言,网络媒介相较于传统电视端、纸质媒介而言具有特殊性,互联网用户在使用网络服务时,更具有目标性,需要更直接、快捷地获取信息,并且互联网用户更加关注他们数据传输和接收的速度和效率,网络服务一旦忽视了互联网用户的此两大需求,用户采取屏蔽行为可能具有天然的倾向性。① 当用户主观感知到某些网络信息的显示时长、展示方式或所含内容影响到其个人隐私、互联网体验的舒适度甚至是对网络信息的正当获取时,允许用户采取屏蔽等自力救济的方式保证对所需信息的正当获取或控制是一种对消费者利益的保护措施。

网络广告屏蔽行为既是对现有商业模式的"破坏"力量,也能够促进网络服务提供者对其目前采用的商业模式的优化,并不断增进用户体验。例如,视频网站采用限制自身视频广告的时长、提供快进方式跳过不受特定观众喜爱的广告等途径,能够使用户达到不通过屏蔽软件也可实现避开不愿意观看的广告的效果,此时屏蔽软件的使用反倒成为"多此一举",视频网站因用户使用屏蔽软件造成的损失会减少,用户体验也得以

---

① 参见 Shuai Zhao, Achir Kalra, Cristian Borcea, Ad Blocking and Counter-Ad Blocking: Analysis of Online Ad Blocker Usage (Twenty-third Americas Conference on Information Systems, Boston, 2017)。

提升。

屏蔽网络广告具有保护用户隐私安全的作用，部分用户出于保护隐私目的而主动选择使用屏蔽工具。互联网行业作为一个庞大而复杂的产业，在信息的获取过程中常常涉及用户特定交易信息的交换。伴随着大数据技术的发展，网络广告投放为实现点击量、信服力的增长，越来越向精准化、私人化的方向发展。在"精准营销"的场合，网络广告精准投放的数据来源建立在未必恰当的数据抓取之上，其精准投放的依据可能是未经用户授权使用的浏览数据，或者未经用户同意或许可的第三方匿名机构抓取的数据信息。而通过一定时间的广告投放，能够进一步收集到更多关于用户浏览、购买和搜索记录、关注方向及消费习惯，甚至包括地理位置、语言风格、社交平台的关系和内容等信息。这些信息被用于分析用户喜好和消费倾向，能够提高下一轮广告精准投放产生收益的回报率与速度。但这些行为方式未必为用户所接受或充分尊重用户隐私——为实现广告投放效益的最大化必然导致不断发掘用户特定偏好数据的倾向，从范围和程度上不断侵吞用户的隐私，所谓"本软件用户信息的收集与使用"既不会仅限于本软件应用，也很可能不会全然规范地执行下去。[①] 消费者越来越关注自身网络数据被利用的途径和方式，从而有越来越多的人产生了对个性化信息的滥用及精准营销等行为的负面情绪。因此，现实中有越来越多的用户出于保障自身的隐私安全、提高上网的速度、减少带宽的使用、减少设备中毒的风险等目的选择使用屏蔽工具。[②]

[①] 例如，美国联邦贸易委员会于 2019 年 2 月 28 日发布一项重要裁决，短视频应用"抖音国际版"因非法收集美国儿童数据被处以 570 万美元的罚款。参见 Craig Timberg, Tony Romm, "The U. S. Governmnet Fined the App Now Known As TikTok ＄5. 7 Million for Illegally Collecting Children's Data," *The Washington Post*, February 27, 2019, last visit April 11, 2019, https://www. washingtonpost. com/technology/2019/02/27/us-government-fined-app-now-known-tiktok-million-illegally-collecting-childrens-data/? noredirect = on&utm_ term =. 381728a04a88。

[②] 参见 Nancy H. Brinson, Matthew S. Eastin, Vincent J. Cicchirillo, "Reactance to Personalization: Understanding the Drivers Behind the Growth of Ad Blocking," *Journal of Interactive Advertising* 18 (2018)。

由上述分析可见，多方主体利益间的平衡在评判网络广告屏蔽问题时尤为重要，以"一刀切"的方式全面打击或全面放任网络广告屏蔽行为均不合适，过度打击将导致技术创新失去空间，一味放任又易使得市场上既有的稳定商业模式及其背后的市场经营主体利益遭受重大损失甚至经营难以维系。因此，在分析现有路径存在的不足的基础上，建议尝试引入竞争法中的其他制度资源和理论工具对行为加以评判。

二 网络广告屏蔽行为法律规制路径述评

目前理论和实践中解析网络广告屏蔽行为是否应予规制以及如何规制的主要分析思路可以被提炼为四种规制路径，即著作权规制路径、"避风港规则"路径、侵权责任法规制路径以及反不正当竞争法规制路径，下文将对四种规制路径分别进行阐述和评价。

（一）著作权规制路径

1. 著作权相关规则的运用

运用著作权制度的相关规则应对网络广告屏蔽纠纷有两种具体思路。

第一种思路以创作演绎作品的演绎权为分析核心。对原作品的翻译、改编、摄制、汇编等演绎行为应经过原作品著作权人的许可。数字作品投放到互联网平台时，包含广告、文字、影像等诸多内容，而网络广告屏蔽行为将该数字作品中的广告部分单独予以屏蔽并保留作品中的其他内容，该行为是否构成对原作品的演绎行为，去除广告后形成的内容是否构成一个新的"演绎作品"，学界对此尚有较大争议。若对上述问题的回答是肯定的，则未经原作者许可而创作演绎作品构成对著作权人改编权的侵犯，可适用侵犯著作权的相关规则追究屏蔽行为实施人的责任。

第二种思路直接将屏蔽行为认定为版权侵权，该思路源自域外司法判例。美国的司法实践中有将未经他人许可对其作品删减并公开的行为直接认定为版权侵权行为的判例。① 该判例虽并非直接针对网络广告屏蔽纠纷，但为美国法上适用版权规则处理广告屏蔽等相关纠纷提供了可能性。据此，有学者认为，用户可以被视为拥有在计算机上发布网页的默示版权许可，而未经权利人许可通过屏蔽技术发布没有广告的"删减版本"的行为违反了前述默示版权许可，由此构成对版权的侵犯。②

2. 著作权规制路径的不足

运用著作权法相关规则应对网络广告屏蔽纠纷的思路存在适用范围过窄、权利具有不确定性等问题。

首先，从整体上看，尽管网页内容中包含的文章、音乐、影像、图片等构成著作权法意义上的作品，但经过组合形成一个整体予以发布的网页本身是否构成有独立著作权的作品，存在较大的不确定性。网页在形式上虽然符合汇编作品的外观表征，但实质上能否构成汇编作品仍需满足内容的编排和选择具有独创性的条件。同理，视频作品及视频片前、片中或片尾播放的广告均可单独构成著作权法意义上的作品，但视频与广告未必能够结合视作一个整体作品。从技术上看，有的广告内容已完全嵌入视频中，此时广告已成为视频的一部分，二者构成统一的整体，但在更多的情形下，广告与视频分别从不同的URL③地址加载，此时仍将二者视作一个整体作品未免过于牵强。因此，网络广告屏蔽行为中，承载广告的载体或载体与广告的结合未必构成著作权法意义上的作品，若无作品存在，如何认定行为侵犯著作权？

其次，就以演绎作品为核心的分析思路而言，即使认定发布广告的网

---

① *WGN Continental Broadcasting v. United Video* 案，该案中，被告删去原告新闻节目里植入的文字电视广播后发布该新闻节目，被法院认定为构成因未经授权修改作品而侵犯原告版权的行为。参见黄武双、刘建臣《中美屏蔽网页广告行为法律规制比较》，《竞争政策研究》2015 年第 1 期。

② 参见 John L. Hemmer, "The Internet Advertising Battle: Copyright Laws Used to Stop the Use of Ad-Blocking Software," *Temple Journal of Science*, *Technology & Environmental Law* 24 (2005)。

③ URL 全称为 Uniform Resource Locator，即统一资源定位符，用以标示互联网资源的位置及访问方式。

页或其他内容构成著作权法意义上的作品，然而，对其中的广告予以屏蔽后的内容亦未必足以构成著作权法上的"演绎作品"。主要原因在于，屏蔽行为仅对作品中的一部分进行物理性的隐藏、修改或删除，其中并无创新性元素的介入，所形成的内容难以被认定为具有独创性的表达，因此，多数情形下并不存在对原作品改编而成的演绎作品。

最后，尽管域外实践中有要求完整呈现作品的相关判例，但我国作为成文法国家，著作权法上并无相关的实体法依据。一方面，用户与网络信息发布主体间的默示版权许可合同是否真实存在还存在强烈争议。另一方面，我国著作权法中有保护作品不被歪曲篡改的保护作品完整权，也有保护局部变更的修改权，但尚无直接保护作品内容的完整发布、不得删减的权利。既有的保护作品完整权与修改权有相似之处，但后者主要指对作品内容的局部变更及文字、用语的修正，① 前者强调的是保护作品中表达的思想、感情不受到歪曲或损害作者声誉的实质性改变。笔者认为，保护作品完整权不宜用于协调网络广告屏蔽纠纷，因为屏蔽广告的行为难以被认定为对作品思想构成歪曲或作者声誉造成损害。而修改权限制的是他人对作品的局部修改，形式上与网络广告屏蔽行为相对契合，但正如前文所述，必须当发布网络广告的页面确定构成作品时，该权利才有适用的空间。

可见，被屏蔽之前的原内容是否构成著作权法意义上的作品以及被屏蔽之后的新内容是否构成著作权法意义上的演绎作品，均存在不确定性，从而使得运用著作权规制思路协调网络广告屏蔽行为亦具有很大的不确定性。即使存在适用空间，其实际适用范围也相当狭窄，与如今市场上网络广告屏蔽行为以各种形式普遍而频繁地发生的现状不相契合。

（二）"避风港规则"路径

1. "避风港规则"在屏蔽纠纷中的适用

通过建立一系列"避风港规则"使部分网络行为主体免于承担网络侵

---

① 参见胡康生主编《中华人民共和国著作权法释义》，法律出版社，2002，第43页。

权责任的思路多见于域外实践。尤其是美国，分别有关于网络人格侵权和网络版权侵权的"避风港规则"。

美国《通信规范法》（Communications Decency Act）第 230 条是关于网络服务提供者人格侵权责任限制的"避风港规则"，根据该条款，交互式计算机服务的提供者或使用者不因下列行为承担民事责任：（1）为限制提供方或用户认为淫秽、色情、过度暴力、骚扰或其他令人反感的内容的接触或获取而出于自愿和善意采取的任何行动；（2）向信息内容提供者或其他人提供限制访问前述（1）中内容的技术手段，或为使其获得该等技术手段而采取的任何行动。① 前述交互式计算机服务的提供者，根据该第 230 条的定义，包括过滤、屏蔽、允许或禁止内容的软件提供商，故网络广告屏蔽行为中的屏蔽服务提供商在该条的适用范围内。② 据此，网络广告屏蔽技术的提供者可能因其提供的技术是为限制对用户形成骚扰或令人反感的内容而得以根据"避风港规则"得到豁免。

另一类与屏蔽技术或信息屏蔽行为有关的"避风港规则"是源于美国法上网络版权侵权责任避风港的技术中立原则，该原则在 1984 年的 *Sony Corp. of America v. Universal City Studios* 案③中被提出，根据该原则，如果相关产品已经广泛地用于合法的、难以反对（unobjectionable）的目的，那么制造商和销售商即使知悉其设备可能被用以侵权，也不能认定其构成帮助侵权（contributory infringement）。技术中立原则为技术提供者设置了一种免责规则，为技术服务提供者构筑了"避风港"，一种技术产品只要能够被广泛地用于合法用途，即符合"实质性非侵权用途"标准，则提供行为就不

---

① 参见 47 U. S. Code § 230. （c）（2）。
② 根据 47 U. S. Code § 230. （f）（2），"交互式计算机服务"是指允许多个用户访问计算机服务器的任何信息服务、系统或软件的服务形式；又根据 47 U. S. Code § 230. （f）（4），"访问软件提供者"指能够执行以下任何一项或多项操作的软件（包括客户端或服务器软件）或类似工具的提供者：（1）过滤，屏蔽，允许或禁止内容；（2）挑选，分析或整理内容；（3）传输，接收，显示，转发，缓存，搜索，子命令，组织，重组或翻译内容。
③ 参见 *Sony Corp. of America v. Universal City Studios*，464 U. S. 417（1984），last visit April 13, 2019，https://supreme. justia. com/cases/federal/us/464/417/。

构成帮助侵权，从而防止单纯将技术服务与责任承担直接挂钩。据此，基于技术中立可免责的观点也曾在我国网络广告屏蔽纠纷的司法实践中为屏蔽技术提供方所主张。①

2. "避风港规则" 路径的不足

美国《通信规范法》的出台总体上旨在限制未成年人经由远程电子通信通道接触令人反感或不适当的资料。② 并且，通过鼓励开发技术以最大限度地使用户控制因使用交互式计算机服务接收的信息，③ 以及消除阻碍开发和利用过滤技术的因素，④ 推动基础目的的实现。该法案第 230 条的"避风港规则"赋予了网络服务提供者广泛的责任豁免权，为适用该规则处理网络广告屏蔽纠纷留有空间，这一规则在我国立法或司法实践中暂无体现，笔者认为也不宜引入我国网络广告屏蔽行为的纠纷解决中。就规则本身而言，其过分偏袒信息控制技术的提供方，也因存在调整过泛的问题而受到非议，在美国也有部分学者和知识产权权利人表达不满，他们主张利用软件屏蔽广告始终是一种非法行为。⑤ 而且，这一行为的适用空间也十分有限，无论是基于其防止未成年人接触网络不良材料的初衷，抑或对行为人出于善意而为行为的要求，都限缩了其适用范围。同时，其过于简化的考量因素和推理逻辑也未必合理。

技术中立原则也存在不足。尽管强调技术中立有利于鼓励技术创新——技术中立思维能够促进相对宽松的技术发展环境的形成，为技术创新提供空间，然而也有学者提出，技术中立原则设置的前提条件过于宽松，仅将一种技术产品具有一种潜在的实质性的非侵权用途作为免责条件，将导致

---

① 参见优酷网诉猎豹浏览器不正当竞争案，北京市海淀区人民法院（2013）海民初字第 13155 号民事判决书、北京市第一中级人民法院（2014）一中民终字第 3283 号民事判决书。
② 刘文杰：《从责任避风港到安全保障义务：网络服务提供者的中介人责任研究》，中国社会科学出版社，2016，第 14 页。
③ 参见 47 U. S. Code § 230. （b）（3）。
④ 参见 47 U. S. Code § 230. （b）（4）。
⑤ 黄武双、刘建臣：《中美屏蔽网页广告行为法律规制比较》，《竞争政策研究》2015 年第 1 期。

"帮助侵权规则"难以发挥作用而形同虚设。① 技术中立的绝对化并不可取，即使在长期适用技术中立原则的美国，其司法实践中对该项原则的适用也不意味着使技术提供者免于承担责任或排除侵权主体的主观过错。② 因此，用技术中立的思路评判网络广告屏蔽行为并不合适，容易导致技术中立的"泛化"，不论技术是否真正中立，都应避免使技术中立成为滥用规则或破坏市场的借口。

（三）侵权责任法路径

1. 一般规则的运用

传统侵权法保护的客体除权利外还包括其他利益。侵害法益的侵权行为，通说认为应具备三个构成要件：（1）侵害他人利益致生损害的行为；（2）行为违背善良风俗；（3）行为人有侵害的故意。③ 受此传统侵权法上法益保护思路的影响，网络广告屏蔽行为的评判也有如下分析思路：首先明确存在受法律保护的利益，其次认定有加害行为致使该受法律保护的利益受有损害，再者要求行为人主观上有侵害他人利益的故意，最后还需有损害后果的发生。

我国司法实践中存在根据上述思路认定网络广告屏蔽行为不具有合法性的相关判决，④ 这类判决的关键在于承认互联网经营者的商业模式或运营模式为一种受法律保护的利益而不应受到干扰或破坏。例如，最高人民法院在 2013 年的腾讯公司与奇虎 360 公司不正当竞争纠纷案的判决中认为，免费平台与网络广告或者增值服务结合的商业模式是符合我国互联网市场发展且为互联网行业所惯常使用的经营方式，亦不违反《反不正当竞争法》的原则精神或禁止性规定，他人不得以不正当的方式干扰或损害互联网经营

---

① 王迁、王凌红：《知识产权间接侵权研究》，中国人民大学出版社，2008，第 20 页。
② 参见吴汉东《论网络服务提供者的著作权侵权责任》，《中国法学》2011 年第 2 期。
③ 王泽鉴：《侵权行为》，北京大学出版社，2009，第 272~274 页。
④ 如北京爱奇艺科技有限公司诉深圳聚网视科技有限公司不正当竞争纠纷案（以下简称"爱奇艺诉'VST 全聚合'软件不正当竞争案"），参见上海市杨浦区人民法院（2015）杨民三（知）初字第 1 号民事判决书、上海知识产权法院（2015）沪知民终字第 728 号民事判决书。

者使用该类商业模式带来的商业利益。① 又如，在北京极科极客科技有限公司与北京爱奇艺科技有限公司不正当竞争纠纷案② （以下简称"极路由案"）中，法院认为被告通过路由器帮助用户跳过原告视频广告的行为属于为达到增加自身网络用户数量的目的而恶意破坏其他经营者经营模式上的某一链条的行为，应当被法律所禁止。此外，前文述及的优酷网诉猎豹浏览器不正当竞争案、爱奇艺诉"VST 全聚合"软件不正当竞争案等诸多纠纷案件中，法院亦均对商业模式的受法律保护性、商业模式不受不当干涉等观点予以认可。

网络广告屏蔽行为涉及的重要矛盾之一即现有商业模式的维护与新商业模式的探索间的冲突关系。基于商业模式保护的侵权法认定思路虽然为现有商业模式的保护提供了路径，但不免忽视了为新商业模式的探索留出足够空间。对商业模式加以法律上的强力保护，其合理性存疑。首先，商业模式并非一种法律意义上的既定权利，商业模式本身并非反不正当竞争法所保护的客体。作为成文法国家，我国目前并无保护商业模式或经营模式的相关立法，故从法益保护的层面来看，主张对商业模式加以保护缺乏法律依据。其次，即使主张商业模式具有应受法律保护的正当利益，则不仅存在被屏蔽广告网站一方的商业模式利益，广告拦截、广告屏蔽也是技术提供一方的商业模式或经营模式，其商业模式也具有受保护的利益，两者之中择一保护并不可取。最后，从商业惯例的层面来看，即便是较多互联网经营者中常用的商业模式，也难以直接将其认定为一种商业惯例。我国目前未出现直接将某种特定的商业模式或经营模式认定为商业惯例的司法判决，学理上也有学者认为侵害商业模式的行为不违反商业惯例，不宜将其认定为不正当竞争行为。③ 因此，对商业模式的强力保护具有不确定性且未必妥当，缺乏相关法律规范的依据作为支撑。更重要的是，这一思路

① 最高人民法院 （2013）民三终字第 5 号民事判决书。

② 北京市海淀区人民法院 （2014）海民 （知）初字第 21694 号民事判决书、北京知识产权法院 （2014）京知民终字第 79 号民事判决书。

③ 刘建臣：《浏览器屏蔽网页广告行为的不正当竞争认定》，《上海政法学院学报》（法治论丛）2015 年第 2 期。

在实践中容易演化为一种对绝对权的保护思路，导致实质上的"经营者避让义务"，减损市场和技术创新的空间。①

2. 第三人侵害合同债权的可能性

网络广告的投放方与发布广告的平台之间存在广告投放的合同关系，善意履行广告投放合同约定事宜于广告发布平台而言是其负担的债务，于广告投放商而言则是其享有的债权。然而，网络广告屏蔽行为阻碍了广告发布合同债务的正常履行，阻碍人或者侵权人却并非合同相对人而是合同签订方之外的第三人，因而无法从债务人违约责任角度判定其行为性质存在构成第三人侵犯合同债权的可能。有学者认为，被屏蔽的广告之上存在已生效的合同，屏蔽行为人知悉合同的存在并实施了故意、无正当理由的干涉行为，致使合同违约或加重合同负担，使合同双方当事人受到实际损害，故而落入第三人侵犯合同债权的规制范围内。②

我国现有法律框架内暂无第三人侵犯合同债权的相关规则。我国《民法典》第 1165 条规定"侵犯民事权益"应承担侵权责任，此处的"民事权益"中是否包含债权，在学界有较大争议。否定说的立场在于合同权利义务的相对性，第三人侵犯合同债权的理论势必会突破合同的相对性。肯定说的观点则认为，尽管合同具有相对性，但合同的履行利益是一种只要合同得以履行就能够实现的合法利益，这份债权人享有的履行利益值得受到侵权法的保护。③

笔者认为，第三人侵犯合同债权在理论上具有一定可行性，然而，适用该理论解决网络广告屏蔽类纠纷的最大困难在于，第三人侵害债权的观点尚未获得实体法的认可，缺乏直接的法律依据。因此，或需留待将来通

---

① 刘维：《论软件干扰行为的竞争法规制——基于裁判模式的观察》，《法商研究》2018 年第 4 期。"经营者避让义务"参见北京市高级人民法院（2013）高民终字第 2352 号民事判决书，经营者开展经营活动须对他人已使用在先并为消费者所习惯的服务提供方式履行避让义务，以免造成混淆或误认。

② 参见 Andrew Saluke, "Ad-Blocking Software as Third-Party Tortious Interference with Advertising Contracts," *FSU Bisiness Review* 7（2008）。

③ 马俊驹、余延满：《民法原论》（第四版），法律出版社，2010，第 978 页。

过对民法理论和制度框架的拓展促进其实现。

值得注意的是，即使是承认第三人侵害合同债权的国家，也对其进行了严格的条件限制，如美国法上规定了引诱违约的情形，行为应负赔偿责任的条件为行为人以引诱或其他使合同相对人不履行合同的手段，实施了故意不当地干涉合同履行的行为。[①] 大陆法系国家亦在承认合同债权受侵权法保护的同时限制了严格的条件。例如，法国法上认为，第三人对致使合同债务人不履行债务的行为承担责任的情形限于"第三人明知现有合同关系或相互矛盾的合同条款时"；[②] 德国法上认为，只有当第三人违反善良风俗而介入合同并导致债务人违约时，才产生侵权赔偿义务。[③] 其判例认为，只有当买受人以特别的手段促使出卖人违约时买受人构成侵权。[④] 合同缺乏公示性的特点使得明确规则安排时应从保护交易安全角度出发，即侵权法对履行利益的保护应规定更为严格的构成要件，只有当第三人明知当事人间存在合同关系而违背公序良俗原则，故意破坏当事人之间的合同关系以致债权人对合同的利益无法实现时，才宜认定第三人侵害债权。[⑤]

（四）反不正当竞争法路径

网络广告屏蔽行为主要涉及信息发布网站、广告商、屏蔽技术提供者和用户四方主体。其中，不论网站向用户提供互联网产品或服务的行为，抑或屏蔽技术提供者提供屏蔽服务的行为，都是经营者的经营行为，必然处于市场竞争之中。因此，评判网络广告屏蔽行为离不开竞争法的视角，当前我国学界和司法实践中主要有两种竞争法的分析思路，均从反不正当

---

① 黄武双、刘建臣：《中美屏蔽网页广告行为法律规制比较》，《竞争政策研究》2015 年第 1 期。

② 〔德〕克里斯蒂安·冯·巴尔、乌里希·德罗布尼希主编《欧洲合同法与侵权法及财产法的互动》，吴越等译，法律出版社，2007，第 191 页。

③ 〔德〕马克西米利安·福克斯：《侵权行为法》，齐晓琨译，法律出版社，2006，第 168 页。

④ 〔德〕迪特尔·梅迪库斯：《德国债法分论》，杜景林、卢谌译，法律出版社，2007，第 685 页。

⑤ 马俊驹、余延满：《民法原论》（第四版），法律出版社，2010，第 978 页。

竞争法的视角考量。

1.《反不正当竞争法》"一般条款"的运用

我国《反不正当竞争法》上没有专门规制屏蔽这一特定行为的制度条款，对于此类互联网新型不正当竞争纠纷，实践中多依据一般条款①进行裁判。由于一般条款的规定是笼统性的、具有兜底意义的内容，故实际运用中需要将其中概括性的适用条件具体化。将一般条款用于评判网络广告屏蔽行为的关键在于考察行为是否违背诚实信用原则和公认的商业道德，② 再结合行为人是否具有主观过错予以判断。

但问题在于，诚实信用原则以及公认的商业道德，本质上都是将市场经济活动应遵循的道德准则加以法律化。此类标准虽增强了法律规范的灵活性，但也不可避免地导致法律适用上的模糊性和抽象性，并更大程度地受到主观随意性的影响。诚实信用原则或公认的商业道德的具体内涵难以界定，实践判决中的认定也未必十分妥当。例如，"极路由案"中，二审法院将尊重竞争对手的经营模式认定为网络经营者在市场竞争中应遵守的商业道德，③ 但有学者认为，尊重其他经营者的经营模式并非经营者在正常的市场竞争中应负有的一项义务。④ 也有法院参考行业惯例认定公认的商业道德，⑤ 对此，有学者提出，行业惯例须是良好的、符合《反不正当竞争法》立法目的的，

---

① 一般条款即相对于具体条款而言，包含了不正当竞争行为构成要件的概括性规范。学界虽然存在认为我国《反不正当竞争法》不具有真正意义上一般条款的观点，但就实践层面而言，我国《反不正当竞争法》第 2 条大体上构成了《反不正当竞争法》的一般条款。

② 2017 年修订的我国《反不正当竞争法》将原法第 2 条第 1 款中的遵守"公认的商业道德"修改为遵守"商业道德"，这一修改并不可取，因为将商业道德写入法律规定是道德法律化的体现，不同行业、不同地区、不同市场参与主体对商业道德的理解有明显差异，只有"公认的"商业道德，即商业领域中被普遍认知和接受的伦理，才宜作为法律上的裁判依据。因此，本文仍将一般条款的适用条件表述为"公认的商业道德"。参见宁立志《〈反不正当竞争法〉修订的得与失》，《法商研究》2018 年第 4 期。

③ 参见北京知识产权法院（2014）京知民终字第 79 号民事判决书。

④ 张广良：《具有广告过滤功能浏览器开发者的竞争法责任解析》，《知识产权》2014 年第 1 期。

⑤ 例如，北京百度网讯科技有限公司、百度在线网络技术（北京）有限公司与北京奇虎科技有限公司不正当竞争纠纷案中，法院认为，《互联网搜索引擎服务自律公约》反映和体现了行业内的公认商业道德和行为标准，对此予以充分尊重。参见北京市第一中级人民法院（2013）一中民初字第 2668 号民事判决书。

否则作为评价依据缺乏正当性。①

《反不正当竞争法》中一般条款所具有的概括性和抽象性使得在适用过程中须对其加以具体化，但就目前的司法实践经验而言，具体化的标准十分难以把控，且容易使问题变得更加复杂化。因此，不主张在评判竞争行为是否具有不正当性时任意向《反不正当竞争法》的一般条款"逃逸"。并且，在认定公认的商业道德的具体内涵时，应防止将其简单等同于个人道德或者社会道德，防止不正当竞争行为的范围的不适当扩张。②

2. "非公益必要不干扰"原则的适用

"非公益必要不干扰"是从我国司法实践中诞生的一项裁判标准，依据该标准，即便出于社会公众利益需要而实施干扰行为，也应注意干扰手段的必要性及干扰结果的合理性，不应干扰他人互联网产品服务的正常运行，应以保护公共利益为限度，且须对行为的合理性和必要性负举证责任。③ 网络广告屏蔽行为中，屏蔽行为必然对被屏蔽网站经营者的产品、服务或者经营利益形成一定"干扰"，因此实践中也有运用"非公益必要不干扰"思路进行说理的网络广告屏蔽案例。例如，"极路由案"中，一审法院在判断行为的正当性时指出，除非基于公益性的必要，否则通常不得直接对竞争对手的经营行为进行干预。④

"非公益必要不干扰"标准鼓励互联网经营者之间相互尊重，但这一思路未必与市场竞争的本质相契合。该标准总体上采用以"不干扰"为原则，以"干扰"为例外的逻辑，实际上赋予了网络产品或服务一种具有强力排他性的绝对权效力。⑤ 但就市场竞争行为的本质而言，市场竞争天然具有

---

① 范长军：《行业惯例与不正当竞争》，《法学家》2015 年第 5 期。
② 孔祥俊：《反不正当竞争法的创新性适用》，中国法制出版社，2014，第 61 页。
③ 参见北京奇虎科技有限公司与北京百度网讯科技有限公司、百度在线网络技术（北京）有限公司不正当竞争纠纷案，北京市高级人民法院（2013）高民终字第 2352 号民事判决书。最高人民法院在（2014）民申字第 873 号再审裁定书中也对该判断标准加以引用。
④ 北京市海淀区人民法院（2014）海民（知）初字第 21694 号民事判决书。
⑤ 参见宋亚辉《网络干扰行为的竞争法规制——"非公益必要不干扰原则"的检讨与修正》，《法商研究》2017 年第 4 期。

"干扰"与"损害"的特性,竞争优势或经营利益的争夺是市场活力的体现。况且,绝对权的赋予应由法律规定而非通过事实推定予以确认和实现。

具体就"非公益必要不干扰"的核心判断要素而言,以社会公共利益作为判别关键未必妥当。首先,对于社会公共利益的界限范围,其应体现的是社会整体性的利益而非局部化的利益,在内容上应是普遍的利益而非特殊化的利益,这使得社会公共利益的范围存在很大的不确定性,长期而言更是处于动态变化之中。其次,在网络广告屏蔽行为中,很难确定哪一方能代表社会公共利益,双方均是平等的市场竞争主体,实施的均是为增进自身竞争优势、获取更多注意力资源的市场经营行为,其中公益因素的"含量"存疑。因此,不宜将私主体之间纠纷和利益划界问题转化为社会公共利益的确认与保护问题,① 不宜过多地用社会公共利益冲击个案判决与利益衡量。最后,现代反不正当竞争法的保护目标在于经营者利益、消费者利益和社会公共利益三重利益保护的叠加与平衡,而"非公益必要不干扰"的思路使得反不正当竞争法所保护的"三叠加"利益关系趋向单一化,未充分考虑到利益的兼顾与平衡。

前文几种分析思路体现出国内外学界和司法实践为网络广告屏蔽行为寻找判别标准的各类尝试。其中,对于著作权制度的相关规则,其适用建立在广告与其发布载体结合构成整体性作品的前提下,适用范围相当狭窄;"避风港规则"对于技术提供方存在过分偏袒和泛化保护,不宜片面主张使用;传统侵权思路下对于既有商业模式的保护有损新商业模式的探索和技术创新的空间;第三人侵害债权思路则需建立在我国民法理论的拓新基础之上,缺乏现有理论和制度资源;而《反不正当竞争法》路径下,一般条款高度的模糊性和概括性将使其具体化的路径进展艰难,"非公益必要不干扰"的绝对化和单一化保护思路亦不利于个案中对私主体利益的具体衡量。

可见,理论界和实务界现有的几种主要分析思路都存在较明显的不足

---

① 薛军:《质疑"非公益必要不干扰原则"》,《电子知识产权》2015 年 Z1 期。

或适用障碍，用于应对网络广告屏蔽问题显得力不从心。因此，基于现有制度资源和理论工具应对效果的不理想，笔者认为有必要适当转变评判理念，尝试引入新的制度资源，探寻新的分析思路和评判方法。

三 网络广告屏蔽行为的法律规制理念

（一）理念转变：主观化标准的限缩适用

目前学界和实务界对网络广告屏蔽行为规制的探讨更倾向于从行为动机、行为是否违背商业道德或诚实信用原则等方面考察和评判，这类偏主观化的衡量标准涵盖的更多是道德化的评判因素。笔者认为，在判断一项市场竞争行为合法性的过程中，不宜过多依赖道德化的评判标准，总体上宜走向更多的经济分析和对市场竞争效果的考量。

1. 从道德评判走向经济分析

前文也曾述及道德标准的法律化，以商业道德等因素作为判断市场竞争行为不正当性的重要考量标准，是网络广告屏蔽行为相关司法实践中的一种常见思路。[①] 然而，道德化的评判标准存在明显不足，道德化因素可以作为参考但不宜过多依赖。

首先，具有普适性的道德标准需要建立在长期的社会伦理观念积淀和反复的实践经验的积累之上，互联网生态环境飞快的演化速度和互联网领域竞争不断推陈出新的属性使道德标准的认定具有滞后性。其次，道德化的评判标准未必实际可靠。实践中常依据商业惯例或行业惯例认定《反不正当竞争法》一般条款中的商业道德标准，[②] 并根据由商业惯例认定的商业

---

① 例如"ADSafe"净网大师软件屏蔽行为相关案件，参见上海知识产权法院（2016）沪73民终34号民事判决书、上海知识产权法院（2016）沪73民终75号民事判决书。

② 例如，最高人民法院在山东省食品进出口公司、山东山孚集团有限公司、山东山孚日水有限公司与马达庆、青岛圣克达诚贸易有限公司不正当竞争纠纷案（即"海带配额案"）中，将公认的商业道德解释为特定商业领域普遍认知和接受的行为标准，参见最高人民法院（2009）民申字第1065号民事判决书。

道德判断网络广告屏蔽行为的可责性。[①] 商业惯例是市场竞争参与者相对普遍认可的行为模式，但普遍性不等同于正当性，商业惯例的形成缺乏不同利益主体的广泛参与。[②] 同时，作为商业道德衍生出的一项评价工具，商业惯例同样在很大程度上受到特定时代背景的限制。[③] "惯例"对于新业态下竞争行为的调整显得乏力而无助，[④] 其未必能够随着客观市场环境的快速变化迅速做出调整。不适应时代变化的旧有商业惯例明显不宜作为行为正当性的判断标准，甚至在尚不完善的市场或行业内，沿用未经过检验、未必良好的商业惯例可能导致逆向淘汰现象的产生。因此，商业惯例虽然能够作为判断行为正当性的参考因素，但不宜作为单一性的判断标准，将其作为评判依据还须经受利益平衡的考验。

网络广告屏蔽行为作为市场主体的经营行为，应受规范市场竞争行为的法律的约束。商业道德或诚实信用原则等因素被纳入判断竞争行为正当性的考量范围，主要是为使法官得以在类型化条款之外认定其他不正当竞争行为，实现《反不正当竞争法》一般条款的功能。但是，随着对类型化条款研究的深入、类型化条款包容范围的扩增，对商业道德等竞争规范制度本身之外的因素的依赖应当减少。亦即，应限缩法律规则中非法律性质的道德化因素的内涵及其适用范围，从而更多地走向对市场竞争秩序、竞争行为效果的经济分析。道德标准明显的滞后性与不确定性限制了该标准在实践中的适用与发展，而经济分析的发展将弥补道德标准的非技术性与模糊性的不足，从而具有更优的可适用性。[⑤] 因此，应当将网络广告屏蔽行为合法性判断的关注点由行为本身转向行为效果，由行为动机转向对竞争

---

① 例如，腾讯公司与世界星辉公司不正当竞争纠纷案中，一审法院指出，应在商业惯例的框架下对商业道德标准进行认定，参见北京市朝阳区人民法院（2017）京 0105 民初 70786 号民事判决书。

② 范长军：《行业惯例与不正当竞争》，《法学家》2015 年第 5 期。

③ 参见蒋舸《竞争行为正当性评价中的商业惯例因素》，《法学评论》2019 年第 2 期。

④ 王博文：《德国反不正当竞争法私法属性的历史和理论建构（下）》，《竞争政策研究》2016 年第 5 期。

⑤ 蒋舸：《反不正当竞争法一般条款的形式功能与实质功能》，《法商研究》2014 年第 6 期。

秩序的影响，从而减少对主观标准的依赖，使评判走向客观。

2. 从行为动机走向竞争效果

现有涉及网络广告屏蔽纠纷的司法实践中，对屏蔽行为正当性的评判十分注重考察行为人的主观动机。例如，在"极路由案"中，法院认为"恶意破坏"经营模式上某一链条的行为应被禁止。① 又如优酷网诉猎豹浏览器不正当竞争案中，法院在分析认定屏蔽广告行为不正当性时指出，被诉浏览器具有利用视频网站经营利益的主观意图。② 而在认定网络广告屏蔽行为不构成不正当竞争的判决中，法院也从行为人的主观意图进行分析，认为屏蔽技术提供者并无故意损坏他人利益的主观意图，因而不具有不正当性。③

但问题在于，在激烈甚至"残酷"的市场竞争环境下，对抗性是天然特性，"损害"亦是市场利益争夺的惯常体现，市场主体在主观上时常有增进己方利益而减损其他竞争者利益的意图。虽然不正当竞争具有侵权性质，在其认定过程中应对行为人主观上的应受非难性进行考察，但从本质而言，竞争行为的不正当性不应在于行为人的损害意图，而应在于损害行为对市场竞争的影响。因此，对市场竞争行为不正当性的考量应从倾向于考察主观化的行为动机走向更多地衡量客观化的竞争效果，使得对网络广告屏蔽行为可责性的评判具有更客观的评判标准。

综上而言，对于包括网络广告屏蔽行为等新型不正当竞争纠纷的判定，应适当转变评判理念，限缩主观化标准的适用范围，注重客观化标准的具体衡量。仅注重对行为动机、商业道德等法律规则本身之外的因素进行考察和判断，尚不足以应对纷繁复杂的互联网竞争纠纷。道德标准的多元性与竞争规律的普适性之间的冲突所带来的可能是执法人员个人直觉的垄断，④ 法律应通过建立有关各类市场活动参与者的客观行为规范，维护竞争

① 北京知识产权法院（2014）京知民终字第 79 号民事判决书。
② 北京市第一中级人民法院（2014）一中民终字第 3283 号民事判决书。
③ 参见腾讯公司与世界星辉公司不正当竞争纠纷案一审判决：北京市朝阳区人民法院（2017）京 0105 民初 70786 号民事判决书。
④ 蒋舸：《〈反不正当竞争法〉一般条款在互联网领域的适用》，《电子知识产权》2014 年第10 期。

秩序的功能性。[①] 从法律上判断是否对一项具体的竞争行为采取规制措施，最根本的价值追求在于维护整体市场竞争秩序的自由和公平。故而在主观化的裁判标准之外更应注重对客观市场竞争效果的考量，在个案中具体考察行为对市场竞争效果的影响，考察行为是否对市场竞争机制造成扭曲以及是否对公平竞争的市场秩序造成破坏，以"市场"和"竞争"作为核心因素进行经济分析。

（二）价值平衡：去中心化的价值判断方式

既有对网络广告屏蔽行为的考量思路中，或以受有损害的被屏蔽方利益为中心，或以消费者利益为中心，或以社会公共利益为中心展开分析，此外，有少量以创新、自由等价值为核心判断要素的分析思路。鉴于网络广告屏蔽行为中涉及多元化的价值追求和多主体利益的平衡问题，宜转变中心化的价值判断方式，注重对多重价值和多主体利益的兼顾的综合性考量。

1. 多元价值追求间的平衡

网络广告屏蔽行为涉及自由、公平、安全、效率和创新等多元化的价值追求，各价值目标之间既相互包容、相互支撑，也存在价值冲突而需要进行价值平衡。

自由价值是市场竞争的基本价值目标，市场主体间自由竞争是保持市场活力、扩大市场主体发展空间的重要保障。信息的自由传播、广告的自由投放是自由价值的具体体现，在不存在损害他人利益或受其他价值限制的前提下，自由价值的实现能够为创新价值留有充分空间。但自由价值也会与其他价值产生矛盾：从维护公平价值的角度看，单一化地维护自由价值可能导致市场竞争依照丛林法则发展，弱肉强食，适者生存。丛林法则之下，资源分配完全由市场自主调节，对弱势方利益的忽视可能导向实质

---

① 郑友德、杨国云：《现代反不正当竞争法中"竞争关系"之界定》，《法商研究》2002 年第 6 期。

上的不公平，损害竞争的多元化和良好的竞争秩序，最终反而不利于自由价值的维护。从维护安全价值的角度看，网络广告的投放虽是市场主体的自主经营行为，但是，当存在网络广告未经允许收集用户信息、监视用户浏览记录等不当行为时，用户出于保护个人隐私数据、避免个人信息被滥用等原因而选择屏蔽网络广告是安全价值的体现。PageFair 2015 广告拦截年度报告显示，被滥用个人信息是促使用户选择使用广告屏蔽软件的主要原因。[①] 当信息本身带有较强的负面因素时，信息在更广范围内的覆盖和更高水平的共享将进一步放大其不利影响，进一步威胁到安全价值，[②] 此时，屏蔽行为更像是用户采取的一种自力救济措施。

公平价值是市场竞争的另一基本价值目标，体现着法律追求公平正义的本质。如果说强调自由价值是"完全放手"，由市场自主调节，那么公平价值则是通过必要的市场外因素的介入，平衡多方市场主体间的利益，维护实质公平。然而，过度倾向对公平价值的维护又可能导致效率的缺失，且在一定程度上压缩自由价值的空间。故在评判网络广告屏蔽行为的过程中，对广告发布平台经营者利益与屏蔽技术提供方利益的兼顾、对网络经营者利益与用户利益的兼顾，是实现公平价值的应有之义。

自由价值与效率价值存在较强的一致性，但与公平、安全、秩序等价值间存在需要协调和平衡的矛盾冲突，各项价值平衡有利于创新价值的提升。因此，笔者认为，在考量具体的网络广告屏蔽行为时，应对自由、公平、安全、秩序、效率、创新等多元价值均有所兼顾，不宜以其中任何一重利益作为单一的中心或予以绝对优先，应避免单价值中心的思维，尽可能对各项价值予以平衡和协调。

2. 多方主体利益间的平衡

网络广告屏蔽行为涉及屏蔽技术提供者、被屏蔽广告投放者、广告发

---

① 根据 PageFair 2015 年度报告，受调查的 400 位美国人中，有 50% 因 "个人数据被滥用来个性化广告" 而开始使用拦截软件。参见 The Cost of Ad Blocking-PageFair and Adobe 2015 Ad Blocking Report, 2015, last visit July 27, 2021, https://f.hubspotusercontent10.net/hubfs/4682915/Adblock%20Reports/PageFair%20Report%202015.pdf。

② 王德夫：《知识产权视野下的大数据》，社会科学文献出版社，2018，第 209 页。

布平台以及网络用户等多方主体的利益。其中，不同经营者追求各自竞争利益或商业利益的最大化，网络用户作为服务或内容的消费者追求消费者福利的最大化，此外亦涉及社会公共利益，如提升创新空间、维护竞争秩序等维度。故在判断网络广告屏蔽行为是否应受法律规制的过程中，不宜以任何一方主体利益为单一的考量中心。

首先，若以屏蔽行为的"受害者"，即受有损害的网络广告发布平台及其背后的广告投放商的利益为中心，则一方面会无视部分消费者的现实追求，另一方面也不利于技术的发展和企业经营模式的创新。在未对互联网经营者发布的广告是否属于恶意广告、是否存在侵犯用户隐私情形、广告时长是否合理以及广告的投放方式是否妥当等方面进行具体考察的情形下，仅关注广告被屏蔽而使发布方受到经济利益或商业模式的损害，欠缺妥当性且易使消费者利益受到不当损害。以被屏蔽方经营者的利益为中心，还会导致过分打击屏蔽方经营者的经营利益，前文也曾论及，屏蔽技术的开发和使用很大程度上利于推动信息控制技术的发展进步，且能够反过来推动被屏蔽方经营者的经营模式创新，因此过分打击其利益亦不妥当，也有损于社会整体有益的创新价值。

其次，若以屏蔽技术提供者的利益为中心，则一方面过分打击了被屏蔽方的经营利益，挤压其生存空间，另一方面，过度的自由可能导致竞争的无序，不利于公平价值的维护。在未对屏蔽方式的妥当性、屏蔽行为的辐射面等方面进行考察的前提下，将屏蔽行为视作同业经营者的商业惯例或单纯的经营自由行为亦不妥当。经营者的自主经营权也应有其边界，自由竞争应受到消费者利益及社会总体福利等因素的限制。

再者，若以网络用户的利益为中心，则一方面有损互联网经营者的发展空间，另一方面也未必利于消费者自身的长远利益。丰富的社会产品和服务有赖于经营者组织各类要素、整合社会资源，形成产品或服务，向社会供给。故而在保护消费者利益的同时也要给企业或商家留足发展空间。广告的投放和发布在为经营者创造社会财富的同时也为新产品的研发、新经营模式的探索等提供基础。因此，如只顾及消费者当前利益，过分打击广告发布方的现有盈利方式，长远而言未必有利于消费者的利益。

最后，社会公共利益也不宜作为判断中心。社会发展诚然需要留足创新空间，但对自由和创新的强调也应在尊重市场竞争秩序和追求实质公平的前提下进行。更重要的是，网络广告屏蔽纠纷本质上是平等的市场竞争主体之间的竞争优势的争夺和竞争利益的划界问题，过度强调公共利益不利于市场主体在追逐自身利益的过程中促进良好竞争秩序的形成，公共利益作为普遍性的社会整体利益，不宜过多地用于冲击市场竞争个案。

综上所述，道德标准的适用空间通常限于有成熟的市场道德可循的领域，① 而越是竞争行为合法性或正当性判断的疑难地带，越需要经济分析和竞争效果等更客观的考量要素。现实中对于网络广告屏蔽行为的考量存在重道德评判、轻经济分析，重行为动机考察、轻竞争效果衡量的问题，未来的司法实践中宜更重视竞争本位标准而非道德标准，从注重法律规则之外的因素向注重市场竞争秩序和竞争效应等客观因素转变。

在对网络广告屏蔽行为是否应予规制的判断过程中，对其涉及的多方主体利益需予以平衡和兼顾，不论以竞争者、消费者抑或社会公共利益中任何一方为单一中心，都有损竞争功能的发挥和其他主体的根本性利益，因此宜从单一中心思维转向多元化思维进行利益衡量，以更有利于此类纠纷的处理和判断。

由于网络广告屏蔽行为中涉及多方利益冲突与平衡问题、多元价值的综合衡量问题，行为自身亦涉及诸多相互矛盾的利益诉求，从整体上为行为贴上"合法"或"不合法"的标签均不合适，甚至在司法实践中也难以寻到统一的、普遍适用的说理思路。因此，运用新的制度资源对网络广告屏蔽行为加以评判或可成为新思路，不贴标签、不"一刀切"，多事后调节、少事先调节，在维持市场竞争秩序和公平价值的同时为自由和创新等价值留足空间。

---

① 蒋舸：《关于竞争行为正当性评判泛道德化之反思》，《现代法学》2013 年第 6 期。

四 网络广告屏蔽行为的法律规制框架

(一) 对"合理原则"的引入

1. 新制度资源引入之必要性

当前理论界和实务界,对于网络广告屏蔽行为法律上的可谴责性强弱问题存在重大争议,现有的著作权规制、商业模式保护、第三人侵害债权、"非公益必要不干扰"等多种分析思路为我们提供了十分有益的经验。例如,著作权规制思路基于广告与其载体(包括视频、文字、图片、网页等)能够结合认定为整体性作品,站在网络广告屏蔽行为背后可能触及作品的著作权人利益的视角进行考虑;又如,第三人侵害债权思路基于债权的履行利益是可受侵权法保护的法益,站在网络广告屏蔽行为人明知广告投放方与广告发布方之间存在应善意履行的合同仍故意破坏这份履行利益的角度思考。

但是,在现有的几种主要的分析和评判思路下,司法实践中仍存在观点的激烈冲突,并伴随有单一中心化思维、泛道德化评判标准等问题,网络广告屏蔽行为背后错综复杂的利益关系未能得到良好平衡。因此,客观现实和观点交锋使得探寻新的评判思路具有必要性。

笔者认为,网络广告屏蔽行为的确涉及著作权方面的问题,行为中也包含多个合同关系,除广告发布的合同关系外,广告发布平台与平台用户间、屏蔽技术提供方与屏蔽技术使用方间也存在提供网络服务的合同关系。但在作品和合同之外,应从更具整体性和综合性的视角审视。网络广告屏蔽行为首先是屏蔽技术提供方的一种市场经营活动,是其用以吸引注意力资源、增进自身经营利益的竞争行为,因而从竞争法视角寻找行为的判别方法更具有宏观性和普适性。

笔者认为,可借鉴反垄断法上合理原则的分析思路对网络广告屏蔽行为的可责性加以判断。反垄断法和反不正当竞争法是竞争法框架下的两项主要制度，绝大多数网络广告屏蔽行为涉及的是反不正当竞争法的规制范畴，在实际判决中援引的也更多是反不正当竞争法的法律规范，这与反垄断法十分有限而具体的规制类型及反不正当竞争法广泛规制几乎一切市场竞争行为的特征不无关联。需要说明的是，笔者提出借鉴反垄断法上的合理原则这一分析工具作为评判网络广告屏蔽行为的判别思路，并非意指将合理原则在反不正当竞争法中予以制度化，而是着重于分析思路的借鉴和具体考量因素的选择。

2. 适用合理原则分析的可行性

首先，适用合理原则作出的判断更具合理性。合理原则（rule of reason）是反垄断法上判断是否构成垄断的一种主要分析方法，与其相对应的另一种分析方法是本身违法原则（per se rule）。后者又称当然违法原则，指某些行为基于明显的反竞争性而被认为一旦发生即当然违法，不再就具体情况分析判断；而合理原则不一概而论，合理原则之下具体行为的反竞争性有待于综合多种要素（包括行为动机、行为方式、行为后果等）审慎考察后予以认定。[①] 本身违法原则提高了违法认定的效率但不免过于绝对，在经济生活的复杂性和多样性越发凸显的当下，合理原则受到越来越广泛的认可，适用范围越来越大。[②] 二者在判别精神上的差异主要体现在，本身违法原则强调判断标准的确定性和诉讼程序的简便性，合理原则则强调适用的灵活性和广泛性，避免了本身违法原则刻板僵硬和"一刀切"思维的弊端。

其次，合理原则与网络广告屏蔽行为契合度高。互联网商业行为千差万别，网络广告屏蔽行为的具体方式和形成的竞争效应各异，其合法性的判断难以确定一个固定的判断模式或统一的"标签"。网络广告屏蔽行为评判的具体化、个案化的需求与合理原则的灵活性、综合性相契合。合理原则是对反垄断法多元价值的有机整合，其运用关键在于对多种要素的具体考察和基于经济学的分析判断。综合考量中的要素包括相关市场、市场地

---

① 王先林：《竞争法学》，中国人民大学出版社，2015，第 198 页。
② 漆多俊、冯果主编《经济法学》，武汉大学出版社，2014，第 134 页。

位、企业规模、集中程度、进入壁垒、需求弹性、行为效益等诸多因素，这些要素的确立和使用同样存在一定的不确定性，但正如数学上的极限方法，只要对影响极限值的自变量变化范围的确定是正确的、合理的，就能够使其结果最大限度地趋近极限值。[①] 合理原则相较于道德化的评判标准而言，其更为细化的分析要素和经济学分析方法的应用使其能够趋近于实质上的公平、正义。

最后，反垄断法与反不正当竞争法存在资源共享的空间。从市场竞争角度看，网络广告屏蔽行为中除少部分经营者具有市场支配地位的情形可能直接适用反垄断法规则进行分析外，该行为更多地表现为受反不正当竞争法考察和约束的竞争行为。合理原则是反垄断法上的分析原则，反垄断法所维护的竞争与反不正当竞争法所维护的竞争的侧重点虽有差异，但二者本质上是可以通约的，因此合理原则对于大部分适用反不正当竞争法规制的网络广告屏蔽行为仍有适用空间，即笔者认为合理原则的适用障碍较小。从《反垄断法》与《反不正当竞争法》相区别的视角看，《反垄断法》是一部自由竞争法，《反不正当竞争法》是一部公平竞争法。但是，二者之间并无截然界限，无论偏向自由竞争价值抑或公平竞争价值，最终的追求目标都是有序的和有效的竞争，故二者间的密切关联使资源的共享、原理的互通具有可行性。同时，世界上将反垄断法和反不正当竞争法合并立法的国家趋多，而且我国也并非毫无此种趋势——我国《反垄断法》和《反不正当竞争法》长期以来分由不同部门进行执法，但在 2018 年年初，二者各自执法机构的职责被整合至新组建的国家市场监督管理总局，由分别执法模式走向统一执法模式，在执法层面加以统一的前提下，立法层面走向竞争法的合并立法模式也具有了一定的可行性。更为重要的是，在此趋势之下，同为竞争法分支的反垄断法与反不正当竞争法间的界分不再似过去那般明显，将反垄断法中适配性强的分析工具用于不正当竞争行为规制也更加顺理成章。因此，"借用"反垄断法中的合理原则及其合理分析思路以

---

① 李钟斌：《反垄断法的合理原则研究》，厦门大学出版社，2005，第 91 页。

评判网络广告屏蔽行为在竞争法体系层面也具有可行性。

（二）合理性分析的基本要素

综合对网络广告屏蔽行为中屏蔽技术提供方和被屏蔽方各自的竞争利益、消费者利益、竞争秩序等社会公众利益的衡量，笔者从行为客体、行为主体、行为方式、行为后果四个维度提出适用合理原则的具体分析要素。其中既包含司法实践中已纳入考量范围的要素，也有尚未给予充分关注的部分。评判网络广告屏蔽行为是否应受法律规制时，应对合理原则的各个具体分析要素逐一进行考察，综合来看，当屏蔽行为中合理的要素更多时，整体上判断该行为属于自由竞争行为，在法律上予以宽容对待；而当不合理的要素更多时，整体上判断该行为属于不合理行为，需要法律加以干预和规制。

1. 行为客体方面

网络广告屏蔽行为的客体即互联网广告，广告承载着互联网经营者及广告投放方的利益。从行为客体维度考察意在关注广告本身的正当性。整体而言，广告及其经营者利益的正当性与屏蔽行为的正当性呈负相关，即广告及其经营者利益的正当性越强，对该广告实施的屏蔽行为的正当性就越弱，反之亦然。

（1）经营者的合法利益

在行为客体层面，经营者的合法利益主要是指被屏蔽广告所蕴含的广告发布方和广告投放方的合法利益。主要包括三个方面：一是广告发布平台与广告投放方双方的合同履行利益；二是平台上发布的广告具有的覆盖和传播利益；三是广告发布平台就其商业模式具有的利益。

广告发布平台与广告投放方之间存在关于广告发布的合同关系，合同自成立并生效即具有履行利益。根据我国《民法典》第 1165 条第 1 款，行为人因过错侵害他人民事权益造成损害的，应当承担侵权责任。① 由于《民

---

① 《民法典》第 1165 条第 1 款：行为人因过错侵害他人民事权益造成损害的，应当承担侵权责任。

法典》第110条第1款对于民事权益的列举中未明确列入合同债权或合同的履行利益，实践中即使法院认定第三人对合同履行利益存在侵害，也难以直接援引该等条款作出判决，即第三人侵害债权观点在我国缺乏直接的法律依据。但由于合同债权的确属于民事权益的范畴，故不论侵权法上是否明确保护合同债权，都不妨碍将屏蔽行为对该合同履行利益是否构成实际侵害及侵害程度大小纳入合理原则的分析考量要素当中。同时，在广告发布合同关系成立的基础上，广告本身有被更大范围覆盖和在更广用户间传播的需求，广告发布平台也有相应的与广告相结合的商业模式利益存在，网络广告屏蔽纠纷中也需对这部分经营者利益的合法性及合理性进行认定。

（2）被屏蔽广告是否与其发布载体构成整体作品

大体而言，对于构成著作权法意义上的作品的网络内容，受保护的门槛相对较低，反之当不构成著作权法意义上的作品时，对该内容予以保护的门槛相对较高。正如前文的讨论，有独创性的广告与发布广告的具体文章、视频、图片、音乐等能够分别构成一个个独立的著作权法意义上作品，但是否可以将广告整合进这些文字作品、影视作品之中组成一个整体性的作品，存在很大的不确定性。当对该问题的回答为肯定时，可以从著作权法上对网络广告屏蔽行为加以规制。

举例而言，视频播放与广告播放通常是分离的，用户观看视频时，从技术层面看，计算机系统需要分别对视频和广告两个相互独立的部分进行加载。但随着如今广告创意、广告发布方式多样性的提升，也有许多广告被整合进视频内容当中。例如，由影视剧主演演出与影视作品主题相关的广告，这类广告的播放方式与影视剧情节的播放方式并无二致。当广告已成为影视作品的一个元素时，广告可以与影视作品整体上构成一个以类似摄制电影的方法创作的作品，则屏蔽该广告的行为相当于未经授权改变了他人作品内容，可从行为侵害著作权人修改权的角度进行规制。

网页较影视作品、文字作品、音乐作品等作品具有一定特殊性，其由各式各样不同的文字、图片、音乐、视频、图形变换设计等元素组合而成，当这些元素的选择及编排具有了独创性时，网页可以被认定为对若干作品、作品的片段或其他资料进行汇编而成的汇编作品。同样地，当广告构成该汇编作品的一部分时，可从屏蔽广告行为侵害著作权人修改权的角度衡量其可责性。

当然，也正如前文所探讨的，不论认定网页构成汇编作品，还是将广告与发布广告的作品整合为一体化作品，都存在不少障碍，适用空间也十分有限。

（3）被屏蔽广告是否属于恶意广告

恶意广告在法律上具有较强的可谴责性和较少的可保护利益，当被屏蔽的广告属于恶意广告时，对其采取的屏蔽措施具有更强的合理性。恶意广告的认定可参考但不限于如下情形。

一是恶意弹窗广告。互联网中存在以弹窗形式发布的广告，弹窗广告本身已对用户获取目标信息形成显著干扰，有些弹窗广告未设置一键关闭路径，有些甚至用户无论如何操作都无法将其关闭。当存在此类情形时这些广告可以被视为恶意广告，因其违反了我国《广告法》的规定①，故对网络中恶意弹窗广告的屏蔽有较强的合理性。

二是携带病毒的网络广告。此类广告携带的病毒用于入侵用户计算机系统，一旦用户点击，计算机系统就会遭到病毒感染，还会面临广告欺诈、URL劫持、钓鱼攻击等严重的安全性问题，对用户线上和线下活动都形成恶劣影响。通常来说，计算机系统的防火墙或用户使用的浏览器中均带有拦截或屏蔽此类病毒性广告的功能，当屏蔽行为的指向对象为搭载病毒的广告时，其不属于法律规制的范围。

三是监视用户浏览习惯、侵犯用户隐私的广告。个人信息和个人隐私信息是互联网用户的重要利益，侵犯用户隐私的广告在侵害用户隐私权的同时也对市场竞争中安全价值的实现造成威胁。未经允许监视用户使用和浏览情况、侵犯用户隐私信息的广告亦属恶意广告，对这类广告的屏蔽也

---

① 《广告法》第44条第2款：利用互联网发布、发送广告，不得影响用户正常使用网络。在互联网页面以弹出等形式发布的广告，应当显著标明关闭标志，确保一键关闭。

具有较强的合理性。

（4）被屏蔽广告的相对时长

广告的时长有绝对时长和相对时长两种度量方式，绝对时长即广告的总播放时长，有学者尝试通过实证研究得出广告的完成率会随着广告长度的增加而降低的结论。[①] 但就网络广告屏蔽行为而言，由于承载被屏蔽广告的内容不同，单纯衡量绝对时长不足以判断广告时长是否合理，相对时长更应成为合理原则适用时的评判要素。

相对时长的考察主要针对视频贴片广告，广告时长首先不宜超过视频内容时长，其次需结合用户普遍接受程度予以衡量。例如，视频网站在一部时长约2小时的电影播放之前安排2分钟的贴片广告，相较于在时长约5分钟的视频片段播放之前安排2分钟贴片广告的行为，显然前一种情形的用户接受程度更高，则屏蔽后一种情形中广告的合理性也更强。当然，在明显合理与明显不合理的相对时长之间，还存在一定的模糊空间。对此，一方面可通过司法实践经验的累积，设计不同区间下的广告合理时长范围作为参考，另一方面也可参考学界就用户对广告时长接受程度方面的实证研究。[②]

（5）被屏蔽广告是否提供快进或关闭机会

随着广告屏蔽工具使用数量和网络广告屏蔽纠纷数量的增多，广告发布平台也在为广告播放方式和用户体验的优化进行努力。例如，有网站采用预滚动（Pre roll）模式，假设广告完整播放时长为30秒，预滚动模式下广告播放至10~15秒后可由用户选择继续观看广告还是立刻结束广告播放。根据一家视频分析与新闻网站"领英"（VideoNuze）的统计数据，预滚动模式下，即便拥有跳过广告的选择权，依然有超过一半的用户观看了完整

[①] 参见 S. Shunmuga Krishnan，Ramesh K. Sitaraman，Understanding the Effectiveness of Video Ads：A Measurement Study（Internet Measurement Conference，Barcelona，2013）。

[②] 用户对广告时长接受程度方面的实证研究如：有美国学者研究显示视频广告播放时长每增加1秒，约有6%的用户放弃观看；视频广告播放时长达到5秒时，约有20%的用户放弃观看；15秒为一个临界点。参见 S. Shunmuga Krishnan，Ramesh K. Sitaraman，Understanding the Effectiveness of Video Ads：A Measurement Study（Internet Measurement Conference，Barcelona，2013）。

时长的广告。①

视频网站广告是网络广告屏蔽纠纷的多发领域，若发布广告的视频网站本身免费提供给用户快进广告或关闭广告的机会，用户使用屏蔽工具的必要性不足，相较于屏蔽不提供快进或关闭机会的广告而言，屏蔽行为的合理性较弱。

而对于固定显示广告，即无须先观看广告后观看内容的网页或界面而言，广告可否简单快捷地予以关闭也可作为考量因素，对于提供便捷关闭方式的广告，屏蔽行为的合理性较弱。

（6）广告占用流量大小

相较于流量占用小的平面图片广告而言，对流量占用大的多媒体广告实施屏蔽显得更具有合理性。消费者利益是网络广告屏蔽行为中不可忽视的维度之一，从互联网消费者视角考虑，每个用户能够投入网络中的流量有一定限度。特别是当用户以移动数据流量而非宽带方式使用网络时，加载时间长、流量占用多的广告更难被用户接受，故相应地，基于此种原因而实施的屏蔽行为相对更具有合理性。

（7）广告发布环节

就伴随视频内容发布的广告而言，广告可能发布在视频内容播放之前、视频内容播放之中或视频内容播放之后。其中，视频内容播放完毕后发布的广告对用户获取目标信息的干扰最小，反过来对其实施屏蔽行为的合理性也最弱；视频内容播放前发布的广告通常承载了经营者的商业模式利益，因而需结合其他要素包括广告相对时长、是否提供快进机会、是否侵犯用户隐私等综合判断其合理性及相应的网络广告屏蔽行为的可责性；而视频内容播放之中插播的广告则大体上合理性较弱，当该广告与视频内容关联性越小、相对时长越长时，用户的接受程度越低，特别是 2012 年的"限广

---

① 参见 Will Richmond, Pre-Roll Video Advertising Gets a Boost from 3 Research Studies, August 20, 2008, last visit April 19, 2019, http://iq. videonuze. com/article/pre-roll-video-advertising-gets-a-boost-from - 3 - research-studies。

令"要求广播电视在电视剧、电影播出中途不得插播广告，客观上也提升了用户对于视频内容播放中途不含广告的期待度。

就伴随文章等互联网中的非视频内容发布的广告而言，以文章为例，广告可能发布在文章最顶部、文章当中或文章结尾之后。其中，与视频广告类似，文章结尾之后发布的广告，对用户阅读文章内容的干扰程度最低，故而对其实施屏蔽行为的合理性也最弱；文章阅读开始前发布的广告，只要不存在过多占用流量或构成恶意广告、阻碍用户阅读文章等情形，也具有较强的合理性，与之对应的屏蔽行为合理性相对较弱；而文章当中的广告则大体上合理性较弱，其影响用户阅读流畅性，打断理解思路，用户因此对其实施屏蔽行为的合理性就相对较强。

行为客体方面还涉及商业模式的问题，有观点认为商业模式应属受法律保护的重要客体。笔者认为，违反法律的商业模式应予禁止，而对于不存在违法情形的商业模式，法律上承认其存在，但"法无禁止即可为"并不意味着其受到垄断性的专有权保护，亦不宜等同于赋予其不受他人"干涉"或者"挑战"的权利。事实上，网络广告屏蔽行为人正是通过技术的创新和应用，"挑战"市场上现有商业模式，促进既有商业模式的发展和新商业模式的诞生。因此，商业模式不宜作为合理分析时需保护的权利或客体，不宜作为单独的考量因素。

2. 行为主体方面

从市场活动涉及的所有参与者视角看，网络广告屏蔽行为的行为主体有两种，一是提供屏蔽服务的经营者为直接实施主体，二是使用屏蔽工具的网络用户为直接实施主体，不同行为主体对行为合理性的影响有所不同。此外，前文虽认为不宜过度依赖行为人主观状态来判断行为的可责性，但主观"故意"与主观"恶意"仍应有所区分。

（1）屏蔽行为人为经营者抑或用户

网络广告屏蔽行为的直接实施主体为提供屏蔽服务的经营者抑或使用屏蔽服务的网络用户，决定了屏蔽行为中用户选择机会的大小，是考察网络广告屏蔽行为合理性的重要因素。总体而言，以用户为行为主体、充分尊重用户选择权的屏蔽行为更具有合理性。

提供屏蔽技术或屏蔽服务的经营者为网络广告屏蔽行为的直接实施主体时，经营者或作为屏蔽功能开关的唯一控制主体，或虽提供用户控制屏蔽功能开关的机会，但在屏蔽工具内预设广告屏蔽功能呈开启状态。该情形下，经营者作为屏蔽工具的提供方，具有代替消费者作出选择或者鼓励消费者使用屏蔽功能的非中立倾向，留给用户自行选择的空间很小，在追求竞争利益的同时未对消费者的自主选择权予以充分尊重。

而使用屏蔽技术或屏蔽服务的网络用户为网络广告屏蔽行为的直接实施主体时，屏蔽功能的实现取决于使用屏蔽工具的网络用户的操作和选择。该情形下，是否屏蔽网络广告的选择权在用户而非经营者，屏蔽工具更具有中立性质。选择权交与用户的屏蔽行为更具有合理性是基于经营者自主经营权限度的衡量，尽管互联网经营者有自主经营的自由，但其自主经营权亦须在维护良好竞争秩序和尊重消费者利益的前提下行使。如果说一项具体的网络广告屏蔽行为具有合理性，则应是基于该具体行为或在增进消费者福利方面有突出贡献，或为消费者提供了更优质的商品及服务，或在很大程度上实现了创新价值，而非该行为简单地从相互对立的互联网经营者利益之间选择一方利益提供优先保护。在竞争利益之外，是否能够通过赋予消费者自主选择权为消费者提供更多的可能性、提升消费者福利、促进互联网服务质量的提升，是评判网络广告屏蔽行为合理性的重要考量指标。

（2）屏蔽行为人的主观恶意

前文曾论及对网络广告屏蔽行为的审视应从行为动机的考察走向竞争效果的衡量，这是基于市场竞争的对抗性，意在表明行为背后交错复杂的利益关系和多元化的价值追求使其需要更为客观化和综合性的判断方式，不宜仅凭行为人主观上存在损害其他经营者的意图即认定行为总体上不合法。但是，在同样存在增长自身竞争利益、削弱对手竞争利益的情形下，行为人主观上属于"故意"还是"恶意"，应有所区分，总体而言，后者的可责性更强。

有学者认为,行为人主观上具有"故意"还是"恶意",从本质上看并无根本区别,二者均指行为人明知其竞争行为不正当,仍然希望或者放任损害后果发生的心理状态。[①] 但也有学者认为二者应有所区别,"故意"仅指行为人对事实的明知状态,"恶意"则在明知之外,还需满足存在动机上的"不当"。[②] 后一种观点更为恰当,区分"故意"与"恶意"的意义在于对竞争中损害性质的确认——损害的存在不宜作为评价竞争行为正当性的倾向性要件。[③] 故而在行为的可责性判断中宜适当提高行为人主观状态方面的门槛——"恶意"体现出行为人动机的不正当,出于"恶意"而为的网络广告屏蔽行为的行为人主观上的应受非难性更强。

3. 行为方式方面

行为方式维度考察行为人实施网络广告屏蔽行为的方式是否处于合理限度之内。对竞争对手形成有限度的干扰的行为更能为市场自由竞争所包容,而超过必要限度、对竞争对手的生存或核心商品(或服务)的展示形成严重阻碍的,应当受到法律规制。[④]

(1)是否选择性地屏蔽

在行为方式上,首先考察屏蔽方对同类广告是一视同仁地实施屏蔽,还是有选择地挑选经营者的广告实施屏蔽,相较而言,后者对市场经营主体的损害更强。

有选择性的屏蔽方式下,被屏蔽的是某一具体经营者或某几个特定经营者发布的广告,对于其他未落入筛选范围的网络广告则予以放行。任何网络广告都承载着广告发布者及其投放者的经营利益,而屏蔽行为是对其经营利益的损害,在有选择性的屏蔽方式下,屏蔽方的屏蔽行为与被屏蔽

---

① 周樨平:《竞争法视野中互联网不当干扰行为的判断标准——兼评"非公益必要不干扰原则"》,《法学》2015 年第 5 期。

② 刘维:《论软件干扰行为的竞争法规制——基于裁判模式的观察》,《法商研究》2018 年第 4 期。

③ 孔祥俊:《论反不正当竞争的基本范式》,《法学家》2018 年第 1 期。

④ 参见刘维《论软件干扰行为的竞争法规制——基于裁判模式的观察》,《法商研究》2018 年第 4 期。

方的竞争利益受损之间存在更直接的对应性。屏蔽行为的指向性使得市场上的广告受到区别对待，使竞争优势或竞争利益发生直接转移，对维护市场竞争秩序的公平价值而言不利。尤其，当实施有选择性的屏蔽行为的经营者具有市场支配地位时，被屏蔽的产品或经营者受其影响和受有损害的程度更大，该情形下的网络广告屏蔽行为应受到反垄断法的检视。

而无选择性的屏蔽方式下，屏蔽行为不具有明显的针对性或指向性，屏蔽功能开启后对同类型广告均按同一规则筛选、屏蔽。例如，对手机程序中占用流量超过一定数值的多媒体广告统一实施的屏蔽行为。又如，对网页文章中间出现的广告一律实施的屏蔽行为。该屏蔽方式的相对合理性体现于不存在对经营者的差别待遇，屏蔽方未对市场内各个经营主体的市场地位施加额外影响，故而在行为方式上未突破必要限度，行为产生的影响亦较有选择性的屏蔽而言有限。当然，有无选择性仅为合理原则思路下的一项具体判断因素，行为整体上的合理性需综合全部因素加以认定。

（2）干扰手段是否超过必要限度

虽然市场经营主体间的相互"干扰"可谓是市场竞争的常态，但市场竞争天然具有的对抗性特点并不意味着排除法律对极端的干扰行为施加的干预和规制。[1] 屏蔽行为从技术层面看对其他经营者发布的广告形成了一定干扰，其中，干扰手段未超出必要限度时，法律干预空间较小，而通过超出必要限度的干扰手段实施的屏蔽行为则应受到法律的介入。

干扰手段的必要限度尚不存在唯一既定的标准，需要在实践经验的积累中不断地确认和进一步证成，目前而言，可结合几个方面判断，包括屏蔽行为采取的干扰手段是否造成其他经营者丧失交易机会，是否给其他经营者造成根本性损失，是否对市场上其他经营者的生存构成威胁等。

4. 行为后果方面

行为后果方面考察网络广告屏蔽行为对涉及的竞争秩序利益、行为主

---

① 参见孔祥俊《新修订〈反不正当竞争法〉释评（一）》，《中国工商报》2017 年 11 月 16
日，第 5 版。

体利益以及其他价值追求利益等不同方面产生的影响。总体上造成负面影响更多的屏蔽行为更应受到法律规制，而屏蔽行为形成的正面影响更多时则予以宽容对待。

（1）行为对竞争秩序的影响

竞争秩序是市场竞争效果衡量的重要方面，对破坏市场竞争秩序的网络广告屏蔽行为应进行规制。但竞争秩序是否受到破坏仍存在较强的抽象性和认定难度，可借助竞争秩序的自由和公平两方面价值追求来审视。自由竞争层面，自由价值与秩序价值相互兼容的关键在于，通过对市场参与者行为的规制和对损害竞争秩序的行为的制止，既是为维护竞争秩序本身，更是为实现更普遍的竞争自由。因此，严重破坏竞争自由的行为是对竞争秩序的损害，具体到网络广告屏蔽行为中，需考察行为是否通过非市场因素增加了特定经营者的利益，形成市场进入壁垒或排除、限制市场竞争。竞争秩序维护的公平价值方面，公平价值的实现能够使秩序向良好、有效的方向发展，严重损害竞争公平的行为亦构成对竞争秩序的损害，具体到网络广告屏蔽行为中，需考察行为是否通过不正当的手段破坏了正常的市场生态，导致市场主体间竞争机会、竞争条件的不平等或逆向淘汰等现象的产生。

竞争秩序可谓合理原则下网络广告屏蔽行为的分析要素中最具综合性和复杂性而又必不可少的一环，在具体的判断中需结合市场竞争秩序现状与理想状态下的竞争秩序考量，并借助经济分析方法加以判断。

（2）被屏蔽方利益受损程度

网络广告屏蔽行为于被屏蔽方而言是利益受损的过程，损害程度的大小也是衡量屏蔽行为可责性的具体因素，大体上看，造成的损害程度越大的网络广告屏蔽行为越值得法律的关注。

实践中，主张网络广告屏蔽行为对其利益造成损害的一方经营者应举证证明其受损程度，包括列举具体、真实的数据及合乎逻辑的分析结论。同时，由于"损害"是市场竞争的天然属性，故不鼓励经营者一受有损害就寻求竞争法的干预和保护。鼓励经营者通过技术创新和提升服务质量等方式维护其竞争利益，能够有效促进市场和技术的发展。因此，需结合被屏蔽方为防止其广告被屏蔽所付出的努力进行衡量，在屏蔽方放任损害扩大的情形下可保护程度相对较低。

（3）创新、安全等价值的实现

正如各国竞争法在利弊权衡和社会目标价值的综合考量下制定了适用除外制度，对于能够显著促进推动社会发展的重要价值之实现的网络广告屏蔽行为的适度宽容有益于社会整体效益的提升。

如前文分析中谈到的，网络广告屏蔽行为中有多元价值需要平衡和维护，对于能够促进创新、明显推动技术进步的屏蔽行为，或者实现对用户信息安全、个人隐私安全等方面的维护的屏蔽行为，体现安全价值目标的屏蔽行为，法律宜给予更大的空间和更多的宽容。亦即，应将行为在创新价值、安全价值等方面的积极作用作为总体上评判网络广告屏蔽行为可责性的正面因素，进而结合其他因素对屏蔽行为予以综合考察。

在综合考量上述评判因素后，宜适当参考商业道德和商业惯例，其虽具有滞后性和对新型竞争行为的不适应性，但其往往是在长期的市场实践活动中总结出的商人的行为准则，故而仍具参考价值。对于商业道德或商业惯例上可谴责性强的网络广告屏蔽行为人，只有其实施的屏蔽行为在其他因素考量方面显示出更多的正面结论，该行为才能从整体上被排除在规制范围外。

简而言之，合理原则分析思路的关键问题在于要素的选择和确定。针对具体的网络广告屏蔽行为，从行为客体维度，可考察广告本身的适当性，包括经营者就广告存在何种利益、被屏蔽的广告与发布广告的网页等载体是否构成统一作品、广告是否构成恶意广告、广告的相对时长、是否提供快进或关闭机会、占用流量大小以及发布在哪一环节等；从行为主体角度，应考察行为的直接实施人为经营者抑或网络用户，以及行为人主观上体现为故意抑或恶意；从行为方式角度，可考察行为方式是否恰当，包括是否存在选择性屏蔽以及干扰手段是否超过必要限度等；从行为后果角度，可具体考察行为对竞争秩序的影响、被屏蔽方利益受损程度以及行为中创新、安全等价值的实现程度等。

面对每一具体的网络广告屏蔽行为时，应运用合理原则下的各项分析要素逐一对其比照判断，综合考察结论，其中合理的因素多于不合理的因素时，可从整体上判定屏蔽行为属于经营者的市场自主行为；分析要素中结论为不合理的更多时，则整体上需对屏蔽行为予以规制。

结 语

广告屏蔽功能的使用在全球范围内呈现扩张趋势，根据 PageFair 发布的《2017 年全球广告拦截报告》，截至 2016 年底，全球范围内使用广告屏蔽软件或插件的移动活跃设备已达到 3.8 亿台；同时，桌面端广告屏蔽软件或插件的使用量据统计亦已达到 2.36 亿台，并且这一数字自 2009 年来持续上涨。① 从技术角度看，网络广告屏蔽行为是对网络数据的一种控制和处理行为，屏蔽工具通过数据的识别、比对、处理和重新呈现等环节，阻止落入设定条件的广告在用户端的完整呈现。我国目前电子数据或电子化的数据信息方面的立法还不够完善，数据处理及数据控制方面的规范存在一定的漏洞，因而需借助于传统规范解决相关纠纷。

对网络广告屏蔽行为的判定在司法实践和理论探讨方面都存在巨大争议，实践中出现了类似案件不同判决的现象，理论界对于如何判断行为是否需受法律规制以及具体根据何种法律规则进行判定，可谓众说纷纭，长期以来难以形成一致观点。现有观点或从著作权规制视角考察网络广告屏蔽行为是否侵犯著作权人相关权利，或主要探讨行为适用关于网络服务提供者人格侵权责任限制或技术中立等"避风港规则"的可行性，或从传统的侵权法思路考量行为对商业模式的损害，或论证第三人侵害合同债权的可能性，也有观点从一般条款具体化或"非公益必要不干扰"等反不正当

---

① 参见 The State of the Blocked Web—2017 Global Adblock Report, 2017, last visit April 18, 2019, https://pagefair.com/downloads/2017/01/PageFair-2017-Adblock-Report.pdf。根据该报告，截至 2016 年底，使用广告屏蔽功能的互联网用户占全球互联网用户的 11%。

竞争法思路进行分析。笔者通过对上述四个方面六种思路的评述，说明现有思路在应对网络广告屏蔽问题方面存在的明显不足或适用障碍，主张应适当转变评判理念，并尝试探索新的评判思路。

针对网络广告屏蔽行为的现有评判思路侧重于运用主观性强、道德化的标准，具体评判时注重对行为人主观动机的考察，笔者认为，道德化的评判标准有其滞后性和不适应性，宜更多地适用经济分析方法，注重对竞争效果的衡量，增强评判标准的客观性。在评判网络广告屏蔽行为的过程中既需综合自由、公平、安全、秩序、效率以及创新等多元化的价值追求，亦需平衡广告发布平台、广告投放者、屏蔽技术提供者以及网络用户等多方主体间的利益关系。同时，宜以价值和利益的综合衡量思路替代单一中心的思维。

在适当转变评判理念的前提下，笔者提出借鉴反垄断法上的合理原则分析网络广告屏蔽行为，分别从行为客体、行为主体、行为方式和行为后果等四个方面提出具体分析要素。在具体评判过程中，将行为与各项分析要素逐一对应，整体上合理要素更多时将行为认定为市场自由竞争行为，不合理要素居多时则从法律上予以规制。具体的规制路径可以从不同法律视角找寻，就平等民事主体间的合同关系而言，可适用合同法规则予以规制；就网页整体构成著作权作品的情形，可通过著作权人的修改权等规则予以规制；就具有市场支配地位的经营者而言，可以从反垄断法视角分析行为的合理性；就维护市场竞争秩序而言，也可利用反不正当竞争法的规则对网络屏蔽行为予以规制。

网络广告屏蔽行为既不宜被完全禁止，否则将阻碍信息控制技术的发展和创新；亦不宜完全不予约束或干预，否则可能最终损害市场竞争秩序和市场参与者的根本利益。在多元化的价值追求和多重利益之间寻求平衡和恰当的保护路径，从而维护市场竞争机制的良好运转，正是研究和探讨网络广告屏蔽行为法律规制问题的目标之所在。

《知识产权与市场竞争研究》第 7 辑
第 49～64 页
© SSAP，2021

流量竞争行为的损害赔偿：价值评判与量化规范[*]

孟奇勋　李　靖[**]

内容提要："流量为王"一直被视为互联网行业的黄金法则，实践中流量竞争行为引发的损害赔偿问题在价值评判与量化规范方面尚不够精细，导致流量损失的司法定价与市场定价差距过大。通过梳理流量竞争行为的基本类型与典型案例可知，宜坚持市场价值标准，将用户流量视作平台的财产利益纳入赔偿范围并量化赔偿数额。在损害事实认定层面，需结合无形资产评估的成本法、收益法、市场法进行价值评判，确定用户流量损失的赔偿内容及计算方式；在赔偿数额量化层面，遵循因果关系、损益相抵以及过失相抵等原则，以多元渠道取数并采取公证鉴定等方式，确保损害赔偿数额计算的合理性。

关键词：互联网平台；不正当竞争；流量竞争；损害赔偿

按照中国互联网协会 2011 年发布的《互联网服务统计指标第 1 部分：流量基本指标》的界定，流量是应用服务商用来统计用户行为的方式，其

---

* 本文系教育部人文社科基金青年项目"区块链视角下数字音乐版权治理路径研究"（项目编号：19YJC820044）和中央高校基本科研业务费重点项目"激励社会公众参与评议的专利审查模式创新路径研究"（项目编号：2020VI059）研究成果。

** 孟奇勋，武汉理工大学法学社会学院副教授，硕士生导师；李靖，中国社会科学院法学硕士，北京字节跳动科技有限公司视频产品法务经理。

基本指标包括独立 IP 地址数、独立访客数、页面浏览量、访问次数和访问时长。① 在互联网行业蓬勃发展的过程中，各平台和服务者为争夺用户流量及其变现收益，实施如挖角、用户劫持、数据爬取、盗版"换皮"等竞争行为，诱发了大量的违约、知识产权以及名誉侵权、不正当竞争等纠纷。新修订的《反不正当竞争法》正式纳入"互联网专条"对这些行为予以规制，但该条款涉及的流量劫持、干扰和恶意不兼容仍面临既不互斥也不周延等诸多困境，② 其实际效果尚有待检验。由于流量争夺是互联网领域竞争的核心，如何判定流量劫持行为的边界、找出能够准确适用的评判路径、细化流量竞争损害赔偿的价值量化、促进互联网行业良性竞争，是互联网产业发展带给司法裁判的不可回避的问题。③ 基于此，亟待以市场价值标准对流量竞争行为的损害赔偿范围进行评判，完善赔偿数额的量化规范，以维护互联网行业的良性竞争生态。

一　互联网平台间流量竞争行为的基本类型

互联网行业的流量变现大体经历如下阶段：首先，平台公司研发产品搭建平台，与用户建立交易关系，这是流量合法获取的法律基础；其次，平台公司发挥促成双边用户交易的媒介作用，在交易及交易机会寻找中获利；再者，针对双边及多边不同类型需求，通过各种精准、有效的运营管控提高流量效率；最后是流量匹配阶段。④ 互联网平台为了直接争夺某类网络用户的交易机会或者通过改变网络用户的行为习惯，从而间接抢占用户

① 《我国首个互联网流量指标行业标准出台》，中国互联网协会网站，2011 年 8 月 14 日，https://www.isc.org.cn/hyyj/hlwfwbztx/listinfo-15708.htm。

② 蒋舸：《〈反不正当竞争法〉网络条款的反思与解释——以类型化原理为中心》，《中外法学》2019 年第 1 期。

③ 钟莉：《"流量劫持类"不正当竞争法律问题探析》，《人民法院报》2021 年 1 月 14 日，第 8 版。

④ 刘依佳、焦清扬：《流量劫持的不正当竞争认定问题研究——评淘宝诉"帮 5 买"不正当竞争纠纷案》，《法律适用》（司法案例）2018 年第 24 期。

流量入口所实施的各类流量竞争行为，依据流量变现阶段可以划分为抢夺竞争对手用户流量、破坏竞争对手运营秩序以及阻碍竞争对手流量变现三种类型。

（一）流量获取：挖角、盗播及侵害商誉行为

互联网平台间相互挖角明星艺人、盗播 IP 作品或者抹黑竞争对手品牌商誉的行为，势必会损害竞争对手的用户流量，具体表现为如下行为。一是明星艺人的违约、挖角行为。以直播行业为例，在各平台激烈争夺自带流量的网红主播、电竞选手等诱发的违约、不正当竞争案件中，平台所主张的核心损失即用户流量流失，如在虎牙直播诉主播江海涛案[1]中，法院认定平台成本除了合作费用外，还包括平台为培养主播所倾斜投放的站内推广资源，核心损失即因违约行为所造成的平台活跃用户流失价值。二是盗播 IP 作品等行为。平台通过高额授权价格获得独播权利，从而吸引和锁定相应的用户流量，盗播行为势必分流原平台预期获取的用户流量。例如，在腾讯视频诉暴风影音视频盗播案[2]中，法院认定侵权行为分流了腾讯独播《中国好声音》节目所应享有的用户流量，导致腾讯支付高额授权成本所预期享有的广告、会员等增值服务收益减损。三是侵害平台商誉行为。互联网平台的品牌商誉会深度影响用户消费行为，诋毁、侮辱性言论在网络环境传播的点击量、转发量等流量数据，是认定损害范围与程度的关键情况。例如，在淘宝诉售假商家姚莺案[3]中，虽然法院否定了淘宝的流量损害计算逻辑和量化结果，但仍认可售假行为会减少消费者对平台的客观评价，损害平台的商誉并造成平台销售额与成交数量减少。

（二）流量运营：流量劫持或数据爬取、造假

为抢夺竞争对手的交易机会，互联网平台会干扰用户自主选择或不规

---

[1]　广东省广州市中级人民法院（2018）粤01民终13951号民事判决书。
[2]　北京知识产权法院（2017）京73民终1258号至1262号民事判决书。
[3]　上海市奉贤区人民法院（2017）沪0120民初6274号民事判决书。

范地爬取竞争对手数据，具体表现在如下方面。一是流量劫持。流量劫持因为具有技术创新、方便消费者清除安全隐患等正向价值，因此对其定性要进行复杂的价值考量和伦理判断。[1] 例如在百度诉 360 不正当竞争案[2]中，360 借助自身技术优势对百度搜索页码插标，提示存在安全风险并诱导普通用户的正常检索访问行为。二是不规范数据爬取。互联网平台以爬虫技术大规模抓取、利用竞争平台用户及经营数据，从而影响用户选择甚至实质上替代竞争对手的产品服务。在大众点评诉百度地图不正当竞争案[3]中，法院认为百度通过机器抓取大众点评的商家及用户评论数据，实质上替代了大众点评的产品服务，掠夺大众点评通过长期优质服务积累、维护用户数据所应获取的用户流量。三是数据造假。即通过刷单、刷量、刷评分、刷好评等行为污染交易数据，影响用户消费判断与选择，破坏平台管理秩序。在爱奇艺诉杭州飞益公司不正当竞争案[4]中，法院认定虚假访问数据造成爱奇艺错误判断市场需求，影响正常经营活动决策；同时，干扰爱奇艺网站视频正常排位，造成排位在先的视频不能真实反映消费者的市场需求，降低用户体验，影响平台商业信誉。

（三）流量变现：过滤广告、共享会员等行为

互联网用户流量的价值在于能给经营者带来潜在长期收益，过滤广告等阻遏竞争平台正常运行的行为，会直接导致竞争平台的流量变现收益减少。一是广告过滤行为。通过提供屏蔽视频、网页广告服务吸引用户使用自身软件，获取用户并造成原网站的收益减少。在腾讯诉世界之窗浏览器不正当竞争案[5]中，腾讯提交了《中国网络视频行业中广告拦截行为的经济学分析》报告，认为广告拦截对平台用户行为选择、消费者利益产生较大

---

[1] 钱海玲、张军强：《流量劫持不正当竞争行为的司法规制》，《法律适用》（司法案例）2018 年第 22 期。
[2] 北京市第一中级人民法院（2012）一中民初字第 5718 号民事判决书。
[3] 上海知识产权法院（2016）沪 73 民终 242 号民事判决书。
[4] 上海知识产权法院（2019）沪 73 民终 4 号民事判决书。
[5] 北京知识产权法院（2018）京 73 民终 558 号民事判决书。

影响，造成用户下载使用侵害方软件工具，减少腾讯广告收益，长此以往会造成视频网站支付高额的版权成本却难以获利，平台难以正常经营最终损害消费者利益。二是共享会员账号行为。即通过技术手段大规模租借、"共享"互联网平台充值会员账号从而获利的行为。在爱奇艺诉"马上玩"不正当竞争案①中，法院认定"马上玩"平台规模化出租爱奇艺 VIP 会员账号使用权的行为，提高了爱奇艺平台单个 VIP 账号的使用人数、使用时长，减少了其会员服务销售的收益，显然影响了爱奇艺的用户流量等经营利益。三是屏蔽、替换平台增值服务等变现渠道的行为。如腾讯 QQ 诉"360 扣扣保镖"不正当竞争案②，用户安装扣扣保镖后会屏蔽 QQ 软件页面的 QQ 秀、QQ 游戏等增值服务内容，不仅劫持了 QQ 用户的正常消费选择，也直接造成腾讯方广告、社区增值及游戏业务的流量变现受损，使产品推广渠道受阻。

二　流量损失纳入民事损害赔偿的价值证成

互联网企业的市场价值并非由历史成本投入、实物资产或者特定时间点的盈亏状况所决定，而是由平台活跃用户规模及质量所带来的持续可预期的获利能力决定，包括给投资者以丰富的想象空间和投资信心。在互联网平台运营、融资和交易过程中，用户流量为企业带来高额的财产收益，可将其纳入流量竞争案件损害赔偿的认定范围。

（一）用户流量蕴含着高额经济利益，损害具有客观真实性

民事权益是否受到侵害的判断标准是客观标准，无论是已然发生的权益损害，还是事实推定中"可得"而未得的权益减损，都具有客观真实性。③ 对

---

① 北京海淀区人民法院（2018）京 0108 民初 37522 号民事判决书。
② 最高人民法院（2013）民三终字第 5 号民事判决书。
③ 吴汉东：《知识产权损害赔偿的市场价值分析：理论、规则与方法》，《法学评论》2018 年第 1 期。

经营者而言，流量不仅意味着商业机会与未来市场，也是其最重要的竞争优势。以腾讯为例，免费社交工具带来了海量的活跃用户及流量，庞大的流量红利不仅为腾讯及合作伙伴带来高额营收和良好的未来预期，更支撑了腾讯"流量+投资"的发展战略（如表1所示）。在"免费软件"基础上，腾讯衍生出付费会员、虚拟订制装扮、互动道具等多样化增值服务。

其次，通过竞价排名、个性化推送等，高效分发微信及QQ用户流量，为相关产品提供多维度曝光推广。通过宣传产品服务，促使用户点击、注册、使用相应产品，赚取广告推广费；将用户流量引导至游戏、直播、电商等变现效率更高的产品，可以通过自身以及合作伙伴的服务实现间接盈利或赚取投资收益。此外，通过在社交软件接入合作伙伴的产品，提供支付工具以及金融科技等延伸服务，不仅满足了用户的多元化需求，提高用户体验和活跃度，更撮合交易以赚取差价、佣金或用户账户浮余资金的利息等。

表1　腾讯流量变现的基本模式

服务类别	腾讯产品示例
基础及增值服务付费	社交网络：腾讯视频VIP、QQ音乐绿钻等付费会员、QQ秀等虚拟定制服务
	网络游戏：《绝地求生》账号销售，《王者荣耀》等用户购买皮肤、互动道具
线上广告	社交广告：微信、广告联盟、腾讯看点等
	媒体广告：腾讯新闻、天天快报等
产品导流	微信"九宫格"接入了京东、拼多多入口；腾讯出品游戏导流直播平台
电子商务	腾讯放弃自身电商业务，通过投资并导流京东、美团、拼多多、每日优鲜等
金融科技	微信支付，微粒贷、零钱通、微保等金融产品

资料来源：笔者自制。

（二）权利抑或利益，流量的财产地位无碍于损害赔偿认定

无论是互联网公司的资产价值评估，还是交易市场针对流量的交易行为，乃至平台公司之间流量竞争的行为分析，都可以从不同侧面说明流量在经济

领域所蕴含的巨大财产价值。① 将流量视为"权利"抑或"利益"，存在不同学术见解。一是主张将流量纳入信息权以专属权加以保护。其中，"占有"是通过技术手段对流量所需的数据进行控制；"使用"是指对流量进行合理利用以满足特定需求；"收益"体现为利用流量为平台网站带来的经济效益；"处分"则是指对流量进行交易。② 二是主张将流量作为权益保护。鉴于流量无形性、非独占性、预期收益的特点，宜将流量作为民事权益予以保护，经营者只有在违反法律从而损害流量时才应予以规制。③ 笔者支持第二种观点。

首先，流量并非由单一平台独占，平台对流量的"占有"基于产品特点、用户使用习惯培养形成，一般而言，用户会就多个平台的产品服务进行对比，并非归属于单一平台的固定用户。其次，流量的"交付"以广告推广等形式开展，通过搜索排名、资源位广告、弹窗及个性化推荐等手段，引导用户的使用行为和注意力转变。由于同类平台一般不会相互导流，"交付"行为并不会带来流量此消彼长的变动。最后，用户对被推广产品没有稳定的使用习惯，通过推广所获取的用户流量可能在短时间内大幅流失，被推广的产品需配合运营手段才能实现流量存留、转化与沉淀。流量实际由用户选择、使用以及消费行为产生，平台对流量占有、处分行为都严重受限，将之作为一项权利保护不甚合理。

（三）秉持市场价值标准，流量损失应当纳入损害赔偿范围

我国对财产损失赔偿适用市场价值标准，主张按照损失发生时的市场价格或者其他方式计算。在司法实践中，用户流量情况已被纳入损害赔偿范围，或者被作为认定损失市场价值的重要参考。特别是在网络著作权侵权纠纷案件中，流量因素已被广泛纳入司法裁判考量之中。例如，依据

---

① 季境：《互联网新型财产利益形态的法律建构——以流量确权规则的提出为视角》，《法律科学》（西北政法大学学报）2016 年第 3 期。

② 刘依佳、焦清扬：《流量劫持的不正当竞争认定问题研究——评淘宝诉"帮 5 买"不正当竞争纠纷案》，《法律适用》（司法案例）2018 年第 24 期。

③ 吴青：《人工智能时代下流量竞争行为的法律规制》，《竞争政策研究》2018 年第 6 期。

2009 年《浙江省高级人民法院关于审理网络著作权侵权纠纷案件的若干解答意见》和 2018 年《天津市高级人民法院关于侵害信息网络传播权纠纷案件审理指南（试行）》等相关文件的规定，对于侵犯音乐作品及录音制品、电影作品或者以类似摄制电影的方法创作的作品的信息网络传播权的，适用法定赔偿方式确定赔偿数额时，可以综合考虑作品的市场影响、知名度、播映期、合理的许可使用费、侵权行为的性质、侵权的主观故意、侵权行为持续时间、点击或者下载数、地域范围、被告网站的影响、规模以及广告收入情况，必要时还需要考虑作品的票房收益、被告的经济实力等因素。

　　而在网络服务合同纠纷中，当事人可能会事先约定将流量损失纳入违约赔偿范围，甚至约定具体损失计算方式。例如，直播平台与主播签署的独家解说合作协议中，对主播违约在第三方平台直播的行为，往往约定将平台为主播导流所消耗的推广资源×相应刊例价来计算平台成本投入，或以直播平台的后台用户流失数、主播在第三方平台的观看用户数×相应用户价值来核算平台方的用户流失损失。在纠纷发生后法院便可依据当事人各方约定的流量损失计算方式核算违约金。当事人的合同约定作为双方的意思自治，有利于维护流量损害的市场定价与司法定价之间的利益平衡，培养激励创新的良好氛围。①

三　流量损害赔偿的范围界定及其量化方法

　　流量竞争行为造成互联网平台的交易机会损失，是事实推定中"可得而未得"的权益减损，其财产损失是依据流量蕴含的交易获利可能性来核算其现有价值。在界分损害范围到赔偿金量化评价的过程中，由于流量损失具有客观性和不确定性的双重特点，因此，借助审计、会计等专业人员，应用无形资产价值评估的定量工具与方法，可核算出流量损害的市场价值，具体包括成本法、收益法、市场法等（如表 2 所示）。

---

① 曹新明：《我国知识产权侵权损害赔偿计算标准新设计》，《现代法学》2019 年第 1 期。

表 2 各类流量竞争案件损害赔偿概况表

单位：元

类别		当事人	诉请金额	举证逻辑	损失计算方式	法院认定	判赔金额
流量获取	网红违约	虎牙直播诉主播江海涛	4900万	市场法	活跃用户价值损失	认可举证逻辑	4900万
				成本法	平台资源分发成本		
	视频盗播	腾讯视频诉暴风影音	200万	成本法	平台版权采购成本	认可举证逻辑	100万
				收益法	平台预期广告收益损失及侵权方不法广告收益		
	销售假货	淘宝诉售假商家姚莺	265万	收益法	产品销售损失	均不认可，举证不具合理性	10万
				市场法	a. 活跃用户流失损失 b. 平台品牌商誉损失		
流量运营	流量劫持	2345导航网站诉驱动精灵	500万	收益法	a. 平台预期广告收益损失 b. 侵权方不法广告收益	认可举证逻辑	250万
		天猫诉"帮5买"网站	1000万	收益法	预期广告收益损失		100万
	数据爬取	大众点评诉百度地图	9000万	成本法	运营投入及研发成本	均不认可，举证损失与行为无关	300万
		淘宝诉美景公司	500万	收益法	a. 侵权方产品销售收入 b. 平台产品销售损失	认可举证逻辑	200万
	数据造假	爱奇艺诉杭州飞益等	500万	收益法	侵权方不法收益：后台刷量按CPM广告计价	原告自愿法定赔偿	50万
		腾讯诉宝信	6000万	收益法	侵权方不法收益：被告单日×收益侵权天数	认可举证逻辑	2354万
流量变现	分时出租会员	爱奇艺诉"马上玩"App	300万	成本法	平台版权采购成本	均认可	300万
				收益法	预期增值服务收入损失，预期广告收益损失		
	屏蔽广告	腾讯视频诉世界之窗	480万	成本法	平台版权采购成本	认可举证逻辑	100万
				收益法	增值服务收入损失		
	屏蔽功能	腾讯QQ诉"360扣扣保镖"	1.25亿	收益法	销售及增值服务收入损失		500万
				市场法	卸载QQ造成用户流失		

资料来源：笔者根据相关案件裁判文书整理。

（一）成本法：获取或分发流量的历史成本

成本法是通过财务会计维度评估权利人获取某项无形资产所投入的全部历史成本。互联网平台获取用户流量的历史成本指企业前期获取及运营用户流量的全部原始价值，包括研发、经营及推广成本，如网络带宽、广告、资源位推广、营销费用等。

一是平台经营、研发等固定成本投入，按照侵权、违约行为的损害程度分摊计算。平台投入的固定成本在用户数量达到一定规模后，分摊到单位用户时几乎可以忽略不计。而且平台经营成本高低与被告的侵权、违约损失的关联性弱，举证计算损害赔偿往往难被采信。例如在大众点评诉百度地图案中，大众点评认为平台数据基本均被侵权，提交公司审计报告拟证明平台的固定营业成本，主张百度分摊成本后赔偿 9000 万元，而法院认为所举证的损失与侵权行为没有因果关联，判决大幅调减诉请金额至 400 万元。

二是平台获取用户的营销成本，以单个用户获取成本×损失用户数计算。由于平台获取用户流量的渠道比较多，而不同渠道的用户获取成本差距悬殊，并且随着企业知名度、品牌信誉以及市场占有率的提升，单个用户的获取成本会浮动变化。这种损失计算方法虽合乎逻辑，但单个用户获取成本的数额难以量化，建议以市场法替代。

三是平台分发流量的推广资源成本，以平台资源单价×使用量计算。这实际是核算平台的"机会成本"，对需要平台流量"培养、推广"的网红、IP 作品尤为适用。如虎牙直播诉主播江海涛案中，平台方以主播已书面认可及后台取证的推广资源消耗数据×合同约定的资源刊例价，举证平台为主播投入的推广培养成本。

四是平台发展特定业务消耗的带宽成本，以带宽单价×消耗量计算。对视频、直播及游戏等需与用户设备大规模双向传输数据的平台来说，带宽在经营成本中占比极高。但由于运营商收取带宽费用是依据全平台峰值流量核算的，某个产品、功能等带宽消耗量极难量化，带宽成本分摊到具体违约、侵权行为的难度较大，但不失为一种参考。

（二）收益法：丧失的预期交易机会及利润

收益法是通过评估市场参与者拥有无形资产取得的合理预期收入、现金流或者节省成本的现值，来确定无形资产的价值。[①] 流量价值主要取决于它能给网络平台和利用者带来的预期超额收益，包括用户消费分成、广告推广、流量分发收益等。

一是产品销售及增值服务收入损失，以损失交易数×单笔交易利润计算。例如，在游戏企业自主运营游戏产品模式中，预测收入公式体现如下：预测收入＝单位付费用户平均消费额×活跃用户数×付费率×（1－渠道折扣）－增值税。[②] 例如淘宝诉美景公司不正当竞争案[③]，淘宝从两公司产品的用户量、销售单价及付费率等入手计算侵权收益，最终法院认定淘宝损失超过 200 万元。在视频盗播类案件中，可着重考虑版权方会员收入损失，以侵权方的播放量结合用户付费转化率、平台会员单价核算损失。

二是广告收益损失，以广告单位损失量×单价计算。线上广告是平台门槛最低、使用最广泛的流量变现途径，广告收益也是流量竞争损失举证的核心点。对互联网平台资源投入成本与广告收益损失，需结合不同类型的计费方式核算。一是按时长计价模式（Cost Per Time，CPT），按广告在平台资源位的展示时间付费，如 App 开屏页广告位、推广资源位基本按配置及展示时长定价销售。二是每千人成本计价模式（Cost Per Mille，CPM），按每千人次浏览广告的数量付费，这是互联网行业主流的广告计费模式。如微信公众号、朋友圈广告、淘宝直通车等均按广告千次曝光量销售，可根据展示人群标签的不同选择相应目标用户圈层以实现精准推广。在爱奇艺诉杭州飞益不正当竞争案中，原告主张以 CPM 模式计算盗刷视频量的侵

---

① 杨小强、王静：《资产评估技术在知识产权侵权损害赔偿计算中的适用》，《政法论丛》2018 年第 6 期。

② 赵振洋、邓银龙、钱肖依：《收益法在游戏类无形资产价值评估中的应用》，《中国资产评估》2019 年第 1 期。

③ 浙江省杭州市中级人民法院（2018）浙 01 民终 7312 号民事判决书。

权收益。三是每次行动成本计价模式（Cost Per Action，CPA），按广告或流量分发的推广效果付费。如以推广产品及服务的点击进入或完成注册或实际消费用户数计费，相当于流量推广的结算要求从展示浏览转变为达到相应推广效果。如天猫商城诉"帮5买"网站不正当竞争案①，原告主张以每次点击付费广告（Cost Per Click，CPC）费用计算损失，由天猫后台监测点击进入"帮5淘"功能插件的用户数×广告点击价格。

（三）市场法：基于流量资产同类市场价值

市场法是通过参照同类交易资产价格×价值换算比例来确定被评估主体的市场价值。具体而言，从平台用户流量的同类资产市场价值入手，评估因涉案行为造成用户流量损失的市场价值，以用户流失量×单个用户价值计算损失。其中，用户流失量可以原平台后台监控的流失数据和竞争平台前后台显示的用户流入数据为准。单个用户价值的数值可通过原平台的市场估值/用户规模确定，或通过市场同类平台的用户价值参考计算。一般需要在市场上找到与被评估平台在用户规模、用户黏性、用户满意度、用户消费能力等方面相同或相似的参照主体，对比原平台和参照主体的具体差异来测算价值换算比率，以参照主体的单个用户价值×价值换算比率确定原平台损失的单个用户价值。

在腾讯QQ诉"360扣扣保镖"不正当竞争案中，腾讯提交评估报告证明其因用户卸载QQ所遭受的用户流失损失高达59.6亿港元。在虎牙直播诉主播江海涛合同纠纷案中，虎牙提交评估报告以主播更换平台后的活跃用户流失数×单个活跃用户市场价值（平台市场估值/活跃用户规模）计算其市场价值，得出用户流失损失高达9000余万元。市场法简化了单个用户价值的计算方式，以同类平台单个用户的市场价值为参考，尽可能确定被评估主体用户流量的市场公允价格，更符合损害赔偿以市场价值为基准的立法意图，保障了受害人获得公平、合理赔偿，减少了成本法、收益法中

---

① 上海知识产权法院（2017）沪73民终197号民事判决书。

数据难以获取、被采信等难题。

四 流量损失赔偿量化规范及数额取值指引

损害赔偿制度不仅应当考量赔偿权利人所受损害，还需要注意"司法定价"所量化的损害赔偿对市场竞争秩序、社会创新产生的综合影响。在流量竞争行为的损害赔偿数额量化层面，应遵循损害赔偿制度的基本原则，在认定损害赔偿范围、量化维度、取值及计算结果方面，妥善地衡量所涉及的多方利益，在利益博弈中寻找到平衡点。

（一）流量损失的量化需遵循损害赔偿制度的基本原则

流量损失的量化需与案件所涉的行为模式及样态相适应，与受损用户流量的市场价值、各方过错程度相匹配。具体结合无形资产评估方法，由原告举证流量损失的范围及计算数额，被告对其中不应纳入赔偿范围或需要合理扣除的损失额加以证明。

一是市场定价原则。要求损害赔偿不仅要惩戒不法侵害，也要避免过度赔偿导致权利人通过诉讼牟利，促使需求与供给在正常市场交易中加以实现。在流量损害赔偿额的量化过程中，赔偿范围和计算逻辑应与原告平台被损害的用户流量市场价值相契合，避免司法定价与市场定价之间差距悬殊。如核算平台推广资源价值时，需注意扣减推广资源的公开刊例价在实际交易中存在的折扣、返点等交易成本。以用户流量的预期收益计算损失时，需注意扣减因预期收益的不确定性带来的折现成本，平台为获取预期收益的必要经营成本等。在采取市场法评估平台单个用户价值时，如该平台经营主体还未上市，因股权不能在资本市场自由交易流动，则计算用户价值时需注意平台市值的非流动性折扣。

二是因果关系理论。损害赔偿的范围及数额应与损害行为存在事实上的因果关系。一方面，原告举证的损害赔偿范围应当与涉案的流量竞争行为有因果关联。例如，以收益法量化损失时，需将与涉案行为无关因素所形成的利润排除在赔偿范围外。另一方面，原告举证的损失计算方式及数据取值，应与涉案行为有因果关联。例如，在天猫商城诉"帮 5 买"网站案中，天猫主张以自身 CPC 广告损失计算损失，但实际上"帮 5 淘"购物助手提供的商品比价、销量评价对比等购物助手服务，虽然改变了用户的购物习惯，削减了天猫的用户黏性，但并不会产生淘宝直通车一般导流用户、促成店铺商品交易的推广效果。天猫主张的损害范围及计算方式与被告侵权行为无因果关系，最终并未获得法官采信。

三是损益相抵及过失相抵。损害赔偿量化需要扣减原告因流量竞争行为所获收益，及其自身过失所造成的损失。尤其在流量竞争类案件中，原告为争取高额判赔或提高案件标的额和法院审级来扩大案件影响力，通常会选择成本、收益和市场多个维度举证损失，出现损失重复主张的问题。因此，法院须对原告方重复计算的损失范围及金额予以扣减。例如，在视频盗播案件中原告会同时举证版权许可费用以及预期广告收益损失，但市场交易中将影视剧授权许可第三方播放，就意味着作品在第三方平台产生的后续广告收入已同步让渡，版权成本与利润损失不能累计计算。在以市场法量化流量损失时，还须注意平台用户存在自然流失的损耗情形，在交易时也必然产生新的交易费用、资产折现成本等。

（二）量化基础数据应真实可信，多渠道取值相互印证

流量损失的无形性使得数据统计来源、取值口径难以被各方接受。因此，流量损失量化的数据取值口径应合理准确，来源尽可能客观，综合平台自身、竞争对手、政府机构及媒体等多渠道数据，相互印证以提高损失计算的准确性、可信度。

一是原告自身平台数据。包括能体现公司经营状况的合同、财务数据或后台数据，数据获取及举证难度最低。例如，平台版权采购协议、用户引流协议、广告销售合同、带宽采购协议及付款凭证等，可证明涉案作品的授权费用、平台用户获取成本以及广告资源的市场价值；平台招股说明书、财报、审计报告等，可证明平台核心业务、经营成本及利润、平台流量规模、用户

付费率及平均付费金额等。而通过后台调取的注册/注销用户数、活跃用户及流失数等，还可证明竞争行为造成的用户流失、平台资源损耗等。

二是对方平台的数据。包括竞争对手公开的经营数据，或原平台以脚本程序监控得到的竞争平台数据。这类数据获取难度较大，但又属于计算不法收益的最直接数据。如竞争平台公开的产品服务使用、消费用户数、广告资源刊例价等，可以证明其不法收益。在某些情况下可以考虑开发脚本程序，在公证机构、鉴定机构的掌控下监测对方平台的数据。在天猫诉"帮5买"网站不正当竞争案中，天猫提供的司法鉴定报告以自行开发的监控脚本，统计了"帮5淘"插件在"天猫商城"页面所嵌入的功能被用户点击的次数。

三是行业或关键厂商数据。包括行业平均数据或与原被告平台在行业属性、主营业务、服务产品相近的其他经营者数据。在互联网细分领域，关键厂商由于已上市需要定期公开财报或受到行业研究机构和专业媒体的更多关注，数据披露更为准确全面。同时，市场上存在一些大数据平台，提供对行业关键厂商的数据监控、汇总及分析服务。在腾讯诉宝信不正当竞争案[①]中，法院依据艾媒咨询自身数据库、北极星统计分析系统、大数据舆情管控系统等相关数据，认定了虚假刷量对微信生态造成的经济损害。

四是国家机关及媒体数据。如工信部、国家统计局、国家网信办、行业协会、专业媒体等公布的白皮书、排行榜、行业数据等，也可作为损失量化的数据来源，并且更具有权威性。例如，中国互联网协会、工信部信息中心每年定期发布中国互联网企业100强榜单等，可以从中查询行业主流厂商的企业规模、行业排序等，可辅助流量损失计算。

（三）原始数据需适当清洗与调正，举证形式应更规范

基于计算逻辑和数据取值的科学性要求，应当采取原始数据，必要时需要进行适当清洗，并采取公证书、鉴定报告、评估报告等具有信服力的

---

① 广东省深圳市中级人民法院（2020）浙 0110 民初 6262 号民事判决书。

举证形式。

第一，计算流量损失的数据取值的科学性。需采取未经加工的第一手原始数据，在某些特殊情况下，为了计算结果的合理和可信，需对提取的原始数据进行适度清洗和调正。一般而言，法院认为电子数据的可采性、证明力相对于物证、书证而言较弱，因此在对证据材料进行审查时对数据完整度、是否篡改等要求也更为严格。为实现流量损害量化结果的科学性和准确性，在爱奇艺诉杭州飞益不正当竞争案中，爱奇艺以被告方相关字段提取后台视频刷量次数 9.5 亿×CPM 推广单价，主张被告非法所得超过300 万元。但实际上爱奇艺平台有设置甄别虚假访问数据的技术手段，9.5亿次刷量数据中大部分已被甄别并予以剔除，不会造成爱奇艺多支出授权费用，也不会给被告带来真实收益。因此，一审法院认为爱奇艺以该原始访问数据计算被告侵权所得存在错误，二审中爱奇艺主张以 24.05% 的视频刷量成功率计算被告收益，实际上就是对原始数据的清洗调正。

第二，取值及损失金额计算结果的可信度。应采取公证书、鉴定报告、评估报告等形式固定损失计算过程及数据，降低损失量化计算过程及结果的理解难度，提高损失举证的可信度。由于用户流量的无形性，损失金额量化过程更是包含损失范围认定、计算方式确定、计算数据取值、结果调正等步骤，相较传统损失举证更为复杂。因此，采取公证书、评估报告、鉴定报告等形式，在专业第三方的参与下对损失计算的过程进行数据固定和辅助说明，可以显著降低法官采信流量损失金额的论证成本。对于自身后台或者在第三方托管平台的取数过程，均建议以公证书的形式固定，对于采取流量监控脚本等较复杂程序取证的数据，可以鉴定报告形式举证，由鉴定机构固定取数脚本、操作过程、取值结果等，从而降低单方数据被法院采信的难度。而对于流量损失金额的量化计算，建议选定权威的资产评估机构、评估专家进行专业评估，降低解释说明双方商业模式、损失计算结果的论证成本，以资产评估的方式计算流量损失金额，更加贴合市场标准的损失赔偿原则。在诉讼庭审过程中，还可以由评估专家、经济学者作为专家辅助人，出庭完成相关技术原理、损失计算的说明工作。

理论聚焦

《知识产权与市场竞争研究》第 7 辑
第 67~83 页
© SSAP，2021

论专利开放许可制度中的使用费问题

——兼评《专利法修正案（草案）》第 16 条

丁　文　邓宏光[*]

内容提要：许可使用费是专利开放许可制度的核心问题。我国《专利法修正案（草案）》第 16 条规定，以明确许可使用费支付方式和标准，作为专利开放许可声明成立的前提条件。该规定不符合专利开放许可声明的法律性质，与英国、德国等国家的实践经验相悖，将来该规定可能成为限制专利开放许可制度实施的重大障碍，应当修改完善。许可使用费的支付方式和标准，不应成为申请实行专利开放许可的前提条件。在确定专利开放许可使用费时，应以尊重当事人意思自治为原则，由行政机关居中行政裁决作为补充。专利开放许可使用费，应当公平、合理，禁止专利权人进行"掠夺性定价"。

关键词：专利开放许可；许可使用费；要约；公平原则；合理原则

一　问题的提出：专利开放许可需要以明确的许可使用费支付方式和标准作为前提条件吗？

专利实施率低，是我国专利制度实践中的一个"顽疾"。国家知识产权

---

* 丁文，西南政法大学民商法学院（知识产权学院）2017 级硕士研究生；邓宏光，西南政法大学民商法学院（知识产权学院）教授、博士生导师。

局发布的《2019 年中国专利调查》显示，我国有效专利实施率达到 55.4%，专利许可率总体只有 6.1%，其中，科研单位的有效专利许可率仅为 2.0%。① 虽然每年有效专利发明实施率有一定的变化，但不影响我国专利许可实施率不高的整体判断。

为解决该问题，我国在《专利法》第四次修改的审议稿中引入了专利开放许可制度。《专利法修正案（草案）》第 16 条第 1 款规定："……专利权人以书面方式向国务院专利行政部门声明愿意许可任何单位或者个人实施其专利，并明确许可使用费支付方式、标准的，由国务院专利行政部门予以公告，实行开放许可。就实用新型、外观设计专利提出开放许可声明的，应当提供专利权评价报告。"根据该规定，申请实行开放许可需要满足三个条件：其一，申请人拥有该项专利权，且稳定性较强，对于实用新型和外观设计专利，应提交专利权评价报告；其二，提交开放许可声明；其三，明确许可使用费的支付方式和标准。

然而，以明确许可使用费支付方式和标准作为专利开放许可声明的前提条件，虽然在一定程度上有其合理性，但不管是从理论层面还是从实践操作层面看，都不尽合理。若不修改，许可使用费问题可能成为制约专利开放许可制度实施的重大障碍。

二 专利开放许可中明确许可使用费之非必要性

《专利法修正案（草案）》规定开放许可声明以明确许可费作为成立条件，其背后可能的理论支撑是：开放许可声明作为一种要约，许可费是许可使用协议中最重要的内容之一，如果许可费的支付方式和标准不明确，将达不到降低交易成本的目的。然而，从要约的法律要求、英国和德国的

① 国家知识产权局战略规划司、国家知识产权局知识产权发展研究中心：《2019 年中国专利调查报告》，https：//www. cnipa. gov. cn/module/download/down. jsp？ i_ ID = 40213&colID = 88，最后访问日期：2020 年 4 月 16 日。

相关规定与实践，以及我国未来实践的推演等角度看，将明确许可费作为开放许可声明的成立条件，是没有必要的。

（一）开放许可声明需要以明确的许可费条件为前提的可能理由

有观点认为，如果认为专利权人实行开放许可，放弃的是关于是否许可的谈判权利，任何人只要愿意支付使用对价均可获得该项专利的许可，那么，开放许可声明就相当于合同中的要约。在我国，意思表示成为要约应当符合两个条件：一是内容具体确定；二是表明经受要约人承诺，要约人即受该意思表示约束。[①] 按照这种思路，开放许可声明中必须包含许可使用费支付方式和标准，从而确保意思表示内容的具体和确定。

专利开放许可声明以明确许可使用费支付方式和标准作为前提条件，其背后的逻辑在于降低交易成本。专利开放许可制度，最重要的目的在于增进专利许可人和被许可人双方信息互通，提高交易效率以及减少交易成本。如果开放许可声明中专利权人未明确许可使用费内容，因内容不明确从而导致的交易成本就无法减少，专利权人和请求人后续必然需要进行有关许可使用费条款的磋商，而这种磋商过程往往是最耗时费力的。反之，如果开放许可声明中明确了许可使用费的相关问题，将大大降低交易成本。

（二）开放许可声明的要约属性不必然要求许可费的明确性

实际上，即便认可专利开放许可声明是一种要约，根据我国《合同法》的相关规定，要约也并非必须要以明确许可费的支付条件和方式作为前提条件。

我国《合同法》第12条列举了一些任意性条款，[②] 但价格条款并非合

---

① 《合同法》第14条规定："要约是希望和他人订立合同的意思表示，该意思表示应当符合下列规定：（一）内容具体确定；（二）表明经受要约人承诺，要约人即受该意思表示约束。"

② 《合同法》第12条规定："合同的内容由当事人约定，一般包括以下条款：（一）当事人的名称或者姓名和住所；（二）标的；（三）数量；（四）质量；（五）价款或者报酬；（六）履行期限、地点和方式；（七）违约责任；（八）解决争议的方法。当事人可以参照各类合同的示范文本订立合同。"

同成立的必备条款。《最高人民法院关于适用〈中华人民共和国合同法〉若干问题的解释（二）》（以下简称《合同法司法解释二》）规定影响合同成立的主要条款为当事人姓名或名称、标的和数量，[1] 并没有将价格作为影响合同成立的主要条款。该条款的立法背景系出于鼓励交易的需要，[2] 合同价款并不会直接导致合同无法成立。

合同中如果未约定价款或者报酬，《合同法》规定了相应的确定方式。《合同法》第61条规定："合同生效后，当事人就……价款或者报酬……等内容没有约定或者约定不明确的，可以协议补充；不能达成补充协议的，按照合同有关条款或者交易习惯确定。"第62条规定："当事人就有关合同内容约定不明确，依照本法第六十一条的规定仍不能确定的，适用下列规定……（二）价款或者报酬不明确的，按照订立合同时履行地的市场价格履行；依法应当执行政府定价或者政府指导价的，按照规定履行……"合同价款约定不明，是可以通过协商或者解释的方式来确定的，并不影响合同的成立与生效。以悬赏广告为例，仅需悬赏一方具有支付一定报酬的意思表示，该悬赏广告即可成立，如"必有重酬""重金酬谢"等表示。《合同法司法解释二》第3条规定，悬赏人以公开方式声明对完成一定行为的人支付报酬的，完成特定行为的人拥有报酬请求权，这一请求权的成立并不以悬赏广告中明确报酬金额为前提。[3]

同样的道理，对于开放许可声明而言，有无专利权人同意许可的意思表示才是决定专利实施许可合同能否成立的主要因素，才是所谓的意思表

---

[1] 《最高人民法院关于适用〈中华人民共和国合同法〉若干问题的解释（二）》第1条规定："当事人对合同是否成立存在争议，人民法院能够确定当事人名称或者姓名、标的和数量的，一般应当认定合同成立。但法律另有规定或者当事人另有约定的除外。对合同欠缺的前款规定以外的其他内容，当事人达不成协议的，人民法院依照合同法第六十一条、第六十二条、第一百二十五条等有关规定予以确定。"

[2] 人民法院出版社法规编辑中心编《最高人民法院合同法司法解释（二）问答》，人民法院出版社，2009，第2~3页。

[3] 《最高人民法院关于适用〈中华人民共和国合同法〉若干问题的解释（二）》第3条规定："悬赏人以公开方式声明对完成一定行为的人支付报酬，完成特定行为的人请求悬赏人支付报酬的，人民法院依法予以支持。但悬赏有合同法第五十二条规定情形的除外。"

示内容的"具体确定"。许可使用费的支付方式和标准，双方可以以后再行协商，它们并非开放许可声明成为要约的必要条件。

（三）从英国和德国立法及实践看，明确许可使用费内容并非必要

英国《1977 年专利法》第 46 条第 3 款第 1 项规定："在作出该登记以后任何时候，任何人应有权以协议确定的条件，或在没有协议的情况下以专利局局长根据专利所有者或请求许可证的人提出的请求确定的条件，获得专利之下的一项许可证。"① 根据该条款规定可以看出，专利权人在开放许可登记时，可以采取有明确许可使用费内容的方式，也可以选择没有明确许可使用费内容的方式。如果专利权人在开放许可登记时，已明确了包括许可使用费条款在内的协议内容，任何人申请该许可，就应当按照这种条款支付使用费。如果在最初的专利开放许可登记中，专利权人没有明确许可费条款，双方就许可使用费问题协商，协商达成一致则按照合意确定许可条件；不能达成一致意见，则可由专利局根据单方申请确定许可条件。不管是否在登记时明确了许可使用费的内容和条件，都不会改变专利开放许可登记构成要约的法律性质。

德国《专利法》第 23 条第 1 款规定："（1）如果专利申请人或在专利注册中作为专利权人记载的人以书面形式向专利局声明愿意允许任何人在支付合理补偿的情况下实施其发明，收到声明后为该专利缴纳的年费应减少一半。就一项主专利作出的此种声明的效力，应延及其所有的增补专利。该声明应记载入专利注册并在《专利公报》上发布。"第 4 款规定："补偿应在当事人之一书面请求下由专利处确定。其程序应适用经必要修改的第 46 条、第 47 条和第 62 条。"②

对于上述规定，有学者认为德国专利开放许可使用费的确定是由行政机

---

① Patents Act 1977 S. 46.
② 中国人民大学知识产权教学与研究中心、中国人民大学知识产权学院编《十二国专利法》，《十二国专利法》翻译组译，清华大学出版社，2013，第 132 ~ 133 页。

关参与后确定的。我们认为，这种观点值得商榷。实际上，德国与英国一样，只有当许可双方当事人无法就许可费问题达成一致时，行政机关才应当事人一方的请求参与许可费谈判。德国专利处的介入并没有改变许可合同是双方意思表示一致的结果的基本事实，专利处既不能对双方缔结许可合同的意思表示效力加以确认或者否认，也不能改变专利权人受声明束缚缔约的事实。①

因此，德国法律不需要申请人在开放许可登记中明确许可费信息，但该开放许可登记依旧束缚专利权人与该项目下专利许可申请人达成的协议，该登记仍系要约。

（四）明确许可费内容作为专利开放许可条件，将导致该制度难以推广

要求专利权人在开放许可声明中明确许可使用费的支付方式和标准，其降低交易成本的初衷是好的，然而，在实践中却可能难以实施。

首先，专利许可使用费的确定十分复杂，专利权人事先确定存在极大困难。专利权人为了使自己在未来的许可合同中获得合理的收益，需要事先对专利价值进行预测评估，有时还需要花费专利评估费用，这对专利权人而言是一种额外的负担。② 而要求专利权人必须事先确定许可使用费内容才允许实行开放许可，不仅迫使专利权人承担专利价值评估成本，还加重了专利权人因预测专利许可使用费失误而承担的风险。专利技术的价值不同于一般商品，无法单纯地根据成本投入而确定。由于《专利法修正案（草案）》中并没有给予专利权人变更许可使用费的权利，若要求专利权人必须事先单方定价，因专利的固有性质和市场环境变化，专利权人可能在殚精竭虑后依旧作出"不划算"的定价。

其次，即使专利权人有能力设定合理的许可费用，由于此时专利权人拥有绝对的定价权，这将极大地增加许可双方利益失衡的风险。例如，专

---

① 罗莉：《我国〈专利法〉修改草案中开放许可制度设计之完善》，《政治与法律》2019年第5期。
② 黄玉烨、李建忠：《专利当然许可声明的性质探析——兼评〈专利法修订草案（送审稿）〉》，《政法论丛》2017年第2期。

利权人故意设定过高的许可费用"店大欺客",对于请求人而言,由于在许可使用费问题上没有任何话语权,他们要么咬牙接受,要么望而却步。前者增加了后期双方发生纠纷的风险,例如,专利权人确定的许可费畸高,请求人认为不合理,但基于其他考虑仍然接受,这一双方利益严重失衡的事实将增加被许可人寻求《合同法》救济,主张撤销、变更甚至认定合同无效的风险。有的请求人则因为声明的许可使用费不合理而放弃请求许可,这将使得专利开放许可制度被架空,无法起到提高专利许可实施率的效果。

因此,要求开放许可声明中必须包含许可使用费支付方式和标准等信息,并不能真正实现专利开放许可制度的目的,而且还存在不合理之处:一方面增加了专利权人设置许可使用费的失误风险,另一方面容易造成许可双方的利益失衡,可能使得专利开放许可制度的目的落空。在开放许可声明中必须包含许可使用费的内容,既无法理必要,也对专利开放许可制度的实施不利,且与国外相关经验相背离,我们建议在《专利法修正案(草案)》第16条中,删除"明确许可使用费支付方式、标准"的内容。

三 专利开放许可中许可使用费的确定方式

专利开放许可中,如果当事人明确了许可费的确定方式,按照其条件,如果没有明确许可费的支付方式和条件等,如何确定许可费用?我们认为,应以当事人意思自治为原则,并以行政机关裁决确定许可费的方式为补充。

(一) 意思自治在确定许可使用费方面的主导性

专利权是私权,专利许可是通过合同实现的双方意思自治下的民事法律行为。可见,通过专利实施许可合同而实现的专利许可"在本质上是一种平等的民事主体之间依照自己的利益需求,通过自愿协商,以合意的形式追求自身利益最大化的民事法律行为"[①]。专利开放许可作为一种普通许

---

① 曹博:《专利许可的困境与出路》,硕士学位论文,西南政法大学,2012,第22页。

可、以营利为目的的商业许可，毫无疑问仍应身处意思自治原则主导的民法世界中。理论上，无论是专利权人单方确定还是双方协商确定许可使用费，只要请求人接受这一费用，均符合意思自治原则。

当事人双方意思自治，既体现于专利权人在声明中直接将许可费明确，使用人以使用该专利技术作为承诺，形成双方合议；也体现在即便专利权人于声明中未明确许可费条件，但双方在事后进行通过协商确定许可费。

尊重当事人的意思自治，在英国和德国的相关规定和实践中，得到充分体现。在英国，专利权人可以选择在开放许可登记时明确许可使用费的问题，也可以仅仅表示开放许可的意图，许可使用费条款则系双方当事人后续自主协商产生。英国知识产权局不会去调查许可合同的有效性，除非当事人不同意开放许可合同中的条款。① 德国同样如此，法律未就许可使用费的确定方式作出规定，即无论当事人选择单方定价抑或双方协商确定，法律均不对此加以干预。

《专利法修正案（草案）》要求专利权人在开放许可声明中明确许可使用费的支付方式、标准等，专利局才会加以公告，意味着专利权人拥有许可使用费的单方定价权，且明确许可使用费支付方式和标准，成为专利权人申请开放许可的一项义务。该规定在一定程度上限制了当事人的意思自治，限定了许可使用费条款的专利许可合同：请求人要么接受，要么拒绝。这种模式，不仅使请求人失去为自己争取"降价"的话语权，同时也使专利权人可能失去潜在的交易机会。这种专利开放许可模式，有可能成为专利权人和请求人之间沟通的障碍。

（二）以行政机关确定许可使用费为补充

根据英国和德国的经验，如果专利权人在专利开放许可声明中未明确许可费条件，双方事后又不能就此协商一致，行政机关就有介入的必要。

---

① 参见英国知识产权局官网指导信息，https://www.gov.uk/guidance/licensing-intellectual-property#patents-and-licences-of-right，最后访问日期：2019 年 12 月 1 日。

例如，英国《1977 年专利法》第 46 条第 3 款 a 项规定，当双方未能达成许可协议时，专利局局长依据该专利权人或者请求此项许可的人的申请，可以规定许可条件。[①] 德国也同样如此，法律对专利权人是否在开放许可登记中明确许可使用费并不作规定，只有在专利权人或者请求许可的人的申请下，专利处才会就许可使用费问题进行裁决。

行政机关参与许可使用费谈判，其优点在于，由行政机关裁定使用费率所带来的"强制"压力与失去最终决定权的威胁，也许会产生刺激私人之间完成自愿交易的效果，[②] 有利于促使合同双方就许可使用费的条款达成一致，加快许可合同的签订进程，减少交易成本。

以德国为例，他们规定了较为详细的裁定开放许可下许可使用费的确定程序。专利处受理一方当事人申请后，审查部可以随时传唤和聆讯当事方，询问证人、专家和当事方，审查部的决定应说明理由、以书面形式并依职权送达参与方，并附上对决定提出上诉的可能性、受理上诉的主管部门、提出上诉的期限和上诉费金额等事项，由专利处确定程序费用的承担问题。[③] 由此可见，在行政机关介入许可使用费的确定程序后，其裁定许可使用费的依据仍旧是双方当事人的充分举证、说明和辩论。也即从缔约自由的角度而言，行政机关介入的时机已是确定缔约这一事实后，不会影响当事人缔约自由的权利；就裁决结果而言，行政机关仍系根据双方的充分举证和意思表达来确定许可使用费，起到辅助当事人协商讨论的作用。

因此，在专利开放许可下许可使用费的确定仍应秉承意思自治原则，给予当事人尽量多元的确定方式，至于选择何种方式是当事人的自由，法律不应加以干预；而当双方无法协商一致时，行政机关依申请裁决许可使用费，此时的介入并未改变民事行为意思自治的本质，也可以起到降低交易成本的作用。

---

① Patents Act 1977 S. 46.
② 黄丽萍：《知识产权强制许可制度研究》，知识产权出版社，2012。
③ 中国人民大学知识产权教学与研究中心、中国人民大学知识产权学院编《十二国专利法》，《十二国专利法》翻译组译，清华大学出版社，2013，第 132~133 页。

根据我国 2019 年《关于健全行政裁决制度加强行政裁决工作的意见》，行政裁决的受理范围是与行政管理活动密切相关的民事纠纷，知识产权补偿争议包含其中，且当事人不服裁决的，可向法院起诉。① 《专利法修正案（草案）》仅赋予行政机关调解"当事人就实施专利开放许可发生纠纷"的职权，行政权过于谦抑导致开放许可制度不能很好地发挥降低交易成本的目的。因此，我们建议赋予行政机关依申请裁决许可使用费的职权，以降低许可交易成本，实现制度目的。

四　行政机关确定许可使用费的原则与标准

专利权作为私权，以尊重当事人意思自治为原则，然而，权利的行使应当遵循公平原则和利益平衡原则。公平原则和利益平衡原则成为行政机关确定专利许可费的基本原则，根据该原则，专利许可使用费的设置还应当受到竞争法和反垄断法的限制：如果利益严重失衡，或者严重破坏竞争，就应当适当调整。这与标准必要专利中对许可使用费的设置应当按照"公平、合理、无歧视"的要求在本质上是一致的。

（一）确定许可费"公平、合理"的市场法则

在讨论行政机关裁决的许可使用费是否符合"公平、合理"这一标准前，应先明确何为"公平、合理"的开放许可使用费。

"公平、合理"标准难以被量化，且因专利开放许可变得更加复杂。专利技术本身的价值，是决定专利许可费率最重要的因素，此外专利技术所处的法律状态、专利类型、专利许可方式、专利技术所处的生命周期以及专利技术的竞争性等因素，都可能对许可费率产生影响。②

---

① 新华社：《司法部负责人就〈关于健全行政裁决制度加强行政裁决工作的意见〉答记者问》，中央人民政府网，http://www.gov.cn/zhengce/2019-06/02/content_5396933.htm，最后访问日期：2020 年 4 月 17 日。

② 马忠法：《论国际技术转让的特征及其价格的影响因素》，《江淮论坛》2007 年第 3 期。

专利技术本身的价值，是决定专利许可费率最重要的因素。一般来说，专利技术的价值由以下几部分构成：（1）研究与开发成本，可以由许可方根据自身投入计算得出；（2）机会成本，是指专利技术的许可方因转让专利技术在受让方销售市场失去的销售机会所导致的利润损失；（3）被许可方利用技术后的新增利润。① 对于研发成本，因其在专利开放许可中不具有特殊性，无须专门讨论；对于机会成本，专利权人的开放许可意愿被市场迅速捕捉，潜在被许可人数量增加，因许可牺牲的销售市场更大，失去的"机会成本"更多，因此就该部分专利权人应获得更多补偿，但因其弹性较大导致实际影响有限；② 对于被许可方利用技术后的新增利润，其对许可使用费的确定有重大影响，甚至在采用"浮动许可费率"时成为唯一参考因素，但因开放许可下潜在被许可人数量增加，市场竞争环境更加复杂，如何折算新增利润变得更加困难。

专利许可使用费还会受到专利技术所处的法律状态、专利许可协议种类的影响。对于专利开放许可而言，行政机关需事前审查专利权的真实性、有效性，请求人将无须担心因专利无效或者商业欺诈遭受损失。在英国、德国等国家，实行开放许可的专利权人还享有专利年费减半的优惠，一定程度上也是变相地提高了开放许可使用费。③ 根据"LES"日本分会的资料，独占许可的使用费提成率为6%，而非独占许可的使用费提成率约为4%～5%，④ 开放许可因其"开放"属性必须是非独占许可，较之于独占许可被许可方获得的权利小，支付的许可使用费应更低。

由于专利开放许可的固有性质和程序要求，导致其在专利的真实性、有效性上具有更高的确定性，这种信任可以为专利权人提高许可使用费提供土壤；而在许可类型上的唯一性，导致专利权人一方面失去了因独占许

---

① 徐红菊：《专利许可法律问题研究》，法律出版社，2007，第139～140页。
② 王玉清、赵承璧主编《国际技术贸易》（第四版），对外经济贸易大学出版社，2013，第212页。
③ 徐红菊：《专利许可法律问题研究》，法律出版社，2007，第141页。
④ 王玉清、赵承璧主编《国际技术贸易》（第四版），对外经济贸易大学出版社，2013，第222页。

可可获得的更高回报，另一方面因潜在被许可人的增加而获得累计的许可使用费收入。开放许可对许可类型的限制究竟使得专利权人受益还是受损并不明确，无法判断专利开放许可使用费受到的牵制应向哪个方向调整。"公平、合理"这一标准无法实现量化，这也是为什么许可使用费虽然受到公平原则的限制，但法律却没有引入标准的"公平费用"的原因，且这一量化难度会因专利开放许可的特性而加重。

"公平、合理"标准可通过市场的最终选择反向推导。在自由主义经济之下，只有市场能够决定公平合理的价格构成。因此在美国，法律将许可使用费相关条款的决定权留给自由市场的自愿交易，认为法院和行政机关没有能力也不应对许可使用费的确定加以干预，不应热衷于慷他人之慨地依据非市场性的规则去寻求公正的价格。① 换句话说，许可双方协商确定的许可使用费就是公平合理的许可使用费，无须法院或者行政机关进行额外的、"非专业"的评价。

如果秉持上述观点去思考《专利法修正案（草案）》的规定，其虽未对许可使用费的确定标准多做要求，但是却限制了许可双方充分协商的空间——被许可人无议价权，这一规定将很可能使得许可使用费背离市场规则，远离"公平合理"这一标准。反观德国专利处介入许可使用费确定的规定，表面上似乎是画蛇添足，而实际上当事人请求专利处裁决时已然处于谈判不能的状态，任何许可使用费都无法协商得出，遑论还要求公平合理。德国专利局的介入反倒为双方提供了继续沟通的平台（即使此时的沟通并不友好），使得最终裁决的许可使用费更加接近"公平合理"这一标准。

因此，行政机关依申请裁决许可使用费，事实上是以公权力保障许可谈判可以继续进行。行政机关最终裁决的许可费是建立在许可双方充分的举证、辩论的基础上的，系"强行"让许可双方充分协商后的结果，该裁决许可使用费的确定应当也能够符合"公平合理"之标准。

---

① 〔美〕德雷特勒：《知识产权许可》（上），王春燕等译，清华大学出版社，2003，第286～292页。

（二）确定许可费"无歧视"的路径与方法

"歧视"因程度不同后果不一，严重的可能破坏市场良性竞争形成垄断，轻微的可能只是利用信息不对称歧视定价。行政机关裁决许可使用费应遵循"无歧视"原则，既不得"掠夺性定价"（predatory pricing），也不能"价格歧视"（price discrimination）。

行政机关裁决许可使用费不得"掠夺性定价"。"无歧视"原则出现在专利许可领域是受反垄断法和禁止权利滥用原则影响。① 以美国反托拉斯法为例，《克莱顿法》第 2 条的规定限于商品交易，而不适用于纯粹的许可协议。② 如果说《克莱顿法》的规定是一种事先预防，价格歧视本身即违法，那《谢尔曼法》则要求证明实际破坏竞争的目的或效果，即价格歧视本身不是违法，反竞争才是，③ 所以许可协议也在《谢尔曼法》的评价范围内。当然对于专利技术领域而言，判断是否破坏竞争绝非易事。

《谢尔曼法》第 1 条规定了禁止限制贸易的合同，④ 其理论基础为：生产者和某一发行者串通，通过提供低价发行，破坏另一发行商的定价，从而迫使其退出竞争。第 2 条的规定则是针对生产者或者发行商以削弱竞争为

① 〔美〕德雷特勒：《知识产权许可》（上），王春燕等译，清华大学出版社，2003，第 324 页。
② 根据《克莱顿法》第 2 条（a），从事商业的人在其商业过程中，直接或间接地对同一等级和质量商品的买者实行价格歧视，如果价格歧视的结果实质上竞争或旨在形成对商业的垄断，或妨害、破坏、阻止同那些准许或故意接受该歧视利益的人之间的竞争，或者是同他们的顾客之间的竞争，是非法的。这里歧视所涉及的购买是在商业过程中，商品是为了在美国内、准州内、哥伦比亚内、或美国司法管辖权下的属地及其它地域内的使用、消费和销售。https://wiki.mbalib.com/wiki/%E3%80%8A%E5%85%8B%E8%8E%B1%E9%A1%BF%E5%8F%8D%E6%89%98%E6%8B%89%E6%96%AF%E6%B3%95%E3%80%8B，最后访问日期：2020 年 3 月 10 日。
③ 〔美〕德雷特勒：《知识产权许可》（上），王春燕等译，清华大学出版社，2003，第 350 ~ 355 页。
④ 《谢尔曼法》第 1 条规定："任何限制州际间或与外国之间的贸易或商业的契约，以托拉斯形式或其它形式的联合，或共谋，都是非法的。任何人签订上述契约或从事上述联合或共谋，将构成重罪。如果参与人是公司，将处以不超过 1000 万美元的罚款。如果参与人是个人，将处以不超过 35 万美元的罚款，或三年以下监禁。或由法院酌情并用两种处罚。"https://wiki.mbalib.com/wiki/%E3%80%8A%E8%B0%A2%E5%B0%94%E6%9B%BC%E6%B3%95%E3%80%8B，最后访问日期：2020 年 3 月 10 日。

目的，在某个特定地域或商品的使用领域降低商品价格，从而在特定市场实现了垄断或企图垄断的事实。① 上述两个事实被称为"掠夺性定价"。欧盟 2015 年对高通展开反垄断调查，指出高通以低于成本的价格贩售基频晶片，意图排挤竞争对手，"高通的策略行为阻碍市场竞争和创新，在需求庞大的产业限制客户的选择性"②。这种"掠夺性定价"策略如若发生在专利开放许可中，由行政机关裁决许可使用费"推出"，不仅影响范围更大，还将极大破坏行政机关公信力。

专利开放许可使用费的确定当然受反垄断法和禁止权利滥用原则的限制，不得破坏竞争，不得"掠夺性定价"，尤其是当行政机关裁决许可使用费时，应警惕许可双方串通利用行政机关谋取垄断地位。

行政机关裁决的许可使用费不得发生"价格歧视"。在我国《价格法》第 14 条第 5 项中，价格歧视的定义为"提供相同商品或者服务，对具有同等交易条件的其他经营者实行价格歧视"③。就专利许可而言，许可使用费价格歧视意味着就相同的专利权对同等条件的被许可人订立不同的许可使用费。由上述分析可知，在许可协议中法律并没有禁止这一现象的出现，合同法没有禁止许可使用费歧视定价，专利法也不禁止专利权人对某个被

---

① 《谢尔曼法》第 2 条规定："任何人垄断或企图垄断，或与他人联合、共谋垄断州际间或与外国间的商业和贸易，将构成重罪。如果参与人是公司，将处以不超过 1000 万美元的罚款；如果参与人是个人，将处以不超过 35 万美元的罚款，或三年以下监禁。也可由法院酌情并用两种处罚。" https://wiki.mbalib.com/wiki/%E3%80%8A%E8%B0%A2%E5%B0%94%E6%9B%BC%E6%B3%95%E3%80%8B，最后访问日期：2020 年 3 月 10 日。

② 《掠夺性定价 欧盟重罚高通近 85 亿元》，中时新闻网，https://www.chinatimes.com/cn/realtimenews/20190718004254-260410？chdtv，最后访问日期：2020 年 4 月 17 日。

③ 《价格法》第 14 条："经营者不得有下列不正当价格行为：（一）相互串通，操纵市场价格，损害其他经营者或者消费者的合法权益；（二）在依法降价处理鲜活商品、季节性商品、积压商品等商品外，为了排挤竞争对手或者独占市场，以低于成本的价格倾销，扰乱正常的生产经营秩序，损害国家利益或者其他经营者的合法权益；（三）捏造、散布涨价信息，哄抬价格，推动商品价格过高上涨的；（四）利用虚假的或者使人误解的价格手段，诱骗消费者或者其他经营者与其进行交易；（五）提供相同商品或者服务，对具有同等交易条件的其他经营者实行价格歧视；（六）采取抬高等级或者压低等级等手段收购、销售商品或者提供服务，变相提高或者压低价格；（七）违反法律、法规的规定牟取暴利；（八）法律、行政法规禁止的其他不正当价格行为。"

许可人收取的许可使用费高于另一被许可人，既然"一个愿打一个愿挨"，法律并不禁止专利权人获得更乐观的技术价值回报。

但是，当行政机关依当事一方申请介入许可使用费确定程序时，许可双方早就不是"你情我愿"而是"剑拔弩张"了。试想，当被许可人认为专利权人的要价"太高"而申请行政机关裁决，行政机关本次裁决的许可使用费与前次裁决的数额不同，而前后两次许可交易条件又相同时，原本就心有不甘的当事人如何心服口服呢？同等条件的被许可人在请求行政机关裁决后得到的许可使用费"远近高低各不同"，这显然会造成巨大争议，也会让后续的许可交易中许可使用费谈判因"价格锚点"混乱而更加复杂。

当许可使用费问题诉诸行政机关时，裁决的许可使用费应在一定时期具有稳定性，对于同等条件的被许可人不得"价格歧视"，许可双方在许可使用费确定上都失去了"任性"的权利，这既是行政机关中立立场所决定的，也是为在后的许可交易提供参考，从而提高谈判效率的目标所要求的。

确定了行政机关应遵循的"无歧视"原则的内涵，接下来考虑应如何实现。为减少行政机关裁决的失误或者错误，保证裁决结果"无歧视"，可以从程序和实体两方面入手。

完善行政裁决程序，保障并督促许可当事人在许可费裁决程序中充分举证，并设置纠错机制。德国《专利法》第23条第4款和第6款规定，申请行政机关裁决许可使用费，可以针对数方提起，也即行政裁决中可能存在专利权人和多位被许可人；审查部可以随时询问证人、鉴定人和当事人，还可以聘用其他人进行澄清事实所必要的调查；审查部最终决定是否需要进行听证，当事人不得提起异议。第47条规定，当事人对专利处许可使用费裁决结果不满的，可提起上诉。[1] 理论上说，参与行政裁决的人越多，举证辩论将越充分，行政机关可参考的信息越完整。在德国专利处裁决许可

---

① 国家知识产权局条法司组织翻译《外国专利法选译（中）》，知识产权出版社，2014，第875~886页。

使用费过程中，可以存在多方当事人及证人、鉴定人，专利处还可聘用专业人士进行必要调查，信息来源多元化不但可以使得裁决的许可使用费更具市场色彩，满足"公平合理"标准，还可以防止许可当事人串谋，借"谈判不能"之名，行"价格劫持"之实；裁决的可诉性也保证了当事人有足够的救济途径。行政裁决许可使用费程序的设置在保证多方参与、充分举证、专业调查和事后救济这几点后，能够最大限度地避免裁决结果的歧视可能和不合理。

因此，我国在制度设计时，应保证裁决程序的规范化、调查过程的专业化以及纠错程序的明确化。行政机关在裁决过程中，可要求当事人提供具体计算许可使用费的依据、专利价值评估报告、行业利润年度报告、相关法院判决等；若当事人拒绝提供，行政机关可依职权引入专业人士或聘请第三方机构进行专利价值评估或者驳回申请，并根据裁决结果确定最终的费用承担；当事人可在规定时间内，针对裁决结果向法院起诉。

完善专利价值评估机制，行政机关应充分发挥其专业优势。英美等国家的专利价值评估机制十分成熟，法院的损害赔偿技术也处于较高水平，这些专利价值评估信息是行政机关裁决许可使用费时重要的参考资料，也是当事人举证的主要内容。例如，英国知识产权局在官网提供了《知识产权价值评估指南》，文件中共有 90 个左右有关知识产权价值的问题，包括投入成本、可带来利益回报、知识产权竞争强度等等，帮助权利人进行价值评估，此外还提供了专利许可合同模板。[1] ROL 公司近年连续发布《专利交易市场报告》，以 2019 年报告为例，其统计了全球以及美国单项专利的平均价、最高价、最低价、不同领域专利的交易价等等，[2] 同样还有 Lex Machina 公司发布的《专利诉讼报告》[3]、普华永道发布的《专利诉讼调查

---

[1] 参见英国知识产权局指导信息 Valuing Your Intellectual Property，https：//www. gov. uk/guidance/valuing-your-intellectual-property，最后访问日期：2020 年 4 月 17 日。

[2] 参见 ROI 公司发布的《2019 年专利交易报告》，https：//mailchi. mp/roipatents. com/2019marketreport，最后访问日期：2021 年 7 月 29 日。

[3] 《【独家授权发布】Lex Machina 2019 年度美国专利诉讼报告》，"智南针网"微信公众号，https：//mp. weixin. qq. com/s/8tVfIJydfMJJTnIG7ZBFKA，最后访问日期：2020 年 4 月 10 日。

报告》①。

我国专利价值评估机制尚不成熟,且这种不成熟体现在多个方面,包括专利价值评估、专利许可使用费确定和专利损害赔偿计算,② 也即无论是市场主体、行政机关还是司法机关对此问题的认识都是很有限的。行政机关在裁决许可使用费时,理论上应当参考同类专利的市场交易价和许可使用费率,或者法院判决的损害赔偿数额,但前者在我国少有权威数据报告,后者因近 90% 专利损害赔偿系法定赔偿,也缺乏参考价值。专利价值评估难的问题不光是行政机关要面对的,也是市场主体和法官所面对的,需要大家共同努力解决难题,而专利行政机关因其专业性可发挥更大作用。"巧妇难为无米之炊",专利行政机关为保证其裁定的许可使用费前后无太大偏差,在裁决程序之外,应加强专利许可交易管理,落实专利许可合同备案制度;积极开展有关专利交易市场的调研,与专业的数据公司合作,收集专利转让价格、专利许可费率等信息;公示专利许可交易市场调研成果,降低专利权人、请求许可人的信息不对称程度。

---

① 普华永道《2018 年专利诉讼调查报告》,https://www.ipwatchdog.com/wp-content/uploads/2018/09/2018-pwc-patent-litigation-study.pdf,最后访问日期:2020 年 4 月 10 日。
② 我国国家知识产权局每年发布专利调查报告,但专利价值、损害赔偿数额的调查结果较为粗犷。

《知识产权与市场竞争研究》第 7 辑
第 84～110 页
© SSAP，2021

社交网络平台的大数据竞争及其规制[*]

张江莉　张　镭[**]

内容提要： 大数据时代，数据成为社交网络平台竞争的关键投入，对数据的获取和争夺也由此引发法律争议。对社交网络平台数据竞争的规制既涉及反垄断法，也涉及反不正当竞争法。从数据获取和流转的路径看，具有市场支配力量的平台剥削性地从用户手中获取数据，则属于滥用市场支配地位的行为；平台的集中也会造成数据的高度汇聚和集中，从而引发排除竞争、阻碍竞争对手扩大市场规模、侵犯隐私权方面的担忧。而在平台企业之间的数据流转过程中，由于企业的数据权属尚不明朗，数据的授权原则和爬取边界，主要依靠《反不正当竞争法》第 2 条进行综合判断。

关键词： 社交网络平台；大数据；竞争法

一　社交网络平台的大数据竞争

（一）数据竞争是社交网络平台竞争的重要维度

社交网络平台的雏形源于"六度分隔"理论[①]和 WEB2.0 技术基础。

---

*　本文系 2018 年度司法部一般课题"数据竞争与算法竞争的反垄断规制"（项目编号：18SFB2045）的中期成果。

**　张江莉，北京师范大学法学院副教授；张镭，北京师范大学法学院硕士研究生。

①　"六度分隔"理论最早由哈佛教授 Stanley Milgram 提出。

"六度分隔"理论是指最多通过六个人便可以认识一个陌生人，由此个体的社交圈不断交叉放大形成网络。有人将早期的社交网络定义为"在一个有边界的系统中建立公开或者半公开的个人简介，同时列举其他用户的链接，并且通过这些链接可以查看其他用户的简介"①。这是对于社交网络最早期的认识，随着社交网络的发展，人们对于社交网络的认识也在不断发展变化。有人认为社交网络是"一种通过共享有用信息而维持社会关系的在线网络服务社区"②，也有人将社交网络定义为"一种能够帮助人们构建并维持社会关系的互联网应用服务，是网络时代最重要的沟通工具"③。社交网络从单纯依靠用户的社交圈层扩展网络，逐渐发展为依靠用户的共同兴趣等垂直方式拓展用户的社交关系。社交网络的功能也逐渐复杂化、平台化，社交网络平台往往搭乘了不同的功能，但这些功能都为维持用户的社会关系服务。2017 年，在微软并购领英一案中，社交网络（SN）服务正式被描述为一种多边平台市场，可以通过多种设备（移动、桌面）和手段（例如通过聊天、发帖、视频、推荐）彼此连接、共享、发现和通信。SN 服务用于在具有相似职业兴趣、活动、背景或现实生活中有联系的人之间建立社会关系。④

社交网络平台除了提供一般综合性的社交服务以外，还可以提供各种垂直社交网络服务（Vertical SN）和专业社交网络服务（PSN）。这些垂直社交网络平台和专业社交网络平台具有特定类型的用户群体、特定的目标、共享内容甚至商业导向。⑤ 例如，Behance 是一个分享艺术作品的平台，

---

① Danah M. Boyd, Nicole B. Ellison, "Social Network Sites: Definition, History and Scholarship," *Journal of Computer-Mediated Communication* 13 (2007): 210, 211.

② Ohbyung Kwon, Yixing WenAn, "Empirical Study of the Factors Affecting Social Network Use," *Computers in Human Behavior* 26 (2010): 254.

③ Saokosal Oum, DongWook Han, "An Empirical Study of the Determinants of the Intention to Participate in User-created Contents (UCC) Services," *Expert Systems with Applications* 38 (2011): 15110.

④ Case No. COMP M. 8124, Microsoft/LinkedIn.

⑤ Danah M. Boyd, Nicole B. Ellison, "Social Network Sites: Definition, History and Scholarship," *Journal of Computer-Mediated Communication* 13 (2007): 210, 211.

LinkedIn 则是专业的职场社交网络平台。在我国，中国互联网信息中心将社交网络平台分为三类：即时通信工具、综合社交应用和垂直细分社交应用。即时通信工具以微信、QQ 为主要代表，主要满足用户交流互动的社交需求；综合社交应用以新浪微博、微信朋友圈、QQ 空间为代表，主要满足用户进一步展现自我、认识他人的社交需求；垂直社交应用主要包含婚恋社交、社区社交、职场社交等类别，在特定领域为用户提供社交关系连接，用户相对小众。一般而言，即时通信工具的使用率最高，其次是综合社交应用，最后是垂直细分应用。[①]

社交网络平台的发展面临着三类网络效应。

一是传统的基于"社交网络"而形成的直接网络效应。用户加入某个社交网站的意愿与该网站已有的用户数量成正比，某个社交网站的用户数量越多，用户就越有可能建立起广泛的社交关系，加入网络的意愿也就越强。只有平台的社交用户的基数足够庞大，新用户的参与意愿才会强烈，而平台对老用户的黏性才足够高。[②]

二是社交网络平台不同用户群体之间的交叉网络效应，即社交网络平台中既存在社交网络用户，也存在其他类型的用户，例如广告商、游戏商等等。这些不同的用户群体之间存在着交叉影响：当社交用户的数量越庞大，平台通过投放广告、游戏等其他产品盈利的可能性才会越大；而平台上补足的产品和服务种类越丰富，质量越高，平台对社交用户的黏性和吸引力也就越大。

三是数据时代所产生的数据驱动的网络效应。用户越多，用户创造的内容数量越多、质量越高，用户主动或者被动提供数据越多，平台越是能够提升产品和服务的质量，这些产品和服务对用户更加具有吸引力，能吸引更多人参与内容创造和数据提供，平台将拥有更多数据来进一步改进产

---

① 《2016 年中国社交应用用户行为研究报告》，中国互联网络信息中心，http://www.cnnic.cn/hlwfzyj/hlwxzbg/sqbg/201712/t20171227_70118.htm，最后访问日期：2020 年 4 月 19 日。

② 王慧贤：《社交网络媒体平台用户参与激励机制研究》，博士学位论文，北京邮电大学，2013，第 9~10 页。

品，该产品对潜在用户就更有吸引力。这样的网络效应，产生于数据的规模和种类。[①]

因此，数据对于社交网络平台是一项关键的投入品。例如在中国，微博用户在一分钟的时间内会发出或者转发 64184 篇微博，其中 50925 篇微博里含有图片，1891 篇微博里含有视频，498 篇微博里含有音乐；与此同时有295822 人登录微信，19444 人在进行视频或者语音聊天。[②] 正是这样庞大的数据支撑起了平台内部的生态环境，也对平台外部的用户具有强烈的吸引力，使得微博和微信成为当前具有竞争力的社交网络平台。

数据竞争是社交网络平台竞争的重要维度。只有平台内部的数据规模越大、速度越快、来源越多样、价值越高，社交网络平台才能吸引外部用户，同时也能留存内部的用户。

（二）大数据的概念和特点

社交网络平台所竞争的数据，指的是人们所热议的"大数据"。大数据的概念目前尚未高度统一。著名的咨询公司麦肯锡将之定义为"大数据是指大小超出了典型数据库软件工具收集、存储、管理和分析能力的数据集"[③]。美国国家标准与技术研究院将之定义为"在既有的数据框架内无法解决的新数据集"[④]。全球领先的信息技术研究与科技公司 GARTNER将大数据定义为"高容量、高速和多样化的信息资产，这样的信息资产能够满足具有成本效益的创新形式以便进行信息处理来增强洞察和决策

---

① 〔美〕莫里斯·E. 斯图克、艾伦·P. 格鲁内斯：《大数据与竞争政策》，兰磊译，法律出版社，2019，第 197、215 页。

② Erik Crouch, Here's What Happens Every Minute Online in China（Infographic）, tech in Asia, https://www. techinasia. com/minute-online-china-infographic, last visited on Apr. 20, 2020.

③ Mikinsey Global Institute, Big Data: The Next Frontier for Innovation, Competition and Productivity, https://www. mckinsey. com/ ~/media/McKinsey/Business% 20Functions/McKinsey% 20Digital/Our% 20Insights/Big% 20data% 20The% 20next% 20frontier% 20for% 20innovation/MGI _ big _ data _ full _ report. ashx, last visited on Apr. 20, 2019.

④ NIST, NIST Big Data Interoperability Framework: Volume 1, Definitions, https://nvlpubs. nist. gov/ nistpubs/SpecialPublications/NIST. SP. 1500 – 1. pdf, last visited on visited on Apr. 19, 2020.

能力"①。

尽管如此,人们对于大数据的基本特征还是达成了一定的共识,即大数据具有规模性(Volume)、高速性(Velocity)、多样性(Variety)和价值性(Value)这四大特征,也称之为大数据的4V理论。② 经合组织在报告中提到由于媒体的数字化和社会经济活动的网络化(如电子商务、电子健康以及电子政务),每秒钟可以产生1PB的数据。③ 这就是大数据规模性的特点。大数据的规模性和高速性之间的联系是非常紧密的,数据的高速处理使得数据规模扩大变得可能,而数据的大规模也为数据的高速处理提供了基础。从来源来看,大数据的种类多样,方方面面的信息都可以被记录和保存。同时大数据具有较高的价值,可以通过对数据的分析得到规律性的认识。

(三) 社交网络平台面临的数据竞争

大数据是社交网络平台中关键的投入品,平台常常会因为争夺数据而彼此竞争,从而引发一系列争议。社交网络平台对数据的获取和竞争同样要受到法律的规制和调整。在数据竞争中容易产生纠纷,并触犯竞争法(包括反垄断法和反不正当竞争法)的,主要为以下三个环节。

一是基础数据的获取。社交网络平台根据隐私条款收集用户数据,但平台和用户并不总是处于平等的地位,平台有优于用户的技术优势。尽管用户事先同意了隐私条款,但用户很可能并不清楚平台在什么情况下会收集数据、收集了自身的哪些数据。平台也有可能并不遵守隐私条款。一旦平台利用自身技术优势剥削性地获取用户数据,将导致平台滥用市场支配地位从用户手中获取数据的问题。

二是数据的集中。社交网络平台的集中会导致数据的集中。如果数据

---

① Gartner Glossary, Big Date, https://www.gartner.com/it-glossary/big-data/, last visited on Apr. 20, 2020.

② Maurice E. Stucke, Allen P. Grunes, *Big Data and Competition Policy* (Oxford University Press, 2016), pp. 16 – 28.

③ OECD, Data-Driven Innovation for Growth and Well-Being: Interim Synthesis Report, http://www.oecd.org/sti/inno/data-driven-innovation-interim-synthesis.pdf, last visited on Apr. 20, 2020.

高度汇聚在集中后的平台手中，甚至会引发竞争问题。平台通过集中获取了数据优势，网络效应和消费者转换成本为用户退出平台制造了障碍，同时也提高了进入门槛，竞争对手如果没有办法拥有同等规模的数据，可能无法提供新的产品、服务或者优化已有的产品、服务，这阻碍了竞争对手扩大规模。数据的集中还会导致将隐私纳入非价格因素竞争的考量。对隐私的侵犯在一定程度上导致了产品质量和服务水平的下降。

三是数据的流转。除了直接从用户那里获得基础数据，企业也可能从其他企业那里获取数据，这形成了数据的流转。数据流转主要包括数据授权和数据爬取两种形式。由于尚未有明晰的法律规定，也缺乏公认的商业道德，企业对数据的权利内容尚不明确，这会使得数据的授权和爬取行为缺乏明确的指引，从而引发不正当竞争的纠纷。

二　滥用市场地位获取数据

（一）大数据时代滥用市场支配地位的新形式

滥用市场支配地位指的是具有市场支配地位的经营者采用垄断定价、掠夺定价、拒绝交易、限定交易、捆绑交易和差别待遇等手段排斥、限制竞争的行为。[①] 滥用市场支配地位会扰乱市场正常的竞争秩序，造成对创新的阻碍，导致消费者福利的降低，因而被反垄断法所禁止。在具体的执法过程中，对于滥用支配地位的行为已经有了成熟的分析模式：界定相关市场，分析市场力量，判断是否存在滥用市场支配地位的行为，分析对竞争的损害。[②] 由于网络效应和转换成本导致用户锁定，社交网络平台在相关市场上拥有较强的市场力量，但其很可能会滥用相对于用户的优势地位，剥削性地获取用户数据。这并非传统意义上经营者滥用市场支配地位所采取

[①]　《反垄断法》第 17 条。

[②]　刘贵祥：《滥用市场支配地位理论的司法考量》，《中国法学》2016 年第 5 期。

的一般手段，但也确实侵害了用户的隐私权，导致消费者福利的减少，成为滥用市场支配地位的新形式。

用户数据对于社交网络平台具有非常高的价值，通过获取用户数据，社交网络平台可以从广告商处将数据变现。具有支配地位的社交网络可以通过要求消费者同意其服务条款和隐私政策，一方面这些不公平的条款和政策可能会直接涉及过度收集用户数据，另一方面这些条款和政策可能会表现得不清晰、难以理解或常常变化，使得消费者难以了解自己的哪些信息被收集。消费者如果不同意这些不公平的条款和政策，就难以享受社交网络平台的服务，在这种情况下，消费者很难做出真正的选择，成为"被俘获的用户"①，在用户和平台侧出现市场失灵的现象。平台通过提供免费的服务免费获取用户的数据，实际上是一种资源的交换，但在交换的过程中存在着严重的信息不对等，平台没有将自己的服务明码标价，用户也没有办法得知数据的真实价值，市场在这中间并没有发挥作用。如果市场真正发挥作用，平台和用户可以通过价格机制平衡彼此之间的利益，用户在这个过程中可以获得补偿。但如果将数据看作用户的个人权利，那么就不存在可供交易的市场，平台滥用市场支配地位获取数据的行为也被认为是对用户个人权利的剥夺。②

（二）Facebook 非法收集数据案

2019 年 2 月，德国联邦卡特尔局正式作出决定，认为 Facebook 滥用市场支配地位收集用户数据，并禁止了 Facebook 的数据收集行为。这成为社交网络平台数据领域的重大反垄断案。③

---

① 韩伟：《数字经济中的隐私保护与支配地位滥用》，《中国社会科学院研究生院学报》2020年第 1 期。

② Nicholas Economides, Ioannis Lianos, Restrictions on Privacy and Exploitation in the Digital Economy: A Competition Law Perspective, https://www.ucl.ac.uk/cles/sites/cles/files/cles - 5 - 2019.pdf, last visited on Apr. 25, 2020.

③ Dezember 2017 Hintergrundinformationen zum Facebook-Verfahren des Bundeskartellamtes; Administrative Proceedings Decision under Section 32 (1) German Competition Act (GWB), 6th Decision Division, B6 - 22/16.

案件中的相关市场被定义为德国社交网络市场，Facebook 被认定在该市场中具有市场支配地位。联邦卡特尔局认为，Facebook 对于市场的支配首先体现在企业巨大的市场份额上——市场份额高达 90%。此外，这一强大的地位通过市场中基于身份的网络效应进一步得到加强，用户很难舍弃平台中已经搭建完善的关系网络而转投另一个平台。在社交网络市场中，市场壁垒很高。由于伴随网络效应所产生的锁定效应，用户很难转向其他社交平台。除了直接的网络效应，市场中的间接效应也增加了新竞争者进入市场的难度：对于依靠"吸引流量"，也就是依靠广告赞助而生存的平台，其网站盈利依赖于众多私人用户信息，由此在广告客户中产生积极的间接网络效应。只有拥有一定数量的用户，并且用户把广告页面平台当作活跃的广告场所，新进入市场的竞争者才能依靠广告生存。Facebook 的直接网络效应让新竞争者达到同样多的用户数量变得很困难。此外，Facebook 还通过其网络效应产生规模效应以节约成本，这一巨大优势使得 Facebook 与其他竞争者相比明显拥有更多的战略回旋余地。鉴于 Facebook 近乎垄断超过 90% 的用户份额这一事实，很难说并行的用户行为（即多属行为）对于平台市场和网络市场可以产生彻底分散的效果。

在市场力量评估中，联邦卡特尔局还特别谈到了数据的重要作用。除了传统的评估市场力量的因素，联邦卡特尔局特别指出：Facebook 掌握着与竞争相关的重要数据渠道，特别是其用户的个人数据。因为社交网络是数据驱动型产品，所以数据渠道是极为重要的竞争因素。数据对产品设计很重要，对可能出现的服务垄断也很重要。因此，缺少类似的数据收集渠道可能导致新的市场壁垒。

Facebook 被认为滥用了其在市场中的支配力量，非法从用户手中收集了数据：Facebook 集团为智能手机开发和运营各种数字产品、在线服务和应用程序。集团的主要产品是扎克伯格开发的 "Facebook. com" 服务，通过广告盈利。Facebook 集团通过 Facebook. com（在德国则是 Facebook. de）提供一系列针对不同群体的产品和服务，包括：社交网络 Facebook，主要面向私人用户和发布者；对于广告商来说，Facebook 提供与 Facebook 集团的社交网络和其他服务相关的各种产品；Facebook 开发者平台（"面向开发者的 Facebook"）通过 "Facebook 商业工具" 为第三方公司提供进一步的软件产品和开发其服务的编程接口。此外，Facebook 还提供 Instagram 服务、WhatsApp 移动应用程序等知名产品和服务；当然，Facebook 集团还拥有众多子公司，这些子公司还提供在线服务和应用程序。

联邦卡特尔局认为，Facebook 的服务条款和数据条款有大量的内容违反了德国《反对限制竞争法》（GWB）第 19 条和《欧盟运行条约》第 102 条，同时也违反了《通用数据保护条例》（GDPR）关于数据保护的规定。例如，Facebook 收集与使用任何与 Facebook 产品相关的所有数据（除了用户主动分享的信息，还包括使用网络时浏览器或设备自动传输到 Facebook 的数据）；Facebook.com 还可以从使用 Facebook 商业工具的广告商、应用开发者和发布者（"合作伙伴"）那里收集 Facebook.com 以外用户活动的数据；这些信息用于 "提供、个性化和改进我们的产品"……作为 Facebook 公司的一部分，WhatsApp 等公司从 Facebook 公司接收信息，并与之共享信息。

最后，联邦卡特尔局要求 Facebook 修改政策条款并据此调整相关数据处理活动，仅得在取得用户 "自愿同意"（Voluntary Consent）的基础上，方可使用其旗下平台以及第三方网站和软件中收集的用户数据，并将数据整合至用户的 Facebook 账号中。如果 Facebook 坚持在未取得用户 "自愿同意" 的基础上进行数据收集和整合，那么其处理活动将从数量、内容、目的等诸多方面受到严格的限制，且 Facebook 须于 4 个月内就此提出可行的处理方案，否则将面临罚款。

三　数据集中的反垄断界限

（一）数据集中的竞争隐忧

除了从用户手中获取数据以外，经营者集中也是互联网平台获取数据的重要途径。或者说，在大数据时代的今天，平台之间的集中，不可避免地会带来数据的集中。

平台集中，指的是平台经营者之间的集中，包括：经营者之间的合并；经营者通过取得股权或者资产的方式获得对其他经营者的控制权；经营者通过合同等方式取得对其他经营者的控制权或者能够对其他经营者施加决定性影响。经营者集中达到反垄断法规定的申报标准的，必须事先向反垄断执法机构申报，未申报的不得实施集中。在过去，反垄断机构审查经营者集中，应当考虑参与集中的经营者在相关市场的市场份额及其对市场的控制力，相关市场的市场集中度，经营者集中对市场进入、技术进步的影响，经营者集中对消费者和其他有关经营者的影响，以及经营者集中对国民经济发展的影响等影响市场竞争的各类因素，最终决定是否允许经营者实现集中。在大数据时代，是否允许平台集中，同时还必须考虑数据集中对市场竞争的影响。

社交网络平台是典型的数据驱动型产业，数据能够帮助平台经营者理解用户的行为和偏好，并相应改进（或定向）自己的产品和服务，从而让平台形成正向反馈。数据对于社交网络的重要意义不言而喻。社交网络平台间的集中所带来的数据集中，有利于集中后的实体改善产品和服务的质量，提高其竞争优势。但从另一方面看，数据的集中也可能影响到相关市场的竞争。由数据集中带来的竞争方面的隐忧主要包括如下几个方面。

1. 增加集中后平台的市场力量

数据和处理数据的能力作为衡量市场力量的重要方面，已经逐渐被各国从立法上认可。例如在我国市场监管总局 2019 年颁布的《禁止滥用市场支配地位行为暂行规定》中，第 11 条规定："根据反垄断法第十八条和本规定第六条至第十条规定认定互联网等新经济业态经营者具有市场支配地位，可以考虑相关行业竞争特点、经营模式、用户数量、网络效应、锁定效应、技术特性、市场创新、掌握和处理相关数据的能力及经营者在关联市场的市场力量等因素。"

拥有不同数据集合的平台集中，最直接的横向后果是可能会增加集中后平台在数据供应市场中的力量。即使参与集中的企业无意将不同的数据集进行合并，甚至数据集的合并缺乏技术上的可能性，也仍然能够导致竞争的削减：集中之前两家公司根据其控制的数据相互竞争，但这种竞争将被合并所消除。[①] 数据供应力量的集中和数据竞争的消除，最终会增加集中后实体的市场力量。

2. 数据集中可能提升相关市场的进入壁垒，阻止竞争对手扩大规模

进入壁垒（Barriers to Entry）描述的是高启动成本或其他阻碍新竞争对手轻易进入某一行业或业务领域所存在的障碍。常见的进入壁垒包括高额的前期投资（如专业设备的支出、熟练工人招聘等）、对现有公司的特殊税收优惠、专利技术、强大的品牌形象、客户忠诚度、高昂的客户转换成本、监管合规成本以及特定产业的政府准入管制等等。[②] 很多人认为，对于社交网络服务乃至整个在线市场而言，进入壁垒是较低的，其重要的原因是在线市场创新频繁，平台经营的模式针对消费者用户一方主要是免费策略，再加上多属效应，使得用户转换平台的成本很低，他们可以很轻易地切换不同的网络平台。[③] 但是，如果考虑到数据所带来的网络效应，消费者的忠诚度（或者黏性）和转换成本就会大幅度提高：数据的集中所带来的数据数量和种类的增加，会作为平台服务算法的基础，不断增强平台算法回应用户请求的能力和内容投放能力，从而强化消费者在既有的使用习惯下对既有平台的依赖，服务质量的提高和功能的增强也会阻碍消费者转换不同的平台。

除了增加消费者黏性以外，数据作为关键投入品，其集中还可能阻碍竞争对手扩大规模。对于数据驱动型的企业而言，网络效应以及规模对于竞争能力特别重要。数据集中会导致实质或潜在的竞争对手获得数据规模

---

① Case No. COMP M. 8124, Microsoft/LinkedIn.

② John M. Yun, Antitrust after Big Data, https://papers. ssrn. com/sol3/papers. cfm? abstract_id = 3440206, last visited on May 5, 2020.

③ 〔美〕莫里斯·E. 斯图克、艾伦·P. 格鲁内斯：《大数据与竞争政策》，兰磊译，法律出版社，2019，第185～186页。

的能力受到削弱或消除，从而降低他们的竞争能力和激情，阻碍需要数据提供服务的企业进入市场。为了在合并后有效地与合并后的实体竞争，竞争对手可能需要收集比合并不存在的情况下所需的更大的数据集。① 例如，著名的社交网络平台 Facebook 等企业通过不断的集中，收购了一批潜在竞争对手，获取了他们关键的用户，被认为进一步巩固了数据优势，强化了数据分析能力，能够为用户提供竞争对手无法提供的服务。比如 Facebook 将 Instagram 基于时间顺序展示的用户页面改为基于用户的兴趣，这得益于 Facebook 强大的用户数据，一般的竞争对手即使能够提供该项服务，但由于受到数据规模的限制，可能无法提供更好的服务。②

3. 数据集中带来的隐私问题

社交网络平台集中导致的数据集中还引发了人们对于隐私问题的担忧。尽管隐私从传统上讲不是竞争法关注的问题，但是，随着数据时代的发展，隐私问题越来越受到人们的重视，因此，隐私也逐渐成为竞争中的非价格维度，成为反垄断案件分析中需要考虑的合理因素。

对于隐私能否作为非价格竞争的重要维度有很大的争议。反垄断执法机构对此持谨慎态度，欧盟在 "Google 收购 Doublelink 案" 中指出隐私不是反垄断法的审查因素，应该由其他的法律保护。③ 有人认为隐私应当是消费者保护法的内容，如果选择由反垄断法来规制会导致混乱并且可能会损害产品或者服务的创新;④ 如果缺乏强有力的证据证明隐私对竞争的影响，用反垄断法进行规制会阻碍竞争、遏制创新并进一步损害消费者利益。⑤ 也有人从美国法的角度出发，认为如果将隐私作为审查因素可能会涉

---

① Case No. COMP M. 8124, Microsoft/LinkedIn.

② Charles A. Miller, "Big Data and the Non-horizontal Merger," *California Law Review* 107 (2019): 309, 334 – 337.

③ Case No. COMP/M. 4731 – Google/DoubleClick, para. 367 – 368.

④ Maureen K. Ohlhausen, Alexander P. Okuliara, "Competition, Consumer Protection, and the Right approach to Privacy," *Antitrust Law Journal* 80 (2015): 121.

⑤ Andres V. Lerner, The Role of "Big Data" in Online Platform Competition (2014), pp. 4 – 5, http://ssrn.com/abstract = 2482780, last visited on Apr. 30, 2020.

及《第一修正案》，从而不属于反垄断执法机构的审查范围而是需要更高级别的审查。[①]

支持者认为，对于某些看重隐私的消费者而言，数据带来的隐私问题会降低产品或者服务的质量。[②] 由于反垄断执法机构通常采用的都是基于价格的测试工具，而社交网络平台通常采用的都是免费的策略，基于价格的分析很难看出社交网络平台对于隐私的影响。德国的反垄断执法机构在"Facebook 滥用案"中认为 Facebook 收集数据的行为具有剥夺性，滥用了市场支配地位，用户通过交换数据得到低于数据价值的产品或者服务，这降低了产品或者服务的质量。[③] 采用"通知—同意"模式的隐私策略很难为消费者提供数据保护，由于用户条款的不透明，消费者往往很难知道数据的后续用途，但是网络效应和转换成本又很难让消费者转向另外一个新的平台。社交网络平台在收集用户数据时存在市场失灵，由于平台强大的市场支配地位，用户被剥夺数据却无法得到很好的补偿。如果消费者长期处于隐私得不到保护的市场中会失去对市场的信任，这会影响市场信心，给市场经济带来福利损失。尽管反垄断执法机构认为破坏式创新将大大削弱拥有高市场份额的平台的市场支配力量，但事实上 Facebook 作为数据寡头已经长时间占据行业的顶端，没有具有替代性的竞争对手。[④]

（二）Facebook 与 WhatsApp 数据集中所引起的争议

在社交网络平台集中所引起的数据集中案件中，最引人关注的就是 Fa-

---

① James C. Cooper, "Privacy and Antitrust: Underpants Gnomes, the First Amendment, and Subjectivity," *Geo. Mason L. Rev.* 20 (2013): 1129.

② Peter Swire, Protecting Consumers: Privacy Matters in Antitrust Analysis, CTR. FOR AM. PROGRESS, http://www. americanprogress. org/issues/regulation/news/2007/10/19/3564/protecting-consumers-privacy-matters-in-antitrust-analysis/, last visited on Apr. 20, 2020.

③ Dezember 2017 Hintergrundinformationen zum Facebook-Verfahren des Bundeskartellamtes; Administrative Proceedings Decision under Section 32 (1) German Competition Act (GWB), 6th Decision Division, B6 – 22/16.

④ Maurice E. Stucke, "Should We Be Concerned About Data-opolies?" *Georgetown Law Technology Review* 2 (2018): 275.

cebook 和 WhatsApp 的集中案件。尽管欧盟和美国的竞争执法当局都批准了这一集中，但其中数据集中对竞争的影响仍具有争议。①

Facebook 是提供社交网络、消费者通信和照片/视频共享功能的移动设备（"应用"）网站和应用程序的提供商，提供了社交网络脸谱网平台"Facebook"、消费者通信应用"Facebook Messenger"和视频与照片分享平台"Instagram"等产品。Facebook 还提供在线广告空间。WhatsApp 是通过移动应用"WhatsApp"向消费者提供通信服务的提供商。WhatsApp 不出售广告位。2014 年 2 月，Facebook 宣布收购 WhatsApp，并向美国联邦贸易委员会 FTC 和欧盟申报合并。

欧盟委员会所确定的可能受到集中影响的相关市场包括消费者即时通信市场、社交网络服务市场和在线广告市场，并分析了集中在各个市场上对于竞争的影响。在消费者即时通信市场和社交网络服务市场上的分析大致相似，只是在细节上略有不同。首先，肯定了参与集中的两个企业提供的产品并不是紧密的替代关系，消费者的使用需求并不相同；其次，基于多宿主效应，消费者切换应用的成本较低；同时，基于对市场上创新因素、平台间重大的技术障碍以及两者都没有掌握网络基础设施和操作系统的考量，委员会认为集中在这两个市场上并不会削弱竞争，委员会也考虑到了基于用户数量所形成的网络效应，但认为这些效应不太可能使集中后的实体阻碍竞争。

委员会特别对在线广告市场作出了针对数据力量的竞争分析。在这个相关市场中，只有 Facebook 积极提供在线广告服务，WhatsApp 并无这一服务。WhatsApp 也不收集关于其用户的年龄、真实姓名、性别、社会群体、活动、消费习惯或其他对广告有价值的特征的数据；WhatsApp 在信息发送后也不存储信息，一旦用户的信息发送完毕，WhatsApp 就没有关于该信息

① 欧盟的批准：Case No. COMP M. 7217，Facebook/ WhatsApp；美国联邦贸易委员会的批准：Statement of the Federal Trade Commission Concerning Google/DoubleClick，https://www. ftc. gov/ public-statements/2007/12/statement-federal-trade-commission-concerning-googledoubleclick，last visited on Apr. 30，2020。

内容的记录。从这个意义上讲，集中不会增加 Facebook 用于广告目的的潜在数据量。

委员会指出，Facebook 可能通过以下方式加强其在在线广告市场中的地位：在 WhatsApp 上引入广告；并/或将 WhatsApp 用作潜在的用户数据源，在 WhatsApp 之外以提高 Facebook 广告活动的针对性。

在 WhatsApp 上引入广告指集中后的实体可以通过分析从 WhatsApp 用户（和/或同时也是 WhatsApp 用户的 Facebook 用户）收集的用户数据，在 WhatsApp 上引入有针对性的广告。这将增强 Facebook 在在线广告市场或其细分市场的地位。对此问题，委员会认为，即使集中后的实体在 WhatsApp 上引入广告，但仍将有足够数量的其他现实的和潜在的竞争对手，他们与 Facebook 一样处于有利地位，能够提供有针对性的广告。

而后一种情况指，集中后的实体也有可能从 WhatsApp 用户处收集数据，以提高 Facebook 社交网络平台上为两者重叠用户投放的目标广告的准确性。但欧盟委员会指出，在集中交易完成后，仍将有足够数量的在线广告服务供应商可以形成替代和竞争关系。此外，目前仍有相当数量的市场参与者与 Facebook 一起收集用户数据，例如谷歌，它占据了互联网用户数据的很大一部分，此外还有苹果、亚马逊、eBay、微软、AOL、雅虎、Twitter、IAC、LinkedIn、Adobe 和 Yelp 等。其中，在互联网的数据收集中，Google 占有 33% 的份额，而 Facebook 仅占 6.39%。[①] 因此，无论集中后的实体是否使用 WhatsApp 用户数据来改善 Facebook 社交网络上的定向广告，仍会有大量互联网用户数据对广告有价值，而且不在 Facebook 的独家控制范围内。因此，委员会认为，该项交易也不会对在线广告服务市场（包括其潜在细分市场）的竞争造成影响。

对 Facebook 和 WhatsApp 案关于数据集中的争议主要集中在两点。

首先是关于市场壁垒的争议。委员会认为，由于缺乏特别的专利、技

---

① 参见 Case No COMP/M. 7217 – FACEBOOK/ WHATSAPP，"Share of Data Collection Across the Web"，p. 34。

术诀窍或者知识产权要求，多属性的存在，以及用户转换成本低等原因，涉案的相关市场进入壁垒并不高。尽管如此，有学者指出，这是因为委员会没有充分考虑数据驱动的网络效应。集中完成后，Facebook 拥有了超过100 亿的用户，该交易大大扩充了 Facebook 的用户群，使得以大数据为基础的自我学习型算法能够远比其竞争对手或者新进入者以更快的速度扩大规模。委员会考察了传统的网络效应，却没有看到数据的整合会对任何依赖数据规模的技术提升造成影响，从而提高市场进入壁垒。但事实上在集中之前，为了同 Facebook 竞争，新进入者如果希望获得通过机器学习提升质量所需要的规模尚可以与 WhatsApp 合作，而现在却没有了这种可能性。①

除了直接的竞争问题，数据集中带来的对隐私的担忧是争议的另一个焦点。欧盟委员会在审查该集中案时指出：交易导致 Facebook 控制范围内的数据越来越集中，由此引发的任何隐私相关问题都不属于欧盟竞争法规则的范围，而是属于欧盟数据保护规则的范围。但美国竞争法当局在此问题上有不同意见。尽管最终委员会批准了集中，联邦贸易委员会消费者保护局局长特地警告 Facebook 和 WhatsApp，集中后 WhatsApp 应当继续履行对于消费者的隐私承诺，否则将违反《联邦贸易委员会法》第 5 条，构成不公平或欺骗性的商业行为。② 学者也指出，在集中进行之前，Facebook 集聚用户主要依靠免费，而 WhatsApp 的核心竞争力之一是保护用户隐私，消费者可以在两个具有不同价格和隐私组合的产品之间进行选择。③ 但集中完成后，这种价格和非价格维度产品彼此间的竞争显然已经难以为继。在 Face-book 的控制下，WhatsApp 的隐私声誉持续下滑，到了 2015 年，WhatsApp

---

① 〔美〕莫里斯·E. 斯图克、艾伦·P. 格鲁内斯：《大数据与竞争政策》，兰磊译，法律出版社，2019，第 210 页。

② FTC Notifies Facebook, WhatsApp of Privacy Obligations in Light of Proposed Acquisition, https://www. ftc. gov/news-events/press-releases/2014/04/ftc-notifies-facebook-whatsapp-privacy-obligations-light-proposed? Source = govdelivery, last visited on Apr. 30, 2020.

③ 〔美〕莫里斯·E. 斯图克、艾伦·P. 格鲁内斯：《大数据与竞争政策》，兰磊译，法律出版社，2019，第 88 页。

的隐私评价已经变得非常糟糕。① 前文所述的 Facebook 滥用市场支配地位从用户手中剥削性获取数据，被并购的 WhatsApp（等公司）从 Facebook 公司接收信息，并与之共享信息等行为被德国联邦卡特局判定为违法一案，也证明了学者对于隐私的担忧并非空穴来风。

四 数据流转中的竞争法问题界限

当社交网络平台从用户中获得了大量的数据之后，其面临的与数据竞争有关的另外一个问题就是数据流转中的数据争夺。

正如前文所述，大数据作为新的具有价值的财产，是市场上各个企业都希望获得的重要资产。尤其对于社交网络类平台而言，数据更是一项关键性的投入。社交网络平台的用户不断主动或者被动地向平台提供数据，他们是平台数据的来源。平台将这些数据汇集起来，成为这些数据的控制者，并利用数据为可货币化的产品提供分析的基础，最终提升可货币化产品的质量和营收。典型的例子就是社交网络平台利用用户数据向其更精准地投放广告。

为了获取用户数据，平台必须要投入资金和成本，通过向用户提供免费产品或者对用户进行补贴，以吸引用户黏附在平台上，并不断向平台提供初始数据。从用户一边集聚数据的平台企业，我们可以将其称为数据使用的"在先企业"。除此之外，市场上还有众多依靠数据作为基本投入的企业，他们获取数据的主要方式并不是形成海量用户并从用户那里获取数据，而是从在先企业那里获取自己需要的数据进行再使用或者再生产。我们可以将其称为数据使用的"在后企业"。

在后企业有时候会获取在先企业的同意和授权，并支付对价，从而获取数据。例如，"人民浏览"（PeopleBrowsr）就曾活跃于推特大数据市场，使用数据挖掘技术从推特网产生的信息流中挖掘数据，分析推文并向其客

---

① 〔美〕莫里斯·E. 斯图克、艾伦·P. 格鲁内斯：《大数据与竞争政策》，兰磊译，法律出版社，2019，第97页。

户出售信息产品，这些信息产品的内容包括消费者对产品或服务的反应、识别特定区域或者圈子内最具影响力的推特用户等。"人民浏览"曾每年向推特支付超过 100 万美元，获得推特应用程序编程接口 API 的开放，从而访问推特上发布的每一条推文。[①] 但是，一旦 API 政策发生变化，或者在后企业有时候也并不考虑在先企业的意向，就会直接利用网络机器人爬取对方数据。例如，HiQ 和领英的诉讼，就源于 HiQ 一直在领英平台上爬取数据，并且在领英向其发出禁止爬取的要求后，仍然无视该要求，继续从领英平台上爬取数据，甚至向法院申请禁令企图阻止领英的这一做法。[②]

总的来看，在后企业从在先企业那里获取数据，是大数据产业发展的基本要求。数据的聚积、生产、流动、再使用，也是大数据产业的基本环节。而当下的一个复杂的问题就是：当一个在先的平台从用户那里获得各种数据，汇集形成大数据，在后企业能否从在先企业获得这些数据，以及应当通过何种方式获取这些数据，目前尚未形成普遍认同的明确规则。

目前，大数据产业还处在一个数据形成与演变的阶段，数据本身的类型正在不断演化发展，其性质处于不确定状态。同时，当下也是一个平台演化和创新竞争加剧的时代。一些大规模的社交网络平台可能已经汇集了大量的数据，并且形成有机的生态圈。而在这个生态圈中，一些新的小企业，可能会依附于大平台的数据和环境，去开发新的数据产品并以此为业。数据的新价值也由此不断被开发和揭示。在何种情形或者限制条件下，数据可以向在后企业开放和共享，这一界限模糊不清，从而产生了众多关于数据竞争的纠纷。

（一）Open API 授权模式下的数据获取原则

当在后企业要求在先企业开放应用程序编程接口 API 从而经授权获得数

---

① *PeopleBrowsr Inc.* v. *Twitter*，Case No. C‑12‑6120 EMC.（N. D. California，2013）.

② *HiQ Labs Inc.* v. *LinkedIn Corp.*，Case No. 17‑cv‑03301‑EMC，273 F. Supp. 3d 1099（N. D.，California，2017）；*HiQ Labs Inc.* v. *LinkedIn Corp.*，Case No. 17‑16783，938 F. 3d 985（Ninth Cir.，2019）.

据时，平台双方的合意是数据分享的基础。除此之外，由于数据是由在先企业从用户手中获取，因此，如果分享的数据包含用户个人信息、涉及用户隐私时，需要获得用户的同意和授权。

2016年，我国社交网络平台数据竞争案——新浪微博诉脉脉一案树立了一个通过Open API模式进行公开和非公开数据交换场景下的基本原则，即三重授权原则：在后企业获取数据需要"用户授权" + "平台授权" + "用户授权"。

新浪微博是我国重要的社交媒体平台，用户可通过该平台进行创作、分享和查询信息，国内的个人用户和组织机构不仅可以实时更新状态，还可以与平台上世界各地的用户进行沟通，以及实时关注世界发展动态，其经营者是微梦公司。而脉脉软件及脉脉网站的经营者是淘友技术公司、淘友科技公司，二者"致力于为中国网民打造更有意义的交友平台"。"脉脉……是一款基于移动端的人脉社交应用，通过分析用户的新浪微博和通讯录数据，帮助用户发现新的朋友，并且可以使他们建立联系……应用提供了职场动态分享、人脉管理、人脉招聘、匿名职场八卦等功能，致力于帮助职场用户轻松管理和拓展自己的人脉，帮助创业者和企业高管轻松找靠谱人才，帮助求职者精确找靠谱工作。"[1]

双方签订了新浪微博开放平台的《开发者协议》，通过微博平台Open API进行合作。在双方合作期间，脉脉从微博开放平台获取了新浪微博用户的职业信息、教育信息。而对于用户职业信息、教育信息，新浪微博在接口访问级别标注为"高级接口（需要授权）"；而淘友技术公司等在使用新浪微博信息时，申请过的微博开放平台的5个接口中没有职业信息、教育信息接口，但却使用了用户职业信息、教育信息。淘友技术公司等未向微梦公司申请Open API接口，称发现直接可以用"就用了"，以为双方为"合作级别就可以用"。[2] 此外，淘友技术公司等通过经营脉脉软件，要求用户

---

① 北京知识产权法院判决书（2016）京73民终588号。
② 北京知识产权法院判决书（2016）京73民终588号。

注册脉脉账号时上传自己的手机通信录联系人，从而获取该联系人与新浪微博中相关用户的对应关系，将这些人作为脉脉用户的一度人脉予以展示，并将抓取的这些人的新浪微博头像、名称（昵称）、职业信息、教育信息、个人标签等信息用于一度人脉中。

微梦公司将淘友技术公司等诉至法院，称未经申请获取用户的职业、教育信息以及抓取非脉脉用户的信息违反了《开发者协议》和《脉脉服务协议》，是不正当竞争的行为。二审法院在审理中认为《反不正当竞争法》第 2 条树立了诚实信用的标准，要求竞争行为需要考虑经营者、消费者的合法权益以及公共利益。本案中的诚信信用原则表现为应当遵守互联网领域的一般商业道德。具体而言，法院从两方面进行了分析：一方面是从国内的规定出发，《消费者保护法》《全国人民代表大会常务委员会关于加强网络信息保护的决定》等法律及规范性文件规定了利用用户信息需要遵循合法、正当、必要原则以及收集者同意；另一方面是从国外的法律文本来看，用户信息的收集必须征得用户同意。因此根据国内外法律的规定，法院认为在互联网领域获取用户信息已经形成了一般的商业道德，即必须要给予用户和数据提供方保护及控制的权利。换言之，这种保护及控制的权利体现为 Open API 开发合作模式，"数据提供方向第三方开放数据的前提是数据提供方取得用户同意，同时，第三方平台在使用用户信息时还应当明确告知用户其使用的目的、方式和范围，再次取得用户的同意"。这也就是三重授权原则。但是淘友科技等公司在经营脉脉软件的过程中并未遵守《开发者协议》，未经用户同意抓取了非脉脉用户的微博信息，同时也获取了需要经过平台授权的"高级接口"信息，违反了诚实信用原则和商业道德，是不正当竞争行为。[①]

（二）数据爬取与 Robots 协议

网络爬虫，也称作网络机器人、Web Robots 网络游客、爬虫程序、蜘

---

① 北京知识产权法院判决书（2016）京 73 民终 588 号。

蛛程序，是自动爬行网络的程序。互联网企业利用网络爬虫根据特定的算法标准扫描网页内容，自动、批量爬取符合标准的信息。大数据企业为了获得有用的数据，通过网络爬虫从其他企业展现出来的信息中批量下载、采集自己所需要的数据，这就是数据爬取行为。在后企业爬取数据后，再通过自己的算法进行加工，最终形成新的数据产品再次展现给用户。而爬虫协议，也就是 Robots 协议，是指互联网站所有者使用 robots. txt 文件，向网络机器人（Web robots）给出网站指令的协议。

为了防止大数据再使用企业损害自己的利益，防止关键性数据被爬取，很多企业采用 Robots 协议来向爬取者指示哪些数据可以被爬取，哪些不可被爬取。当数据再使用企业的爬虫进入特定网站或者平台时，会首先阅读该企业的爬虫协议。但爬虫协议本身不具备技术方面的阻碍特征，也就是说，其本身不能构成一道技术性的大门将爬虫关闭在不可爬取的数据领域之外，也不是一个真正意义上的双方意思表示的"协议"，而只是一个单方意思表示的说明。

根据 2012 年的《互联网搜索引擎自律服务公约》（以下简称《自律公约》）第 7 条的规定，互联网服务提供者应当遵循国际通行的行业惯例与商业规则，遵守机器人协议（Robots 协议）。第 8 条还规定："互联网站所有者设置机器人协议应遵循公平、开放和促进信息自由流动的原则，限制搜索引擎抓取应有行业公认合理的正当理由，不利用机器人协议进行不正当竞争行为，积极营造鼓励创新、公平公正的良性竞争环境。"这意味着，对于互联网企业的哪些数据或者信息可以被爬虫爬取，企业自身设置的 Robots 协议（或者声明）不是绝对的规定，还需要进一步考察该协议是否遵循了"公平、开放和促进信息自由流动"的互联网原则，是否公平合理，是否防止了正当的竞争，是否有利于良性竞争环境。

因此，Robots 协议不是一个终极、绝对有效的标准。当爬取者没有按照在先企业的声明去抓取信息时，现实中的纠纷还是要参考《自律公约》的基本原则，根据《反不正当竞争法》第 2 条去判断抓取行为是否符合诚实信用原则和公认的商业道德，是否构成不正当的竞争。

（三）数据爬取与在先企业授权

当在后企业通过网络机器人爬取在先企业数据的时候，在先企业往往也主张因在后企业并未获得自己授权，爬取数据是非法的。爬取数据是否也要遵循 Open API 模式下的"三重授权"，目前尚无定论。此外，关于大数据产业中的"授权"，具体是何种形式和程序，仍在探讨之中。通过向用户推送冗长的数字格式合同并要求其在文末点击"同意"，否则就无法进入和使用平台，算是一个有效的"用户授权"吗？访问封闭的系统空间获取非公开数据所需要的"密码"授权，和访问"假定是向所有来访者开放"的平台并且爬取公开的数据所需要的授权，它们的性质是一样的吗？这些都是数据时代所需要认真讨论的问题。

近期对数据爬取模式下的"授权"问题进行仔细探讨的案例是"HiQ 诉领英（LinkedIn）案"。由于该案所涉及的数据主要是公开数据，因此该案没有涉及用户授权的问题，主要探讨了在后企业爬取在先企业数据是否一定需要前者授权。

HiQ 长期在领英平台上爬取数据，并进行数据再加工，形成新的数据产品出售。2017 年，领英向 HiQ 发出了终止通知函，要求后者停止非授权性数据抓取。领英表示，如果没有经过其授权，HiQ 将会构成"未经许可，擅自进入"，从而违反《计算机欺诈和滥用法案》（Computer Fraud and Abuse Act，以下简称 CFAA）等法律的规定。而 HiQ 则要求法院禁止领英的做法。

这里所涉及的一个重要问题就是"授权"，即 HiQ 在收到 LinkedIn 的终止通知函之后，仍然进一步抓取并使用 LinkedIn 的数据是否构成非法的"未经授权"。法院指出，在不同的情形和法律用语之下，"授权"的含义是不同的。法院根据 CFAA 等法律规定和先例总结了在不同访问对象和情形下"授权"的不同含义。

当访问对象是未经授权就无法访问的计算机信息时，"授权"要求有正式的许可。颁布 CFAA 的目的是防止故意入侵他人的计算机，特别是计算机黑客强行进入原本无法访问的计算机的行为。法院指出，1984 年 CFAA 最初颁布时，尚没有任何计算机能够连接到公众领域，因此假定进入计算机需要某种肯定的授权。到了 1996 年该法修正时，其主要的目的是"加强保护隐私"。其中，对未经授权的访问的禁止被理解为仅适用于私人信息，这种私人信息的获取需要某种身份验证要求，如密码，才能创建必要的屏障，从而将网络上的开放空间与封闭空间分隔开。

但另一方面，法院认为，如果被访问的信息是一般公众可以获取的信息时，信息"假定是向所有来访者开放"。对这些信息的访问和抓取，不同于 CFAA 等法律所规定的"未经授权"行为。对于 HiQ 在接收到领英的个性化终止要求后仍然继续抓取数据的行为，法院认为这与前面的规定和先例所描述的情形不同：HiQ 所访问的是可供公众访问的网站，而非"对公众不可见"的网站；其抓取的数据是所有使用 Web 浏览器的人都可以获取的信息，而不是受密码验证系统保护的数据。法院原则上认为 CFAA 的"授权"和"未经授权"概念不适用于 HiQ 的情形，从而初步支持了 HiQ 的要求。①

（四）我国数据爬取竞争纠纷案件中的利益平衡

在我国，影响力最大的社交网络平台数据竞争案件，就是前述的"新浪微博诉脉脉"一案了。这个案件主要涉及的是 Open API 模式下的数据授权问题。在数据爬取方面，目前我国还没有突出的社交网络平台数据竞争案。但是，在其他同样以大数据为重要投入品的平台，出现了不少数据爬取纠纷。对这些案件中数据利益分享的合法性分析，有利于我们深入理解社交网络平台的数据分享问题。

我国主要是通过《反不正当竞争法》第 2 条来解决这些数据爬取纠纷的。该条适用的基本判断准则是诚实信用原则或者公认的商业道德。不过，

---

① *HiQ Labs Inc. v. LinkedIn Corp.* , Case No. 17 – cv – 03301 – EMC, 273 F. Supp. 3d 1099 (N. D. , California, 2017)；*HiQ Labs Inc. v. LinkedIn Corp.* , Case No. 17 – 16783, 938 F. 3d 985 (Ninth Cir. , 2019) .

在数字产业发展的初期，确定的权利和普遍"公认"的准则都尚未出现，这样判定标准就变得更加富有弹性和不确定性，从而最终演变成复杂的利益平衡机制。这个利益和价值平衡框架的基本内容主要包括以下几点。

第一，已经受到法律明确保护的权利不可受到侵犯。例如，用户的基本权利如隐私权、用户作品所形成的知识产权，在先数据企业的商业秘密等，是数据抓取和分享过程中不可侵犯的在先的权利。对在先权利的保护，是利益平衡框架中的绝对保护内容。当下绝大多数纠纷涉及的场景都是数据的抓取触及用户的在先权利，但行为并没有获得用户的同意或者授权。

第二，在先的数据企业，享受到基本公平的对待。从用户手中搜集、聚集数据或者利用这些数据形成数据产品的在先数据企业，虽然不能得到绝对的保护，但应当是利益平衡框架中的重点保护内容。对在先企业的保护需要确保他们的利益得到基本公平的保护。所谓的基本公平包括以下几点。

一是与投入对等的收益。即谁为数据的记录和聚合付出了实质性的投资和付出，则谁就拥有使用相关数据的正当性。"大众点评诉爱帮网"[1] "大众点评诉百度"[2] 等案件中都曾指出要平衡投入与收益。

二是被抓取数据应当有合理对价。如果可以不顾在先数据企业的单方声明或者特定化的授权要求就可以抓取数据，这样的行为应当要能够为在先的数据企业带来直接或者间接、短期或者长远的对价或者好处。这里的对价可以是金钱的，也可以包括增加流量，甚至是该企业生态环境的改善或者共同繁荣这样的远景。

三是不可遭受实质性损害。数据再生产企业如果在公开的场域抓取公开的数据，即使有利于长远的整体行业发展，其底线也是不可以对在先企业带来实质性的损害，例如"大众点评诉爱帮网""大众点评诉百度"等案件中所指出的"实质性替代"效果。

---

① 北京市第一中级人民法院判决书（2011）一中民终字第 7512 号。
② 上海知识产权法院民事判决书（2016）沪 73 民终 242 号。

　　第三，综合考虑公共性价值。在前述内容的基础上，还应当考虑产业发展和互联网环境所具有的信息共享、互联互通的特点，对更多的平衡因素进行考虑，这包括数据再生产企业自由竞争的权利、公众自由获取信息的利益、市场效率、竞争与创新等等。例如，在"大众点评诉百度"一案中，法院考虑了市场效率、竞争和创新问题。法院指出：当某一劳动成果不属于法定权利时，对于未经许可使用或利用他人劳动成果的行为，不能当然地将其认定为反不正当竞争法意义上的"搭便车"和"不劳而获"，因为这是"模仿自由"，以及使用或利用不受法律保护的信息是基本的公共政策，也是一切技术和商业模式创新的基础，否则将在事实上设定了一个"劳动成果权"。但是，随着信息技术产业和互联网产业的发展，尤其是在"大数据"时代的背景下，信息所具有的价值超越以往任何时期，越来越多的市场主体投入巨资收集、整理和挖掘信息，如果不加节制地允许市场主体任意地使用或利用他人通过巨大投入所获取的信息，将不利于鼓励商业投入、产业创新和诚实经营，最终将损害健康的竞争机制。市场经济鼓励的是效能竞争，而非通过阻碍他人竞争，扭曲竞争秩序来提升自己的竞争能力。如果经营者是完全攫取他人劳动成果，提供同质化的服务，这种行为对于创新和促进市场竞争没有任何积极意义也可能使得其他市场主体不愿再就信息的收集进行投入，破坏正常的产业生态，并对竞争秩序产生一定的负面影响。[①]

　　第四，适当考虑在后企业的利益。特别是那些免费抓取数据的在后企业，其投入的成本相对较低，并且往往有后起优势和"搭便车"的嫌疑。通过对公共利益的综合分析，也往往能够大致判定是否允许数字再生产企业进行数据爬取。只有在少数情况下，会单独考虑数据再生产企业的利益，例如数据再生产企业向在先的权利人支付了对价但没有获得相应的数据；数据再生产企业基于信赖利益对在先的数据企业形成基础性依赖，突然的

[①] 　上海知识产权法院民事判决书（2016）沪73民终242号。

数据终止会给数据再生产企业（如 HiQ）带来毁灭性打击等等。①

五　结语

数据作为社交网络平台的投入品、产品甚至是作为市场营销工具，具有不可忽视的价值。尽管数据的获取模式和竞争手段处于不断发展变化之中，人们对于数据对竞争的影响的认识也存在差别。但总的来说，从竞争法角度规范社交网络平台的数据竞争行为，应当把握好以平台为中心的如下三对关系。

一是社交网络平台之间的关系。首先平台可以通过集中获取数据优势，增加市场力量从而对新进入市场的平台造成阻碍。平台之间的相互集中可以说是市场自由行为，但如果平台通过数据集中阻碍潜在的竞争者进入市场，或者阻碍竞争对手扩大规模，进而损害竞争，这应当是反垄断法所禁止的行为。其次，平台和平台之间的数据流转过程中，数据的授权不仅仅涉及平台双方，而且还需要获得数据之源——用户的授权；而数据爬取界限则需要遵循基本的诚实信用原则，并就产业中各类主体和产业整体利益进行综合考虑。

二是社交网络平台和用户之间的关系。平台向用户提供免费或者低价的产品和服务，用户向平台提供数据，平台利用数据从广告商处获取利润以改善内部的功能和服务，是社交网络平台的核心运作模式。当用户对于社交网络平台的依赖度越来越高时，平台会直接或间接参与用户的网络生活。平台和用户的力量并不对等，如果平台剥削性获取用户数据、侵犯用户隐私，会降低服务和产品的质量，但由于网络效应和转换成本等因素的影响，用户不得不忍受低质量的产品和服务，长此以往，会造成对用户的

---

① *HiQ Labs Inc.* v. *LinkedIn Corp.*，Case No. 17 – cv – 03301 – EMC，273 F. Supp. 3d 1099（N. D.，California，2017）；*HiQ Labs Inc.* v. *LinkedIn Corp.*，Case No. 17 – 16783，938 F. 3d 985（Ninth Cir.，2019）.

伤害，是为滥用市场支配地位。

三是社交网络平台和商户之间的关系。尽管在现有的竞争法案件中，社交网络平台和平台商户之间的矛盾和冲突尚不明确，但是，同所有平台和平台商户之间的关系一样，社交网络平台在数据的获取和数据利益的分配方面，同平台商户之间存在既合作又竞争的关系。将数据及利益向平台或者平台投资系产品进行倾斜，从而形成对第三方商户的降维，这对于社交网络平台而言，是潜在的竞争法层面上的风险。

《知识产权与市场竞争研究》第 7 辑
第 111～129 页
© SSAP，2021

反垄断法视角下的开放银行论纲[*]

邱　越[**]

内容提要： 为应对全球数字驱动型经济带来的挑战，建立起数字创新的金融生态系统，银行业间兴起开放银行业务热潮。自 2018 年我国迈入开放银行元年后，银行业界实践案例纷纷落地。厘清开放银行的定义、源起及运行机制是分析问题的前提。开放银行是商业银行迎接数字平台革命的结果，蕴含着公平、效率、保护消费者利益的竞争价值，也将颠覆传统银行业的市场结构及竞争格局，异化传统银行业的垄断行为。当前我国开放银行的发展及监管尚处于起步阶段，从原则性监管思路至具体配套举措均有待完善。

关键词： 开放银行；数字平台；金融科技；银行业垄断；大数据

随着数字经济的不断发展和金融科技（Fintech）日新月异的变革，金融业数据开放的基础设施和营运模式渐趋成熟。当今的银行业正经历着浓墨重彩的变革，走上数字化转型道路，以应对全球数据驱动型经济带来的挑战，最显著的表现为当下全球方兴未艾的开放银行业务。回首过去，银行业的变革历经直销银行阶段及互联网银行阶段，而今终于迈入通过数据开放与共享实现商业模式创新的开放银行阶段。[①] 开放银行究竟为何物、开

---

　* 本文系国家市场监督管理总局发展研究中心"数字经济时代知识产权保护与反垄断规制创新研究"项目的阶段性研究成果。本文写作过程得到国家市场监督管理总局发展研究中心市场秩序研究部负责人卢雁老师的指导，特此鸣谢。

** 邱越，北京市环球（深圳）律师事务所执业律师。

　① 参见杨望、王姝妤《开放银行国际范式与中国实践》，《中国金融》2019 年第 11 期。

放银行的竞争价值何在、开放银行对银行业垄断将产生何种影响、我国如何发展及监管开放银行等问题，均有待考量。

一　开放银行概览

（一）开放银行的定义及源起

开放银行（Open Banking）是指商业银行利用开放应用程序编程接口（API）、软件开发工具包（SDK）等技术方式作为标准化的资料交换格式，通过通俗易懂的程序界面与第三方机构共享银行客户数据或开放金融服务，以客户需求为导向，在不同外部场景中嵌入金融服务，旨在为客户提供个性化、定制化的服务，并以此获取收益的新兴银行业务和商业模式。[①]

英国是开放银行业务的全球倡导者。2016 年英国竞争管理机构在开展零售银行业调查时，意识到少数的大型商业银行正独占着大量未经充分利用的数据信息，享有绝对市场支配地位的大型银行无须努力竞争就能留住客户，限制了中小型银行开展市场创新和改善金融消费者的客户体验。为平衡大型银行与中小银行、金融科技公司和金融消费者等相关方的利益，较之于拆分大型商业银行等强制性竞争执法手段，英国竞争管理机构创造性地提出发展开放银行业务的救济途径，以破除新进入银行市场的竞争者难以充分获取数据信息的壁垒，提高银行业数据信息的流动性，并提倡建立开放银行业务标准和配套规制措施。[②] 随后两三年内，欧盟国家、美国、加拿大、澳大利亚、中国香港等国家或地区席卷起开放银行的浪潮。

（二）开放银行的运行机制

结合开放银行的定义，持有银行用户数据的商业银行、待共享数据的

[①] 参见杨涛《建立健全"开放银行"规则与监管的八大视角》，《21 世纪经济报道》2019 年 4 月 4 日，第 4 版。

[②] 参见 CMA，Retail Banking Market Investigation Final Report（9 August，2016）。

第三方机构和开发者、银行外部场景平台以及金融消费者，这四类参与者共同构筑了完整的开放银行生态。

具体而言，开放银行的运行机制可被拆分为上层、中间层和下层三个层级（详见图1）。上层为商业生态系统，于此系统中，银行外部场景平台（包括电商平台、行业服务平台、供应链核心企业等）作为下游平台，通过上游开放银行平台提供的 API 调用下层商业银行服务组件，间接获取银行数据，开发创新性应用和服务，直接与金融消费者交互。中间层为开放银行平台，分为银行自建开放银行平台与第三方开放银行平台。银行自建的开放银行平台一般为有能力自主研发 API、对接上层商业生态系统的大型商业银行自建形成；第三方开放银行平台则一般由金融科技企业与商业银行合作建立，能够将底层散乱的中小银行金融服务组件标准化、系统化，使之可被上层生态系统直接调用。开放银行平台为下层商业银行和上层外部场景平台的连接枢纽。下层为商业银行，作为银行用户数据供应方，为上层商业生态系统提供模块化的金融产品及服务。在开放银行的语境下，银行是一种服务，而非一个金融交易场所，开放银行使银行在整个服务链条中位置后置，[①] 作为银行用户数据的供应方存在。开放银行业务实现了跨界融合，包括银行与银行之间、银行与非银行金融机构之间、银行与跨界企业之间等的数据共享与场景融合，促进实现银行业生态的重构。

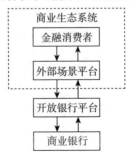

图 1 开放银行的运行机制

资料来源：笔者自制。

---

① 参见陈翀《第三方开放银行平台模式》，《中国金融》2017 年第 20 期。

二 开放银行的竞争价值

银行业的竞争素为学界久论不休的话题，开放银行倡导的银行业全面开放可能将颠覆银行业的竞争生态，无疑将对业内的竞争环境产生冲击。结合反垄断法的基本价值和政策目标，考量开放银行的竞争价值，可从公平竞争、经济效率和消费者利益三方面着手分析。

（一）公平竞争

数据共享是开放银行的本质与核心，即允许客户信息数据在银行、非银行金融机构、跨界企业之间自由流通，打破商业银行对客户信息数据的垄断。其核心优势在于促使商业银行建立、采用统一的 API 技术标准及开放银行业务标准，使大型银行和中小银行"站在同一起跑线上"，通过标准化的 API 陈列展示其产品和服务，使金融消费者得以"货比三家"，以更具优势的价格和更便捷的渠道获取商业银行的产品和服务，增加消费者与银行业市场的接触。消费者转换层面，以储蓄为例，加拿大竞争局调查发现，平均每个加拿大人十年换一次银行。[1] 英国竞争和市场管理局的数据表明，在大不列颠，仅 3% 的个人客户和 4% 的机构客户会向另一个银行转换。如果实施了消费者转换，英国的个人客户平均将节省 92 英镑/年的开支，小型机构客户将节省 80 英镑/年。[2] 开放银行的运行将大大削弱消费者转换的成本，促使金融消费者为节省开支向其他商业银行转换。这将逐渐打破商业银行阻碍金融消费者获取竞争者的产品和服务的壁垒，增强银行间的互通性和竞争的透明度，促进整体银行业市场的公平竞争。

---

[1] 参见 Competition Bureau Canada, Highlights from the Competition Bureau's Data Forum, https://www. ic. gc. ca/eic/site/cb -bc. nsf/eng/04492. html（30 August, 2019）。

[2] 参见 GOV. UK, CMA Paves the Way for Open Banking Revolution, https://www. gov. uk/government/news/cma-paves-the-way-for-open-banking-revolution（9 August, 2016）。

（二）经济效率

对于商业银行而言，数字渠道的边际成本通常较低，银行业的数字化转型可以为商业银行带来收入的提升和成本的削减，开放银行的横空出世促进了银行业内的有效竞争，有助于扭转零售银行业价格高昂，但产品和服务质量与之不成正比的现状。开放银行业务为银行业生态模式的一大变革，抓住发展机遇的商业银行将逐步扩大自身市场份额，促使低效发展的商业银行逐渐退出市场，充分发挥市场筛选竞争者的作用，实现银行业的优胜劣汰。

对于其他金融市场参与者而言，发展开放银行促使商业银行积极对外寻求合作伙伴，与作为第三方机构、开发者的金融科技企业实现跨界合作，突破商业银行内部研发的固有局限性，开放原本封闭的运作机制。金融科技企业通过与商业银行合作，也能够更好地发挥其技术优势，更高效地对外赋能。开放银行平台扮演着传统商业银行"走出去"与第三方机构融合的桥梁，随着开放银行业务不断深化，银行业间竞争的加剧无疑会传导至其他金融市场参与者，造成对其他金融市场参与者的冲击，从而促进竞争。

对于金融生态系统而言，开放银行是金融科技逐步成熟之下，分享经济、平台经济发展的必然结果及其在银行业的具体应用。成熟的开放银行将以平台合作为模式，采取银行即平台形式（Bank-as-a-Platform，BaaP）。不同于以往的传统银行业务，银行不再直接与客户交互、传递产品和服务，取而代之的是，各种不同的商业生态系统嫁接于不同的平台之上，银行再通过这些商业生态系统间接地为客户提供各类金融商品及服务。开放银行在传统银行业内提出了 API 和平台化的概念，顺应了信息化网络时代的变革要求，有助于激活数字或数据金融生态系统，促进金融资源的合理配置，提高整体经济效率。

（三）消费者利益

过去数十年间，商业银行，特别是大型银行，由于其在国民经济中的战略性地位和市场垄断地位，在金融交易中往往具有较强的话语权，处于主动地位、居强势，普通金融消费者相较而言则处于被动地位、居劣势，二者在交易中实质上处于不平等的地位。

开放银行是利用数据可迁移性（Data Portability）① 来缓解商业银行与金融消费者之间主体地位的不平等问题、保护金融消费者利益、促进金融业竞争的路径之一。数据可迁移性首先被适用于银行业，促成开放银行的诞生，进而逐渐在各个行业领域中推行。换言之，开放银行实质上是借助开放 API 技术，赋予客户指令银行将业已共享给银行的数据信息安全地共享给自己信任的其他第三方机构的权利。② 开放银行业务希望金融消费者能够自主控制其数据信息，帮助他们获得更优惠的储蓄、透支、抵押贷款金额和外汇利率，并帮助信用额度较低的人获取信贷等。

放眼域外，欧盟在《通用数据保护条例》（GDPR）中将个人隐私视为一项人权，以使消费者能够更好地控制其数据。澳大利亚创设了一项"数字消费者权利"，赋予消费者数据可迁移性的权利。数据可迁移性实质上赋予了金融消费者一种权利，涵盖自由获取及移动其数据信息的自主权，进而允许金融消费者在开放的平台上自主地选择金融产品及服务，以最优惠的价格享受产品和服务，维护作为整体的消费者利益。

三　开放银行对银行业垄断的影响

（一）开放银行引致的银行业市场结构及竞争格局之变

早期的开放银行作为金融与科技结合的产物，仍然属于金融业务的延伸，使得更多的传统银行业务在更多的场景出现，更容易被客户触及，与

---

① 数据可迁移性，意即个人以安全的、结构化的、通用的和计算机可读的格式，从不同应用程序、计算机环境或云服务之间移动数据的能力。

② 参见费方域、许永国《开放银行是上海金融科技中心建设的关键》，《新金融》2019 年第 6 期。

传统的线下业务无本质差别。①

BaaP 是开放银行对银行业竞争格局带来的关键性变化，倡导商业银行平台化革命的服务模式。平台式运营是数字经济高速发展的关键性因素。②当下的金融业正在从产品竞争向平台竞争过渡，未来金融平台的崛起将势如破竹，这可能将改变金融生态系统的市场结构和竞争格局，享有更大市场力量的竞争者也许将是客户数据的所有者，而不再是金融商品及服务的提供商。③ 首先，在这种经营模式下，商业银行作为开放银行平台的构建主体之一，利用平台间接连接资金方和需求方。BaaP 是数字平台在银行业的应用，逻辑是将由商业银行和金融科技企业合作构建的、商业银行自建开发形成的开放银行平台视为拥有和使用用户数据的数字平台。同时，开放银行模式下，还存在另一平台，即外部场景平台。开放银行平台处于该平台一端，客户处于该平台另一端，该模式下的商业银行不再直接对外部场景平台和客户提供金融商品和服务，仅作为供应资金、通道、用户数据的后台。数据是数字市场中竞争优势的来源，银行拥有的大数据和数字平台的结合，可能会促进金融平台的孕育和成长。在未来，控制客户交互的主导金融平台，可能会成为传统商业银行、金融科技企业、大型科技企业等各金融参与主体的下一步发展目标。由是，竞争管理机构应当变革对银行业的传统竞争规制思路，发展对数字平台的竞争规制思路，促进数字市场竞争政策在银行业的融合与适用。审视银行业的市场结构和竞争格局时，不能再简单地、割裂地从银行业的视角分析，而应该站在整个金融业的视角，整合考虑其他市场主体的市场份额及其他影响。

开放银行作为网络平台，具有协同性和生态性、交叉网络外部性、多边性的特征，④ 传统银行业垄断行为的分析框架不能再机械地套用。而数字

---

① 参见孙树强《开放银行的风险及监管对策》，《银行家》2019 年第 7 期。
② 参见韩伟主编《数字市场竞争政策研究》，法律出版社，2017，第 7 页。
③ 参见 World Economic Forum，Beyond Fintech：A Pragmatic Assessment of Disruptive Potential in Financial Services (22 August，2017)。
④ 参见许可《开放银行的制度构造与监管回应》，《财经法学》2019 年第 5 期。

市场生态系统具有的网络效应①特征和多归属现象（multi-homing）② 可能将使得数字市场中相关市场的界定、市场支配地位的认定变得异常复杂。商业银行、开放银行平台、外部场景平台和金融消费者共同构建了开放银行生态系统③，开放银行平台也可能涉及双边市场及多边市场的问题。因此，为开放银行平台定制竞争政策应把握商业竞争的动态性，数字平台和商业模式的创新往往可以使其在短时间内实现垄断，同时其市场支配地位也可能会被新的数字平台和商业模式快速取代。

（二）开放银行下银行业垄断问题的演变

开放银行实为数字平台在银行业的深刻应用，传统银行业的垄断行为在数字经济时代或将异化。开放银行尚为金融市场的新鲜事物，当前各参与主体间未达成共识的商业模式，生态系统的搭建也尚未成熟，诸多潜藏的竞争问题并未暴露于阳光之下。

1. 垄断协议

开放银行要求更灵活地界分垄断协议。基于参与联合的经营者的相互关系，垄断协议可分为横向和纵向垄断协议，此为各国反垄断立法实践的最基本分类；基于参与联合的经营者的意思表示形式，可分为协议型垄断协议和默契型垄断协议；基于联合的内容，可分为价格型垄断协议和非价格型垄断协议。④ 在分析开放银行生态系统中可能会存在的垄断协议前，首

---

① 网络效应可分为直接网络效应和间接网络效应。直接网络效应指，一种产品的用户可以彼此互动，同时越来越多的用户使得产品变得更有用和更有价值；间接网络效应指，当一种产品的高使用率吸引另一个群体时，结果导致该产品的初始使用者获得间接收益。参见 OECD, The Digital Economy（7 February, 2013）。

② 多归属现象（multi-homing），也称为"多宿主"，即市场中存在多个平台或网络，相应地，在一个平台或网络上的参与者并不被禁止参与或加入其他平台或网络，即参与者可以在其他平台或产品间自由转换。参见 OECD, The Digital Economy（7 February, 2013）。

③ 生态系统的核心内容在于，生态系统结合了平台和平台在其间提供了中介作用的市场多边主体，如消费者、组件制造商、开发商等。参见 Autorité de la Concurrence & CMA, The Economics of Open and Closed Systems（16 December, 2014）。

④ 参见王先林《竞争法学》，中国人民大学出版社，2018，第 220 页。

先需梳理生态系统内各参与者之间的相互关系。结合开放银行的运行机制，其采取了"B2B2C"（B 指 Business，C 指 Customer）或"B2B2B"的发展模式，该生态系统中明显存在商业银行—开放银行平台—外部场景平台—金融消费者的交易链。

引入开放银行后，算法等金融科技的介入将使银行业的价格跟随行为等价格垄断协议或默示共谋行为而变得更为隐性、复杂和难以监测，"轴辐"共谋（Hub and Spoke）[①] 和"预测"共谋（Predictable Agent）等算法辅助共谋情形的出现，使得简单界分横向与纵向垄断协议已然不合时宜。商业银行将对外开放商品与服务、交易与流程、数据与算法，[②] 与金融科技紧密结合的开放银行平台将不可避免地涉及计算机算法可能带来的竞争问题。通过某一开放银行平台，各商业银行可能与同一平台达成纵向协议，利用平台提供的同一种计算机算法来决定金融商品和服务的价格，当同行业众多商业银行均与该平台达成类似纵向协议时，开放银行平台作为"轴"，可能会促成银行业的默示共谋行为，导致商业银行集体提价，此为"轴辐"共谋。而当开放银行平台数量逐渐增多时，即使各平台独立开发、互不存在协议，但由于算法结果有可预测性，各平台采取的算法也具有相似性。此时尽管不同商业银行与不同开放银行平台合作，但相似算法之下，银行提供的金融商品和服务的价格也相差无几。实际上，市场中存在默示共谋的形成条件，此为"预测"共谋。

开放银行会对相关市场的界定带来挑战。数字经济下相关市场界定的重点在于新商业模式、个人信息作为无形资产的价值、企业搜集大量数据以货币化提供服务的经营模式以及其他服务提供商之间的竞争情况。[③] 开放银行的发展将进一步深化金融业混业经营的趋势，在界定银行业相关商品

---

① "轴辐"类合谋，指企业（作为"轴"）通过纵向协议组织上游或下游公司（作为"辐"）之间达成共谋。参见 Ariel Ezrachi，Maurice E. Stucke，*Artificial Intelligence & Collusion：When Computers Inhibit Competition*（9 April，2015）；Barak Orbach，Hub-and-Spoke Conspiracies（18 April，2016）。

② 参见 Kristin Moyer（Gartner Analyst），*How to Build an Open Bank*（19 June，2017）。

③ 参见韩伟主编《数字市场竞争政策研究》，法律出版社，2017，第 182 页。

市场时，应当重新思考：仅将商业银行的特定商品或服务纳入特定市场范畴，还是将非商业银行的金融服务同时纳入其中。同时，开放银行平台的双边性或多边性特征使得相关市场界定复杂化，传统的判断规则可能不再适用。譬如在运用界定相关市场的标准方法——假定垄断者测试（SSNIP）方法界定网络相关市场时，存在不适用于免费商品、以非价格为主要竞争力的商品和具有双边市场特性的商品的局限，当前理论界尚未对考虑双边性的相关市场界定方案形成统一认识。另外，开放银行平台的互联网特性也可能削弱政府管制和市场准入因素的影响，界定银行业的相关地域市场时可能需作扩大处理。当然相关地域市场界定还要考虑商业银行的地域范围，例如交易结算的货币发行和可流通的地域范围、当局所采取的网络管制、消费者的语言等因素的影响。①

2. 滥用市场支配地位

判定经营者滥用市场支配地位的分析框架是：认定拥有市场支配地位的行为主体；同时，拥有市场支配地位本身并不违法，只有主体实施了滥用市场支配地位的行为或其他违法行为时，才受反垄断法规制。② 在开放银行时代，传统商业银行与开放银行平台的滥用市场支配地位行为将并存。

在认定享有市场支配地位的经营者时，市场份额是决定性因素。众所周知，主要大型商业银行在投资、贷款等资产业务方面均享有绝大多数市场份额，占有绝对的支配地位，其很容易将其在银行业的市场份额优势传导至与其相关联的开放银行平台。首先，数据是现代经济发展的新能源，对用户数据的争夺是数字市场竞争中的重要环节，控制数据者则拥有市场力量，具体到开放银行领域即开放银行平台对银行用户数据的争夺，平台的运营规模决定了其在竞争中是否占有先机。因此，拥有客户群规模庞大的大型商业银行背景的开放银行平台自然而然地赢在了起跑线上。其次，

---

① 参见杨利华《双边市场条件下第三方支付相关市场的界定——基于互联网行业的反垄断法分析》，《当代法学》2018 年第 6 期。

② 王先林：《竞争法学》，中国人民大学出版社，2018，第 240 页。

在开放银行时代，传统商业银行之间的竞争将变为开放银行平台之间的竞争。开放银行平台市场中可能存在大型商业银行自建的平台和与中小商业银行合作的第三方开发银行平台等纷繁不同的平台形式。所有开放银行平台均可以为商业银行提供服务，与其达成合作，不论是大型商业银行、中小银行还是民营银行。但如果将商业银行与开放银行平台绑定，即一家商业银行只能与一个开放银行平台发生关联，那么取得较多大型商业银行合作的平台无疑将获得市场支配地位。

上述享有市场支配地位的商业银行或开放银行平台可能会实施滥用市场支配地位行为。大型数字平台的规模经济和网络效应可能会创造大量的进入壁垒，对新进入市场者造成重大障碍，导致"赢家通吃"（winner-takes all）的竞争格局，以进一步巩固其市场支配地位。[1] 第一，商业银行滥用市场支配地位层面，具有市场支配地位的商业银行可能在客户允许的前提下，仍拒绝共享数据。构成上述情形需要：一是仅拥有该客户账户的商业银行有权访问该客户的支付数据；二是该账户数据对外部场景平台为必要，且不能被其他信息所替代，因此该账户数据对于其他市场竞争者而言，是必不可少的；三是若其他市场竞争者利用银行账户数据提供竞争性产品，则商业银行具备排除金融科技企业竞争的动机。[2] 个人越难转移其数据，控制该数据的服务商地位越稳固，新竞争者则越难获得成功。[3] 客户信息数据是商业银行在开放银行时代的关键生产资料，为维护既得利益，商业银行可能会以数据安全等为由，在客户向其他商业银行转移数据过程中人为地设置关卡。尽管数字时代下，数据可迁移性成为主流，但在商业银行间推行仍面临着重重阻碍。第二，开放银行平台滥用市场支配地位层面，可能发生"平台二选一"现象。具有市场支配地位的开放银行平台可能利用锁定效应（Lock in），通过补贴等行为诱导下游外部场景平台仅使用该平台提供

---

[1] 参见韩伟主编《数字市场竞争政策研究》，法律出版社，2017，第117~125页。

[2] 参见 Shearman & Sterling, *How Should Competition Law React to Fintech?* (5 August, 2019)。

[3] 参见 Kevin Coates, *Competition Law and Regulation of Technology Markets* (7 April, 2011)。

的服务，将开放银行平台与外部场景平台绑定，要求外部场景平台"选边站队"，从而增加自身平台的市场占有率。于此情形下，消费者在与外部场景平台交易时，则不得不与绑定的上游开放银行平台发生关联，被迫选择与该平台共享数据的银行，使得消费者的交易自主权无形中受到侵犯。

3. 经营者集中

当数据给所有者带来巨大竞争优势时，竞争者需要更多数据、更好地分析和利用数据，以保持或提高竞争力。为更好地获取数据和争取市场份额，竞争者的首要选择是获得其他竞争者的数据集合，或直接收购其他竞争者。[①] 因此在开放银行背景下，竞争监管机构须对数据驱动型并购投入更多注意力。

对于商业银行，并购成长是现代商业银行成长的主要方式。[②] 在开放银行以前，我国银行业并购的动机通常在于追求协同效应、以规模获取竞争优势、提高资本充足率、获取技术垄断优势等。[③] 而开放银行业务不仅允许具备资金实力雄厚、技术资源充沛的大型商业银行自主开发 API、自建开放银行，尚不具备充分自建能力的中小银行也能够通过与第三方开放银行平台提供标准化的金融服务。因此短期而言，大型商业银行与中小银行的竞争环境似乎会趋向于公平化，银行出于争夺技术垄断优势目的的并购活动或将锐减。但长期而言，开放银行无法改变商业银行最本质的需要——对客户信息数据的争夺，商业银行更多将出于获取稳定客户来源的目的实施并购行为，开放银行并非颠覆规模经济效益和协同效应的神话。在未来开放银行发展中，能否形成促进大型银行与中小银行平等竞争的商业模式，仍需拭目以待。

对于开放银行平台，实际上商业银行将获取技术垄断优势的并购动机转移给了开放银行平台。由于开放银行平台的介入，商业银行实际上通过

---

① 参见 Autorité de la Concurrence & Bundeskartellamt, "Competition Law and Data" (10 May, 2016) https://www. bundeskartellamt. de/SharedDocs/Publikation/DE/Berichte/Big% 20Data% 20Papier. pdf? _blob = publicationFile&v = 2。

② 参见葛兆强《银行并购、商业银行成长与我国银行业发展》，《国际金融研究》2005 年第 2 期。

③ 参见童文俊《中国银行业并购的动因与战略研究》，博士学位论文，复旦大学，2005。

并购获取金融技术的压力减弱。为吸引更多商业银行与其合作，开放银行平台的核心竞争力还在于技术优势。因此平台之间出于争夺技术垄断优势目的，获取更多用户信息数据和争取市场份额的横向整合将很可能发生。此外，由于开放银行平台与商业银行紧密联系的特质和天然优势，其本身即暗含着纵向一体化的倾向。开放银行平台可能不满足于仅作为商业银行与外部场景平台枢纽的角色，而是会野心勃勃地整合上下游，形成一个庞大的综合性平台，在银行客户允许的情况下，直接调用其数据信息，为其提供产品或服务，可能将带来反竞争性封锁效应。

4. 行政性垄断

长期以来，我国通过金融特许经营权严格管制金融机构的设置、市场准入及经营范围，使银行业处于更严格的国家控制范畴。于此背景下，为支持国有大型银行的稳定发展，追求规模效益，银行业监管机构难免存在强制经营者从事垄断行为和制定含有排除、限制竞争内容的规定等行政垄断行为。

开放银行具备数字经济的网络化、跨区域、跨行业等特征，开放银行平台的出现可能有助于突破中小银行、民营银行实体经营中面临的政策性壁垒。尽管当前政府对开放银行平台的运营未加管制，但其未来将面临什么样的管制措施仍不得而知。数字经济的发展对现有的政府监管体系提出新的挑战，其日新月异的发展进程可能面临诸多不合理的陈旧制度要求。随着开放银行发展的不断深化，政府部门亟待研究与制定符合公平竞争审查制度要求的、适宜银行业数字经济发展的政策体系，创新与完善监管手段。

四 我国开放银行的发展实践、监管困境及对策分析

（一）国内开放银行发展实践及监管困境

就实践而言，多家银行早已踏上推进开放银行、拓展数字金融业务的进程。浦发银行于 2018 年 7 月率先发布 API Bank——"无界开放银行"。兴业银行开创国内首家银行系金融科技公司先河——"兴业数金"，依托其

开放银行平台，一方面允许商业合作伙伴无缝提供银行服务，另一方面在银行平台中纳入第三方服务。建设银行、工商银行、招商银行等商业银行纷纷通过设立金融科技子公司或与金融科技企业联手的形式，推出自己的开放银行管理平台。

就监管而言，纵观全球，诸多与开放银行商业模式相关的监管政策纷纷落地，而我国针对开放银行的监管仍状若白纸。法律层面，《商业银行法》和2006年修正的《银行业监督管理法》仅对银行传统业务的公平竞争进行原则性规定，并未对数字化转型下的银行监管方案作出回应；2017年6月1日实施的《网络安全法》在运用数据的合法合规性方面给金融机构和数据服务商带来一些限制；而尽管《反垄断法》和《反不正当竞争法》适用于银行业的障碍逐渐消弭，但竞争监管机构对银行业竞争体系的维护和监管作用尚弱，[①] 对于数字平台的竞争监管思路也尚不明晰。部门规章层面，2019年5月，中国银保监会办公厅发布《关于开展银行业和保险业网络安全专项治理工作的通知》，一笔带过地要求建立开放银行体系下的网络安全管理规范，制定严格的外部应用接入标准，加强合作机构准入评估；2019年8月，中国人民银行印发《金融科技（FinTech）发展规划（2019—2021年)》，提出至2021年建立健全金融科技发展的"四梁八柱"的目标及六方面重点任务。

我国针对商业银行的竞争和行业监管机构的设置及权力划分不甚明晰，竞争及行业监管规范性文件的规定均较为粗糙。而具体到开放银行，针对性的指导性意见或框架性监管政策并未出台，对于开放银行的风控要求、业务范围、技术标准等具体内容的系统化规定均仍无处寻踪。

（二）我国开放银行发展及监管的原则性思路

1. 充分发挥市场调节的作用

当前开放银行业务下的商业模式不明晰。商业银行的客户数据无疑是

---

① 参见刘乃梁《银行业反垄断规制权的配置与实现》，《中南大学学报》（社会科学版）2018年第1期。

银行宝贵的竞争资源，银行将客户数据开放给第三方机构，在金融服务链条中位置后置，面临着与客户的直接联系进一步削弱，可能丧失其竞争优势及自然垄断地位的危险。同时，随着 BaaP 的深入推进，银行不仅面对着其他商业银行的竞争，还需应对金融科技公司等合作方，尤其是泛金融平台的竞争。该如何平衡短期与长期的风险与收益、成本与盈利，革新商业模式，重塑核心竞争力，这对积极推进开放银行建设的商业银行而言是一大挑战。① 尽管开放银行发展尚未成熟，但仍应尊重市场经济的客观规律，对金融市场抱有足够的信任，充分发挥"看不见的手"的先手调节作用。于此情形下，竞争与行业监管机构应当给予商业银行和开放银行平台探索商业模式的充分自主权，尊重以市场驱动为主的金融科技发展现状，以被动式监管为首要要义，作为市场的忠实"看门者"，仅在必要时实施相应的政策干预。

2. 弥补市场调节缺陷

市场调节存在固有缺陷：客户数据的全面开放可能会导致对金融消费偏好精准画像，产出诱导行为模式和过度压榨用户资源；同时出现金融服务对"低质量"消费者的金融排斥。② 随着商业银行和金融科技企业的强强联手，金融消费者在交易中的地位可能进一步弱化，开发 API 技术、发展开放银行平台投入的大量成本可能通过转嫁于消费者收回。基于大数据可以精准定位金融消费者的需求、兴趣点和优先排序，通过模式诱导会使得消费者对本不需要的金融商品和服务产生需求。开放银行平台也可能通过准确的客户价值评价和风险筛选机制定向选择消费者，抛弃缺乏接入网络渠道或不习惯使用网络的群体。再者，数据化可能会造成金融机构对利好客户一拥而上、反之则趋之若鹜的决策趋同现象，造成"羊群效应"。因此，竞争与行业监管机构需适时针对市场失灵有所作为，弥补市场调节的固有

---

① 参见陈筱然、邱峰《银行业转型新模式：开放银行运作实践及其推进》，《西南金融》2019 年第 9 期。

② 参见周科《开放银行理念的缘由、实施和挑战》，《清华金融评论》2018 年第 6 期。

缺陷，保障金融消费者公平地获取金融服务、保证金融交易公平进行、侧重于对弱势市场主体的倾斜保护，从机会、过程和结果上实现金融公平。

3. 竞争政策与行业规制政策的界分与配合

竞争政策和行业规制政策是国家干预经济、弥补市场调节缺陷的两种手段，二者的界分明显存在，其配合互补也确有必要。① 《反垄断法》和《反不正当竞争法》集中展现着我国的竞争政策，《商业银行法》和《银行业监督管理法》等则是银行业规制政策最具权威性的具体体现。具体到发展和监管开放银行，应当以实践中的具体问题为导向，明确发展中产生的问题是属于竞争领域的问题，还是由银行业领域的瑕疵或限制引起的。若属于前者，优先适用竞争政策是最佳选择；若属于后者，则应当从银行业规制政策入手寻求解决方案，以此寻求竞争政策与行业规制政策配合的路径。

一是在竞争法律上，应优先发挥竞争法律的基础作用。竞争政策是市场经济体制内在的、基本的经济政策，在鼓励金融创新、放松金融管制的背景下，竞争法律在许多方面优先于行业规制政策实属大势所趋。二是在行业规制政策上，一个新兴金融生态的形成及发展离不开配套金融立法的支持，通过金融法治促进金融发展，同时应注重立法的回应性。金融行业立法需具备社会回应性与时代适应性，既能回应社会成员的权利诉求，又能适应从金融抑制走向金融深化的制度变革需要。② 具体到开放银行而言，开放银行正处于萌芽期过渡至发展期的阶段，金融科技的进步、开放银行的推行和银行业生态系统的变迁极为迅速，随之实务中将产生的问题也不一而足，因而学界普遍倡导采用自下而上的变革方式，即由商业银行根据既有的竞争政策，主动开放自身业务、先行竞争，而后政府再根据社会需求和实践问题，回应性地制定适合国情的行业规制政策，以保证行业规制

---

① 参见王勇《论银行业规制政策与竞争法律的界分和融合》，博士学位论文，辽宁大学，2017。

② 参见江春、李安安《法治、金融发展与企业家精神》，《武汉大学学报》（哲学社会科学版）2016 年第 2 期。

政策贴合数字化转型需要。

（三） 我国开放银行发展及监管的具体配套举措

1. 明确竞争及行业监管的机构设置和权力范围

为给开放银行的发展保驾护航，当前中国人民银行、银保监会等众多银行业监管机构均有所行动，相较而言，竞争监管机构则按兵不动，银行业反垄断执法机构缺位的现状仍在持续。在开放银行业务高速发展但尚不成熟的市场背景下，在金融业混业经营的发展趋势下，监管机构的分散化、权责划分的模糊性将使得多头监管的弊端暴露无遗，可能不足以及时应对开放银行发展中暴露的问题。因此，明确监管架构的顶层设计，搭建切合开放银行发展的竞争及行业监管框架体系，探索竞争监管机构和银行业监管机构协调的执法模式，形成切实可行的开放银行业务准则规范，已然箭在弦上。

2. 完善竞争及行业监管的法律制度

监管机构应当探索行之有效的开放银行监管举措，同时厘清竞争法律和行业规制政策的适用空间。

就竞争法律而言，首先，应继续在银行业内推行竞争法律的适用，弥补常年以来竞争法律的缺位，此为破解银行业垄断及其他不正当竞争行为的前提，也是银行业面临开放银行生态系统变革的需要。其次，面对数字经济所带来的竞争挑战，明确竞争法律应当作为解决数字市场中所呈现的竞争问题的一般性选择与原则。[①] 我国竞争管理机构应积极探索数字经济中的竞争执法实践及法律实施框架，借鉴其他国家和地区的先进发展成果，寻求诸如数字经济中相关市场的界定、算法辅助共谋的监测及规制、基于数据的经营者集中和滥用市场支配地位案件的认定等新型竞争问题的解决思路，为数字平台应用于银行业的开放银行竞争监管奠定理论和实务基础。

---

① 参见 EU Parliament Policy Department A，Presentation：Challenges for Competition Policy in a Digitalized Economy（15 July，2015）。

再者，数据信息安全保护是发展和监管开放银行的疑难问题，因为开放银行大大增加了银行客户数据与外界的接触面积，使得数据信息不当泄露的风险源点增多。一旦开放银行运行机制的某一端存在数据保护上的薄弱环节或恶意对外泄露的问题，或由于编程差错、技术缺陷导致产生新技术风险，客户数据的安全性岌岌可危。[1] 竞争法应倡导商业银行及开放银行平台将个人隐私保护培育成竞争优势。在开放银行语境下，开放银行各参与者在隐私保护方面的失败将直接损害其市场竞争力。[2]

在行业性监管规定方面，将并非由竞争引起的，也不会引起任何竞争问题的开放银行监管问题交由其解决。具体而言，一是制定统一的 API 技术标准，通过完善开放银行技术规范、数据标准格式、信息安全标准等，实现数据的互通性和系统间的可操作性。二是建立数据信息安全保护机制，在立法层面对个人信息和隐私数据予以落实，在实务层面建立事前授权、事中跟踪、事后补救的安全防控机制。三是运用监管科技（RegTech）改进监管模式，利用大数据、人工智能等技术丰富金融监管手段，以数据技术应对数据技术，提高金融监管的智能性、专业性、穿透性。

3. 引导健全金融行业自治规范

在公共治理实践中，软法规范以其富有弹性的创制方式与制度安排，在矫正硬法失灵方面发挥着重要作用，通过弥补硬法不足、推动公法结构的均衡化，回应了法治化的现实需要。[3] 在加强行业法制的同时，也要重视行业自治规范。国法与行规结合起来，才真正能够实行行业的法治。[4] 数字时代下的金融行业瞬息万变，行业规范或行业习惯较之于遵从制定程序理性的法律规范，更具备回应性、灵活性、协商性等特质，能快速高效地应

---

① 参见陈筱然、邱峰《银行业转型新模式：开放银行运作实践及其推进》，《西南金融》2019年第 9 期。

② 参见 European Data Protection Supervisor, Privacy and Competitiveness in the Age of Big Data (26 March, 2014)。

③ 参见罗豪才、宋功德《认真对待软法——公域软法的一般理论及其中国实践》，《中国法学》2006 年第 2 期。

④ 参见孙笑侠《论行业法》，《中国法学》2013 年第 1 期。

对我国经济发展中纷繁复杂的经济现象。在开放银行的发展进程中，监管机构在完善金融监管硬法制度的同时，应当妥善分配政府监管与金融行业对行业管理的权限责任，引导健全银行业及开放银行平台的金融行业自治规范，软硬结合、刚柔并济地为构建开放银行提供保障。

4. 完善金融消费者保护措施

第一，倡导消费者选择权、同意及透明度。除主动保护用户信息及个人隐私数据外，商业银行及开放银行平台应主动消除消费者实施选择权的障碍，增强服务条款的透明度及清晰度。第二，增强金融消费者数字素养。① 为更好地保护消费者权益，金融消费者自身必须充分了解个人数据在开放银行业务运作中的重要性及相关权利义务的范围边界。金融消费者数字素养的重要性不言而喻，特别是用户许可方面需格外谨慎。因此，监管机构应当主动解读开放银行相关政策性文件，引导金融机构和行业自律性组织开展宣传工作，提升消费者的金融素养和数字素养，进一步深化其对自身数字权益的认知。

---

① 数字素养，指个体在数字环境下利用一定的信息技术手段和方法，能够快速有效地发现并获取、评价、整合、交流信息的综合科学技能与文化素养。

《知识产权与市场竞争研究》第 7 辑
第 130~145 页
© SSAP, 2021

开放源代码的反垄断悖论

——由微软"Edge"浏览器内核迁移事件说起

谢枕寒[*]

内容提要: 开源软件是一种追求自由、开放,反对寡占、不合理限制的软件开发运作模式,起源于开发者对软件市场封闭垄断秩序的反抗。开源软件曾改变了浏览器市场长期的垄断状态,但微软"Edge"浏览器开放源代码并将程序内核迁移合并至竞争对手产品的事件暴露了开源软件的反竞争问题,揭示了开源软件的垄断风险。在一定的情形下,开源软件符合达成垄断协议和滥用市场支配地位行为的构成要件,会产生破坏竞争、降低市场多样性、侵害消费者选择权的损害后果,具有违法性。因此应当谨慎看待开源软件的竞争效果,重新审视开源软件与竞争秩序的相容性,避免作为反抗垄断手段而生的开源软件演变为软件市场上新的垄断力量。

关键词: 开源软件;竞争效果;垄断协议;滥用市场支配地位

经典反垄断理论揭示了竞争和垄断是同源的,垄断是竞争发展到一定程度后的产物;竞争既是对抗垄断的武器,也是经济垄断的成因。放任的自由竞争会消灭有效竞争,这构成了法律干预市场竞争的基础。自由蕴含着限制,竞争蕴含着垄断,这种矛盾对立是客观存在的,但并不总是能引起人们足够的重视,以至于人们忽视了其中蕴含的风险。

---

* 谢枕寒,暨南大学法学院/知识产权学院经济法学专业 2019 级博士研究生。

开源软件以其自由、开放、对抗不合理限制的特点每每被认为是对抗软件行业垄断、打破寡头格局的"尚方宝剑"，但实际上其自身就有垄断的一面。一直以来，开源软件的反竞争效果并不明显，这使得人们对开源软件的市场竞争问题缺乏关注。然而近年几宗科技巨头旗下开源软件运营中发生的事件却暴露出了软件开源的潜在竞争秩序风险，其中尤以微软"Edge"浏览器通过迁移程序内核而与竞争对手谷歌"Chrome"浏览器变相联合的事件最为值得关注。

与放任的自由竞争会导致垄断一样，放任的自由开源软件同样可能会带来垄断弊害。作为反垄断有力工具的开源软件呈现出制造垄断的一面，这不可不谓是一种反垄断的悖论。"屠龙者终将成为恶龙"，如今曾经因打破专有软件垄断而"屠龙有功"的开源软件正显露出堕落为下一条"恶龙"的倾向，我们应当适时关注开源软件的垄断问题，避免在出现问题后才开始着手治理。

一 开放源代码与"Edge"浏览器迁移内核事件概述

（一）开源软件概述

开放源代码行为指的是在自由软件精神指导下，电脑程序的作者将程序内部代码开放给不特定人，允许他人复制、使用、修改的做法。[①] 开源运动则是在开放源代码精神指导下，多个软件作者将开源自由精神与商业模式结合起来，以开源、共建、共享的方式开发、维护软件产品的运动。

开源软件运动的雏形诞生于 20 世纪 50 年代至 60 年代，彼时电子计算机仅为学术界的研究性成果，尚未成为一种商业产品，而电子计算机运作所需要的软件更多的是以学术成果的形式在研究人员之间相互交流。作

[①] 参见刘晓飞《自由软件运动背景下的自由软件伦理精神研究》，博士学位论文，南开大学，2010。

为学术研究成果的软件遵循学术交流的一般规范而得以自由传播，后来者也可以通过符合学术规范的方式自由地对这些研究成果进行利用、复制、修改。

1983 年，理查德·斯托曼因软件专有封闭代码导致他本人无法修复打印机故障，深感软件代码封闭的弊端，因此发起了"GNU 计划"，并于1985 年发表《GNU 宣言》，号召建立一个自由的软件社区，自由软件概念被明确提出。[①] 此后，开源软件如雨后春笋般发展起来，大量开源社区出现，大量优质开源软件被开发出来。但此时，开源软件的发展程度仍不及专有软件。在操作系统、专业软件等领域专有软件仍然占据重要地位。

进入 21 世纪后，开源软件运动获得长足发展。以谷歌为代表的一批新科技企业广泛采用开源方式开发、维护软件，并主动为其他开源软件社区贡献代码，这大大提升了开源软件的数量和质量。凭借开放、免费、高效等优势，开源软件如今已在服务器软件等市场中获得了主导地位，并大量进入终端消费者的视野。目前，占有较大市场份额的"Google Chrome"浏览器、"Google Android"操作系统均为开源软件，甚至连一些专有软件中也存在开源组件。可以说，如今世界已然进入一个开源软件的时代。

（二）开源软件的积极竞争效果

开放、自由是开源软件的追求，是专有、垄断的对立面，而这也是竞争法的重要追求。谈及开源软件，自然而然会谈及开源软件对市场竞争的效果。开源软件诞生之初的目的就是打破专有软件的垄断，构建起一个自由、开放、公平的市场环境。总的来说，软件开源对市场竞争有着促进作用，具有打破垄断、降低市场进入障碍的竞争效果。

首先，软件开源具有打破垄断寡占状态的效果。一般来说，垄断寡占一旦形成，在没有外力的介入下，单凭市场机制以及其他市场经营者的努

---

① 参见 Transcript of Richard M. Stallman's speech, "Free Software: Freedom and Cooperation", https://www.gnu.org/events/rms-nyu-2001-transcript.txt。

力很难进行扭转，而开放源代码是为数不多的经营者可以通过自身行为打破垄断的方法。

历史上浏览器市场份额之争可谓是此中鲜活的例子。20 世纪 90 年代中期，微软公司通过将自家"Internet Explorer"（IE）浏览器捆绑于"Windows"软件中销售的方式，将竞争对手"Netscape Navigator"挤出了市场，获得了市场支配地位，在 2004 年前后 IE 浏览器市场占有率一度到达 95% 的水平，浏览器市场成为一个高度垄断市场，几乎不存在有效市场竞争。① 然而 Netscape 公司在被挤出市场前将自身浏览器代码进行开源，并成立了 Mozilla 基金会，以社群、开放、合作、免费共享的方式继续进行浏览器开发，诞生了"FireFox"浏览器，并存活至今。另一方面，苹果公司对其"Safari"浏览器的引擎"Webkit"进行了开源，谷歌公司在加入"Webkit"社区后开发出了"Google Chrome"浏览器。在多家软件巨头开源运作下，"FireFox""Safari""Chrome"浏览器逐渐夺回市场，于 2012 年前后打破了微软 IE 浏览器的绝对垄断地位。② 时至 21 世纪 10 年代末期，微软 IE 浏览器仅获得 5% ~ 10% 的市场占有率，丧失了垄断支配力。③ IE 浏览器垄断地位在浏览器开源运动中丧失殆尽，这体现了开源软件具有打破垄断势力、增加市场竞争的作用。

其次，软件开源也有降低市场进入难度、增加经营者和产品多样性的效果。仍然是以浏览器开放源代码为例，Netscape 公司在被挤出市场前将其原本专有的浏览器代码开放给公众，客观上降低了后来"Firefox"浏览器的

---

① 参见 Dirk Grunwald，"The Internet Ecosystem：The Potential for Discrimination，"*Federal Communications Law Journal* 63，2（March 2011）：417 – 418；另见"Internet Browser Market Share（1996 – 2019）"，https://www.visualcapitalist.com/internet-browser-market-share/，最后访问日期：2021 年 7 月 26 日。

② 参见 StatCounter 2009 年 1 月 ~ 2021 年 6 月桌面浏览器市场占有率统计数据，https://gs.statcounter.com/browser-market-share/desktop/worldwide/#monthly – 200901 – 202106/，最后访问日期：2021 年 7 月 26 日。

③ 参见 StatCounter 2009 年 1 月 ~ 2021 年 6 月桌面浏览器市场占有率统计数据，https://gs.statcounter.com/browser-market-share/desktop/worldwide/#monthly – 200901 – 202106/，最后访问日期：2021 年 7 月 26 日。

开发难度。苹果公司将"WebKit"引擎进行开源，客观上促进了"Google Chrome"浏览器的开发，而"Chromium"开源项目也大大降低了第三方开发浏览器的难度，间接促成了"QQ浏览器""360浏览器"等一众以"Chromium"为内核的浏览器的产生。可以说，如今浏览器市场的多样性，与浏览器开放源代码不无关系。

（三）微软 Edge 浏览器内核迁移事件概述

"Edge"浏览器是由微软基于 IE 浏览器所开发的、用以替代 IE 浏览器的产品，发布于 2015 年。微软试图用"Edge"浏览器夺回被"Chrome"浏览器蚕食的市场份额，但收效不佳，市场占有率徘徊于第三位至第五位。

在 2019 年以前，"Edge"浏览器采用了由 IE 浏览器所使用的"Trident"内核演变而来的"EdgeHTML"内核，其为微软闭源专有软件。由于微软独自开发和维护的"Edge"浏览器竞争力不佳，在倾注大量精力后未能夺回市场份额，未来发展又面临众多竞争和不确定性，微软于 2018 年 12 月宣布放弃"EdgeHTML"内核，改为采用竞争对手所开发的"Chromium"内核。微软、谷歌以及其他"Chromium"项目参与者之间互相共享代码，互相协同进行软件的开发和维护。"Chromium"是由谷歌公司主导的开源浏览器计划，是目前市场占有率第一的浏览器"Google Chrome"的开源项目。

微软将 Edge 浏览器开放源代码，合并进入"Chromium"开源项目中，这使得"Edge"浏览器从原先的 IE 浏览器的一个分支成为"Chrome"浏览器系列的一个分支。若以内核作为分类标准，"Edge"浏览器从"Chromium"的竞争对手变为了"Chromium"的一部分。新"Edge"浏览器与"Chrome"浏览器具有高度相似性，从界面、操作方式到程序源代码均高度类似。

2019 年起，微软通过系统更新陆续向用户推送新版"Edge"浏览器的更新，这些更新会自动将用户电脑中的旧"Edge"浏览器替换为基于"Chromium"的新"Edge"浏览器。在微软这次行动中，作为独立竞品的旧版"Edge"浏览器消失，市面上不再有基于"EdgeHTML"的浏览器产品。

随着更新的推送和完成，旧版"Edge"浏览器的市场份额将逐渐成为"Chromium"系列浏览器的市场份额，"Chrome"浏览器家族市场势力进一步得到扩充，成为浏览器市场中名副其实的寡头。以浏览器核心作为分类标准，"Chrome"家族浏览器市场占有率将在目前的基础上提升至70%以上，远远高于"FireFox""Safari"等浏览器。

至此，浏览器市场中除了不再继续开发和维护的 IE 外，其他浏览器均全部或部分转向开源运作模式。

二 "Edge"内核迁移事件中暴露的垄断疑虑

尽管微软在这次迁移浏览器产品内核的行动中将自己的浏览器产品进行了源代码开放，将代码提供给全世界共享，客观上促进了浏览器市场中产品封闭程度的下降，理论上将产生积极的市场竞争效果。然而，这次开源事件也存在着许多垄断隐忧。

(一) 垄断协议风险

与一般传统认知中软件开源、合作开发不同，此次事件中发生合并的产品为各自成功独立开发、维护多年的成熟产品，二者之间各自占有相当的市场份额，且彼此间原为竞争关系。在两个浏览器项目合并、互相代码共享后，双方主导开发者谷歌与微软可以彼此交换核心代码、获得对方下一步开发方向和技术细节，并通过开源社区的机制协商产品未来演进走向。在这个过程中，双方间原本具有不确定性的技术竞争被消除，双方得以在产品推向市场前即互相了解对方的各种核心信息，研发技术风险大大下降，面临的竞争压力也大大下降。双方间事实上的代码共享关系使得开发者可以直接使用他人贡献的代码，自身不再在紧迫的压力下进行高强度创新和开发。开源软件的运作方式中本身就包含很多协同一致行为，这使得软件项目中具有支配力的开发者可以方便地进行共谋，共同协调，规划和设计产品中的多方面细节，从而排除和限制市场竞争。以上的种种情况提示，此次浏览器开源行为具有垄断协议行为属性，一定程度上限制了浏览器市场的竞争，可能导致许多垄断协议风险。

（二）滥用市场支配地位风险

这次开源事件还揭示出开源软件可能导致市场支配地位滥用的垄断风险。在开源社区中，程序源代码名义上为所有人所共有，任何人可在遵循开源协议的情况下自由地查阅、使用、复制、修改这些代码，任何人都可以创建软件的分支（fork），但这并不意味着在开源社区中所有开发者的地位和话语权都是均等的，开源软件参与者也并不必然能公平、民主地决定软件的开发走向，甚至代码方案是否被项目采纳。

一般来说，具有威望、代码贡献量大、开发能力强的开发者具有较高的话语权，可以左右软件技术路线、功能设计、特定代码存废等关键问题。具有支配地位的开发者得以使用类似"倾销"的手段以大量贡献代码的方式强迫其他参与者接受其代码。具有强开发能力的开发者可以在短时间内为项目大量贡献代码，或对代码进行高速迭代修改，而开发能力较低的参与者无法及时审阅、处理、修改这些新增代码，只能被动接受这些代码，导致自身事实上被具有支配地位的开发者挤出了项目，甚至挤出市场。例如，在"Chromium"项目中，谷歌具有相当程度控制力，可以凭借自己的话语权控制产品的设计，推动对自己有利的事项获得通过。谷歌曾通过自身的影响力在"Chromium"浏览器的插件系统中加入了限制，以安全为由，阻止具有屏蔽谷歌旗下网站广告功能的插件的传播和运行，但对于屏蔽其他网站广告的插件则不予限制，这已然具有浏览器开发者滥用自身在浏览器市场上的支配地位从而排挤其他网站的垄断色彩。

当开源软件的设计被少数开发者把持后，基于该开源软件进行分支开发的其他下游开发者也不得不接受这种产品设计和使用限制，在纵向方向上被卷入垄断行为。

在软件巨头微软加盟"Chromium"项目后，"Chromium"项目内各作者话语权和影响力将进一步向头部集中，浏览器市场的民主程度将不可避免地发生下降，这将产生更多的垄断风险。

（三）降低市场多样性

开源软件的实质是集合市场上多股力量进行联合软件开发，形成软件社会化开发，这使得开源软件具有强大的竞争优势，甚至能够打败已经发展到成熟阶段的传统专有软件。但开源软件的强势同时也意味着，在一个主流开源软件项目之外另起炉灶建立新的开源社区、生产具有竞争关系的产品将变得十分困难。这使得开源软件并未如许多人想象中一样扩充了市场的多样性，反而让市场上的产品内在同质化程度更高，人们的选择更少。

在浏览器领域，尽管除了头部五大浏览器产品外，市场上还存在诸如"QQ浏览器""360浏览器""Yandex"浏览器等产品，但这些产品实际上都是基于市场占有率前五名的主流浏览器所开发出来的衍生产品，产品后续开发、运营持续受到原型产品的影响，严格上来说并非一种独立的产品。又如在服务器操作系统领域，除了"Linux"这一成功的操作系统外，市场并没有孕育出具有相同竞争力的开源替代产品，除专有软件外的许多其他开源产品本质上并非独立产品，而是"Linux"的分支，与"Linux"共享相当程度的代码。从表面上看，软件市场百花齐放，但产品的同质化情况较高。

产品多样性的下降会导致市场风险的上升。如2014年发生的"心脏出血"漏洞正是一例。[①]"心脏出血"漏洞是存在于开源加密程序库"OpenS-SL"中的安全漏洞。"OpenSSL"是一个广泛被其他软件所采用的开源软件包（软件模块）。尽管"OpenSSL"衍生出了众多分支产品，但各分支共享了存在漏洞的核心代码，导致采用"OpenSSL"的大量软件，如多个"Linux"操作系统发行版、许多手机操作系统和大量网站受到该安全漏洞波及，单一组件的安全漏洞演变为大面积系统性安全风险。此事件揭示了程序代码同质化所带来的系统性风险。

---

① 参见 CVE – 2014 – 0160，https://cve.mitre.org/cgi-bin/cvename.cgi? name = cve – 2014 – 0160。

市场多样化是市场健康的重要保证。多样化的市场、集中度低的市场可以保证当一种产品或其中一个经营者倒下时，市场整体平衡不至于被打破，市场有充分的空间去自我修复。开源软件所导致的市场多样性"明升暗降"并不利于市场竞争机制健康运行，甚至可能成为市场失灵的隐患。

（四）侵害消费者选择权

在传统消费领域，消费者根据各种条件和情况选择自己心仪的品牌商品，在商品购买后消费者确定地享受该种产品所带来的价值。如购买了奔驰高档汽车的消费者确定地享受到奔驰汽车带来的使用价值，而购买奇瑞低端汽车的消费者确定地享受奇瑞汽车的使用价值。很难想象在行车过程中，奔驰汽车自动变成了贴着奔驰商标的奇瑞汽车，这种事件在传统消费领域不可能发生。但在浏览器领域，选择使用"Edge"浏览器的用户却遇到了自己使用的"Edge"浏览器一夜之间被推送的系统更新变成了披着"Edge"商标的"Chrome"浏览器的情况。原本不选择"Chrome"浏览器而选择"Edge"浏览器的用户，其自主选择权无疑受到了侵害。可见，开源软件给消费者选择权带来了潜在的新型冲击，给消费者利益造成了另类的损害。

（五）小结

由上述几个方面可以看出，常常被人们视为"自由卫士""垄断克星"的开源软件，在其运作的过程中仍然具有许多垄断风险，可能对市场竞争和市场机制带来一定的损害。开源软件可能演变为一种垄断协议行为，开源软件项目中具有较高话语权和控制力的开发者可能凭借自己的势力实施垄断行为、排挤其他经营者。开源软件的运作可能冲击优胜劣汰的竞争规则、冲击消费者的选择权、降低市场上产品实质上的多样性，造成许多竞争上的问题。个别开发者通过开源和开放所获得的力量与传统垄断力量都是一种寡占的力量，均能产生破坏竞争的效果。综上，开源软件的垄断风险是确实存在的，因此竞争法应当正视这个问题，对即将到来的开源垄断有所防范。

三 反垄断法视角下的开源软件

(一) 开源软件的垄断协议问题

软件开源行为具有类似垄断协议的效果和表现形式，但却有着开放、自由、反抗垄断的积极竞争外观，故而未被视为一种具有垄断危险的行为。然而，若对开源软件进行分析，则不难发现开源软件是符合垄断协议的违法构成要件的。

横向垄断协议，指的是具有竞争关系的经营者达成的排除或限制竞争的协议、决定和协同行为。垄断协议的构成要件可以简化为主体间具有竞争关系，内容上具有排除、限制竞争内容，形式上为协议、决定或协同行为。

在主体竞争关系方面，部分开源软件参与者满足主体竞争关系要件。此处以前文所述浏览器开源行为为例进行分析。"Chromium"浏览器开源项目中具有两类开发者。一类是单纯贡献代码、参与软件开发维护、本身并不对外提供浏览器产品的开发者。这一类开发者之间不存在竞争关系。另一类是不仅参与软件共同开发维护，还以自己的名义向市场提供浏览器产品的开发者。这一类开发者彼此之间属于竞争关系。谷歌公司与微软公司即属于后一种，他们既参与浏览器的开发和维护活动，又各自以自己的品牌向市场提供"Google Chrome"、微软"Edge"浏览器，两款浏览器彼此之间属于竞争对手。在第一类开发者之间，开源行为不会构成垄断协议行为，而在第二类开发者之间，则有可能成立垄断协议行为。

在行为内容要件方面，部分开源软件行为是满足排除、限制竞争标准的。在软件领域，软件开发的过程就是软件产品生产的过程，软件代码就是软件产品本身。计算机程序的市场竞争是代码质量的竞争，程序代码是影响软件产品竞争结果的重要因素，构成软件经营者的重要经营信息。在开放源代码的过程中，开发者之间彼此交换重要的生产信息，其中包含程序的源代码内容、功能实现机制、各自研发进展、未来研发方向等信息，通过这些信息，开发者之间可以彼此掌握开发进度，及时调整自己的研发计划。开发者可以根据彼此之间互相掌握的情况，在产品进入市场被消费者选择前就预知竞争的结果、预测彼此之间的市场行为，使得竞争所带来的不确定性大大降低，经营者面临的竞争压力下降。具有竞争关系的开发者在了解到其他开发者开发计划、源代码信息后，可以在开源框架内规避他人的技术（规避竞争）或是直接采用他人的研发成果（减少自身研发投入）。因此，软件开源中的信息交换具有降低经营者之间竞争风险的效果，而信息交换是软件开源不可回避的根本的实现方式，故软件开源行为可以具有排除、限制竞争效果的内容，可以满足垄断协议的构成要件。

在行为方式上，软件开源行为满足协议、决议、协同行为的表现形式。一般来说，成熟的开源软件项目会具有一个项目协议，通过协议内容规定开源项目的基本组织运作方式、所产出的智力成果产权归属、产品后续利用方式等。开源项目的参加者往往不需要书面签署开源协议，而是通过遵守协议内容、参与开发活动等事实行为加入开源项目中。在一些不成熟的开源项目中，可能不存在一个有形的开源协议，但必定存在一个开发者互相共享代码的意思表示，同时也必然将形成事实上的组织内部运作规范。因此，参与项目的开发者的事实行为可以被用来推定具有竞争关系的开发者之间存在事实上的联合开发、维护软件的协议行为，证成垄断协议的构成要件。

此外，开源软件开发者之间进行的代码交换行为也可以构成垄断性的协同一致行为。在开源软件项目中，各开发者按照项目规则将各自完成的代码进行上传公开，允许包括具有竞争关系的竞争对手在内的其他开发者查阅。在软件开发中，软件代码包含着产品设计、技术细节等影响产品竞争力的信息，可以构成影响市场竞争的敏感信息，竞争对手或潜在竞争对手可以通过查阅代码，并据此调整自己的行为来规避市场竞争的风险。此类敏感信息是每个贡献代码的开发者主动公开并暴露给他人的，因此公开行为可被视为意志上的协同与合作。这种暴露信息、交换信息的行为本身就具有排除、限制竞争的性质。在各参与者贡献代码后，开源项目还会经历一个代码选择的过程，即开源社区按照一定的社区规则从各参与者贡献的代码方案中选择一种代码方案，作为最终产品的源代码。开源社区成员对代码方案的选择实质上就是开发者之间共同商议软件产品设计方案的过程，在得出选择结果后，参与的开发者共同采纳选中的代码方案作为合作产品最终的代码方案。开源项目中的参与者相互公开彼此敏感信息，并据此协商后作出整个开源项目的行动方案，如果开源项目中存在具有竞争关系的开发者时，这种行为就构成了横向的开发者共谋。

软件开源行为的内容实际上是多个开发者之间的合作开发，因此开源软件在一定程度上可被视为一种合作研发垄断协议。合作研发垄断协议并不总是非法的，在符合一定条件时可以被豁免，但这主要发生在合作研发不会显著排除、限制竞争的情形下。如果这种合作发生在开发的初期，合作的风险往往较低，但如果这种合作发生在成果即将推出市场或已经推出市场时，研发的目的已经达成，缓和竞争以保护研发的豁免合理性已经消除，这种垄断协议的正当性就站不住脚了。[①] 在开源软件项目中，开发者之间的合作不仅包括软件的原始研发，还包括软件项目的后续维护和再开发。开发者不因软件原始研发任务完成而解除合作关系、重新回到各自独立经营的状态，而是在软件研发完成后继续逗留在开源项目中，继续就软件上市后的维护、运营进行合作。这种现象使得开源软件的垄断协议行为不同于一般合作研发垄断协议，不仅涵盖产品研发阶段，还延伸到了产品进入市场后的阶段。如微软"Edge"浏览器通过迁移内核与谷歌"Chrome"浏览器变相合并就发生在"Edge"浏览器与"Chrome"浏览器上市多年以后。又如"Oracle Virtual Box"等软件更是在产品已经推向市场后才启动开源项目。从两个阶段的时间占比来看，开源软件上市后的后续研发、维护、运营的时间要比原始合作研发长得多，这使得开源软件不易也不宜被认定为可被豁免的合作研发垄断协议。

---

① 参见王晓晔《反垄断法》，法律出版社，2011，第101页。

综上，从垄断协议构成要件的角度分析软件开源行为，不难发现软件开源可能造成垄断损害，其本身满足垄断协议的形式要件，而又难以被认定为可获得豁免的合作研发垄断协议。因此，若以"本身违法"原则视之，软件开源属于垄断协议行为。

（二）软件开源的滥用市场支配地位问题

软件开源行为可能涉及具有市场支配地位的经营者利用开源行为滥用支配地位的问题。尽管开源软件相比于闭源私有软件有更高的开放性、自由度，且常常免费对外提供，但这不意味着开源软件的开发活动是一项公益行为。软件开源同样是一种商业行为，且常常涉及双边市场问题。标榜自由与开放的开源软件无法避免软件市场集中度上升。在一些细分市场中，一些开源软件占据了主要的市场份额，这些软件的开发者也就获得了市场支配地位，同样可以利用其优势地位在软件产品中实施捆绑搭售、歧视等反竞争行为，也可以将自己在某一软件市场上的优势地位不当传导到其他市场，从而导致垄断问题扩散。

因此，开源软件同样存在滥用市场支配地位的垄断问题，需要法律对其进行适当规制。然而，开源软件的开放性与合作性特点也让开源软件中的滥用市场支配地位行为与传统行业的滥用市场支配地位行为有所不同。

从性质上看，由于开源软件大多在形式上采取集体决策的开发和运作方式，开发者之间属于相对独立的个体，因此当一款开源软件获得市场支配地位后，该软件的共同开发者更接近处于一种共同市场支配地位状态，应当共同承担避免实施滥用支配地位行为的义务、承担滥用支配地位的法律责任。

开源软件经营者的市场支配地位不仅体现在软件产品市场中经营者所拥有的市场支配地位，还体现在开源项目中部分开发者对开源项目的支配地位上。一个软件的开源社区就像是一个小型的市场，其中的开发者以生产和贡献代码的方式向开源社区提供产品，并彼此竞争代码获得采纳、成为产品最终代码的机会。正如前文所述，在一个开源项目中，诸如产品设计、技术路线、代码选择等重大问题在形式上是由开源社区集体决定的，但各开发者在开源社区中实际的话语权和影响力是不均等的，因此实质上开源软件社区的重大决策是可能被掌握在少数具有较强势力的开发者手中的。这就使得在开源软件项目的内部也可能存在滥用支配地位的行为。

在开源软件项目中，认定某个开发者具有支配地位的规则与一般市场中认定竞争者具有市场支配地位的规则是有所不同的。在开源软件中，主观上的影响因素包括开发者的威望、社会地位等因素，尽管这些因素不具备客观上的强制力，但在开源社区文化中却具有相当的影响力。如作为项目发起人的林纳斯本人于"Linux"开发社区中具有崇高威望，继而具有否定某种代码方案的话语权。在客观因素方面，则包括代码贡献量、代码贡献速度等因素。对于一些身为大型软件公司的开源项目参与者，他们拥有足够的人力和财力去支撑软件开发工作，因此可以比中小参与者贡献更多的代码，使得自身贡献的代码在整个项目中具有更高的占比。尽管软件代码是明文的，但其包含了许多个人思路等因素，他人难以进一步修改和发展，这使得高代码贡献量的开发者比其他开发者更能掌握开源软件的发展走向，从而获得项目事实上的控制力。此外，代码贡献速度也是一个重要的客观影响因素。在一些大型的开源项目中，代码的迭代更新速度极快，例如"Chromium"浏览器项目每几个小时就会推出一个新的开发者版本。如此频繁的代码迭代超过许多开发者的处理能力范围，在一些极端的情况下，代码将在其他开发者阅读、理解完成前再次发生迭代变动。具有高开发能力的开发者得以通过这种速度优势排挤中小开发者，从而获得事实上的项目控制力。

因此，在认定开源软件经营者滥用市场支配地位行为时，应当先认定是否存在共同市场支配力。不仅需要先通过市场占有率、定价能力等标准确定某一产品是否具有支配性的市场地位，还要将视角转入开源项目内部，考察项目中不同开发者话语权、开发能力、影响力的高低，判断其对项目支配力和控制力的程度，最后根据此种情况将滥用市场支配地位的法律责任在开发者之间进行分配。

四 开源软件反垄断悖论带来的反思

综上所述，具有自由、开放特征的开源软件，被人们认为具有打破垄断的积极竞争效果，因此常常游离于反垄断法的视野之外，甚至被视为活化市场的鲇鱼，获得默示的鼓励，甚少受到规制和关注。在现实中，开源软件也确实实现了打破垄断的效果，促进了十多年来软件行业非专有化转型。然而，开源软件中也蕴藏着许多垄断风险，同样可能造成排除、限制竞争的负面效果，需要人们予以警惕。尽管开源软件的流行在相当程度上打破了世纪之交时专有软件寡头垄断的不良市场结构，并将在可以预见的将来继续冲击专有软件垄断势力，继续促进软件市场向开放、合作的方向发展，但开源软件的垄断势力也正在从不受拘束的自由竞争中悄然形成，开源软件逐渐形成了有别于垄断力量的另一种干扰市场竞争的力量。

微软公司通过将旗下"Edge"浏览器内核迁移至竞争对手谷歌"Chrome"浏览器程序内核的方式完成了市场上两大浏览器产品的"联姻"，使自身所受到的来自市场的竞争压力大大缓解的同时也使得竞争对手市场势力进一步增强。以开源软件自身运作规则、惯例来看，这种代码开放、代码交换、产品合并行为并无不妥，这甚至是开源软件社区中时常发生的事件。但从反垄断法的角度来看，如此大体量的两个竞争者在本已高度集中的浏览器市场上实施产品合并，导致本已占据市场支配地位的经营者市场势力范围进一步扩大，这是让人难以接受的。

此次事件暴露出开源软件及其运作方式存在的垄断性问题，原本被认为是促进竞争而被投放进市场的"鲇鱼"却显露出成长为市场中下一个恶霸的不祥征兆，这可谓是一种反垄断的悖论。随着这种悖论日益清晰，我们应当对一些过往的观念进行反思和修正。

从开源软件的本质来说，开源软件与自由竞争是类似的，它是行业自发形成的对抗软件市场中寡头垄断的自由化的努力。开源软件通过奉行软件自由的伦理精神，以软件代码自由开放的共识，排斥软件市场中垄断势力对软件开发、维护的限制，实现让软件代码在开发中自由竞争的理想。开源软件追求自由和开放，将垄断与限制作为自己的敌人，使其获得了促进市场竞争的属性，但这不能掩盖开源软件可能引发的垄断问题。

同所有自由竞争一样，开源软件的竞争效果与反竞争效果也是同源的，开源软件在激发竞争的同时也在自限地排除竞争。与所有的自由竞争行为类似，其竞争效果具有阶段性。在开源软件生命周期的前期，其对自由的追求能打破各种势力对市场的不合理限制，而在生命周期的后期，其通过前期自由竞争所获得的竞争优势又会本能地排除后晋竞争者的挑战，产生反竞争效果。开源软件伴随着计算机技术的诞生而诞生，已具有一段不短的历史，但在诞生之后的很长一段时间里，它仅寄居于学术讨论的屋檐下。开源软件真正走入市场舞台的中心，是近一二十年的事情，因此从竞争效果的阶段性上说，开源软件目前仍处于偏向促进竞争的前期至中期阶段。因此，反垄断界对开源软件持有偏向积极的态度是合理的。但是也不可否认，开源软件终究会继续发展，进入以反竞争一面为主要方面的后期阶段。这意味着作为实现行业自由化、去垄断化手段的开源软件，终究有一天将走向市场竞争的对立面。

历史经验告诉我们，市场自由化、去垄断化的尝试和努力并不总是成功的。如许多经济转轨国家在经济去行政化、国有企业私有化的过程中，虽然在相当程度上提高了市场的自由度，解除了行政权力对经济活动的限制，但不成熟的市场规则与市场机制却让这些经济自由化行为出现了诸多问题，经济自由化的成果被少数人窃取，这些人成为新的垄断者，造成了新的垄断问题。因此，以自由化、去垄断化的名义无法证成一个行为在竞争法上的正当性。

近些年来，开源软件迅猛发展，在浏览器、操作系统等领域，开源软件已经战胜了市场上原来的垄断霸主，软件行业的自由化努力已然功成，但作为自由化手段的开源软件也成为新的市场支配力掌握者。"屠龙者终将成为恶龙"，尽管垄断弊害尚未大规模爆发，但反垄断法也到达了对其展开反思的时间点。

学术专论

《知识产权与市场竞争研究》第7辑
第149~166页
© SSAP，2021

论创意成果的知识产权保护

杨 巧 鲁 甜*

内容提要： 创意产业已成为一些国家和地区新的经济增长点，然而关于创意产业的知识产权保护还存在制度供给不足与理论研究不够深入的问题。创意产业与文化产业、版权产业有交叉也有区别。创意产业所创造的智力成果可称为创意成果。创意成果源于创意人大脑的思考和选择取舍，是创意人智力劳动成果，凝聚了创意人的创造性劳动，符合知识产权客体产生的前提，又因其具有可操作性而成为具有实用性的智力成果。分析其含义、性质、范围、构成条件，可得出创意成果属于新类型的知识产品，应将其纳入知识产权保护范围。我国应对创意成果实行分类保护，区分为已经纳入和未纳入知识产权保护体系两大类，前者适用现行知识产权专门法保护，后者采取的制度模式则需要被分别对待。具体运行分"两步走"：第一步，针对目前缺乏保护创意产业专门法的情况，适用现有法律制度，以知识产权法保护为主；第二步，待时机成熟，设立创意成果权或创意成果提供权制度。

关键词： 创意产业；创意成果；创意成果权；保护模式

20世纪90年代末，英国首次提出"创意产业"的概念，并且率先将发展创意产业作为基本国策。美国将创意产业称为"版权产业"。日本、韩国将创意产业视为新兴产业。我国上海、北京、深圳、武汉、长沙、青岛等

---

* 杨巧，西北政法大学经济法学院/知识产权学院教授；鲁甜，西北政法大学经济法学院讲师，师资博士后。

地的创意产业近年来快速发展，但在其他大多数地区创意产业还处于初创阶段。2019 年全国规模以上文化及相关产业企业营业收入为 88624 亿元，同比增长 7.0%，其中，文化创意及设计服务同比增长 11.3%。① 创意产业已成为 21 世纪崛起的一个新产业，成为新的经济增长点，因此，建立健全相关的法律制度，对促进创意产业的健康有序发展至关重要。

我国司法实践中已经发生多起涉及创意的案件，法院一般依据"著作权法不保护思想、创意"等原则不支持原告的诉求。② 现实中出现的广告创意纠纷、广播电视节目模式纠纷、店堂门面装饰创意纠纷、展会布置设计创意纠纷日益增多，仅以著作权法的"思想/表达两分法"③ 进行处理，受其局限性制约，难以促进创意产业发展，甚至会遏制该产业的发展。司法实践中也出现了当事人依据著作权法难以保护创意，转而寻求反不正当竞争法、商业秘密法保护的实例④。我国学术界初期主要关注创意产业的基本理论问题，⑤ 迄今为止，关于创意产业法律保护的研究越来越深入，关注的重点已是保护对象及保护方式问题，如保护对象的认定、保护范围的确定、保护模式的选择、保护制度的设计等，这些问题依然存在争议。⑥

① 参见国家统计局《国家统计局社科文司统计师辛佳解读 2019 年全国规模以上文化及相关产业企业营业收入数据》，国家统计局网站，2020 年 2 月 14 日，http://www.stats.gov.cn/tjsj/sjjd/202002/t20200214_1726366.html，最后访问日期：2020 年 3 月 31 日。

② 北京第二中级人民法院（2007）二中民终字第 02155 号民事判决书；杨巧：《汇编作品，抑或民间文学艺术作品？——"仿古迎宾入城式"著作权纠纷一案的评析》，《知识产权》2005 年第 5 期。

③ "思想/表达二分法"是指著作权保护延及表达，不延及思想、过程、原理、数学概念、操作方法等。

④ 金正公司"真金不怕火炼案"原告在寻求著作权法保护未果时又提出依反不正当竞争法保护，"女子十二乐坊案"原告寻求创意的著作权保护未果时请求以商业秘密保护。

⑤ 参见厉无畏主编《创意产业导论》，学林出版社，2006；王太平《美国对创意的法律保护方法》，《知识产权》2006 年第 2 期；李顺德《中国的文化产业应该加强法律保护》，《河南社会科学》2007 年第 4 期；曾言《创意保护的法律考量》，《法治论丛》（上海政法学院学报）2008 年第 1 期；任自力《创意保护的法律路径》，《法学研究》2009 年第 4 期。

⑥ 参见王海英《文化创意产业版权保护的困境及其法律选择》，《中共福建省委党校学报》2009 年第 11 期；张艳《我国创意保护之现实困境》，《法学论坛》2011 年第 3 期；张庆盈《创意的法律保护方法分析》，《山东社会科学》2011 年第 2 期；郑维炜《社会主义文化产业发展中的民商事法律制度研究》，《中国法学》2012 年第 3 期。

一 创意产业与相关产业之比较

(一) 创意产业的含义及范围

1998 年，英国创意产业特别工作小组出台《英国创意产业路径文件》，正式提出创意产业的概念："源自个人创造性、技能与才干，通过知识产权的开发和运用，具有创造财富和增加就业潜力的产业。"创意产业主要包含时装设计、电影与录像、音乐、表演艺术、出版、软件与计算机服务等 13 个产业部门。美国将与创意有关的产业称为"版权产业"，包括 4 种类型，即"核心版权产业"、"部分版权产业"、"发行业"和"与版权有关的产业"。被誉为"创意产业之父"的英国经济学家霍金斯在《创意经济——如何点石成金》中把创意产业界定为其产品都在知识产权法的保护范围内的经济部门。知识产权中的专利、版权、商标和设计，每一类都有自己的法律实体和管理机构，每一类都产生于保护不同种类的创造性产品的愿望。霍金斯认为，知识产权法的每一形式都有庞大的工业与之相适应，加在一起"这四种工业就组成了创造性产业和创造性经济"①。依此定义来看，创意产业的"产品"或创意成果与知识产权法保护的客体是重合的。我国学者认为："创意产业内涵的关键是强调创意和创新，从广义上讲，凡是由创意推动的产业均属于创意产业，通常我们把以创意为核心增长要素的产业或缺少创意就无法生存的相关产业称为创意产业。"②

我国国家统计局颁布的《文化及相关产业分类 (2012)》首次提出"文化创意和设计服务"③ 分类。在《文化及相关产业分类 (2018)》中修订为

---

① 〔英〕约翰·霍金斯:《创意经济——如何点石成金》，洪庆福等译，上海三联书店，2006。
② 厉无畏主编《创意产业导论》，学林出版社，2006，第 4 页。
③ 根据该分类，文化创意和设计服务包括广告服务、文化软件服务（软件开发、数字内容服务）、建筑设计服务（房屋建筑工程设计服务、室内装饰设计服务、风景园林工程专项设计服务）和专业设计服务。

"广告服务"（互联网广告服务、其他广告服务）、"设计服务"（建筑设计服务、工业设计服务、专业设计服务）。

综上，创意应当包括"文化创意"和"科技创意"两部分。文化创意产业是文化、科技和经济相互交融、相互发展的产业，其发展方向的确定需要同时考虑文化创意、科技创意与市场。创意产业与许多产业部门具有高度关联性，其横向渗透到众多其他传统产业中。除了上述列举的创意产业部门外，创意产业的范围还包括一些不受知识产权保护的对象，如展会策划、广播电视节目模板等，这些也属于创意，是人的智力成果，应该纳入创意产业保护范围。

（二）文化产业与创意产业

"Industry"称为行业或产业，我国称相对应的分类为"行业"，一般习惯下多用"产业"一词，往往更强调其经营性和经营规模。国民经济行业分类中，"行业"（或产业）是指从事相同性质经济活动的所有单位的集合。2002 年，党的十六大报告第一次把"文化"区分为"文化事业"和"文化产业"，前者为公益性文化事业，后者指经营性文化产业。随后文化部（现为文化和旅游部）2003 年发布的《关于支持和促进文化产业发展的若干意见》对这一概念进行了进一步界定，[1] 2004 年国家统计局发布的《文化及相关产业分类（2004）》对这一概念进行了扩充，纳入了与文化经营活动有关的活动集合。[2] 随着文化体制改革的不断深化和文化产业的快速发展，党的十七届五中全会提出"推动文化产业成为国民经济支柱性产业"的战略目标。《文化及相关产业分类（2012）》中增加了与文化生产活动相关的创意、新业态、软件设计服务等内容和部分行业小类。2018 年，在《国民经济行业分类》（GB/T 4754—2017）的基础上，国家统计局根据文化及相关单位

---

① 《关于支持和促进文化产业发展的若干意见》指出，"文化产业是指从事文化产品生产和提供文化服务的经营性行业"。
② 《文化及相关产业分类（2004）》规定，文化产业是为社会公众提供文化娱乐产品和服务的活动，以及与这些活动有关联的活动的集合。

生产活动的特点，将行业分类中相关的类别重新组合，发布《文化及相关产业分类（2018）》①。2019 年《文化产业促进法（草案征求意见稿）》发布，将文化产业进一步界定为"以文化为核心内容而进行的创作、生产、传播、展示文化产品和提供文化服务的经营性活动，以及为实现上述经营性活动所需的文化辅助生产和中介服务、文化装备生产和文化消费终端生产等活动的集合"。经营性活动的类别包含内容创作生产、创意设计、资讯信息服务、文化传播渠道、文化投资运营、文化娱乐休闲等。综观党和国家关于文化产业的相关文件，应当明确的是：文化产业是从事文化产品生产或提供文化服务的经营性行业，是文化建设的重要方面，是国民经济的支柱性产业之一；文化产业的范围包括文化产品和文化服务，创意设计服务是其内容之一。

从我国文化产业和创意产业的划分来看，文化产业既包含了档案馆、纪念馆等管理和服务产业，也包含了计算机软件、广告等与文化有关的创意产业。创意产业强调创造性对产业的决定性影响，本质上是挖掘和利用知识产业中的"创新"和"创意"所蕴含的高附加值。② 从覆盖的具体产业领域来看，创意产业和文化产业有着交叉和重复之处，二者都强调知识经济发展总的"创新"和"创意"，是文化产业发展到一定程度的新业态，是在工业化和信息化基础上产业结构自然演化的结果。创意产业和文化产业也存在着一定区别，文化产业强调文化的产业化，而创意产业强调人的创造力和文化艺术对经济的渗透和贡献，创意产业超越了文化产业的一般含义，文化产业包含了若干传统领域，并非全都属于创意产业。创意产业

---

① 国家统计局设管司：《文化及相关产业分类（2018）》。该分类规定，文化及相关产业是指为社会公众提供文化产品和文化相关产品的生产活动的集合，其范围包括："1. 以文化为核心内容，为直接满足人们的精神需要而进行的创作、制造、传播、展示等文化产品（包括货物和服务）的生产活动。具体包括新闻信息服务、内容创作生产、创意设计服务、文化传播渠道、文化投资运营和文化娱乐休闲服务等活动。2. 为实现文化产品的生产活动所需的文化辅助生产和中介服务、文化装备生产和文化消费终端生产（包括制造和销售）等活动。"

② 王操：《文化创意产业比较研究：内涵、范围界定、发展现状和趋势》，《国外社会科学前沿》2019 年第 10 期。

是人类精神生活的一部分，同时也是人类经济生活的一部分。

（三）版权产业与创意产业

我国权威分类中并无版权产业分类。版权产业是基于对版权保护的作品进行创作、复制、加工、销售、传播而形成的产品形态，在此过程中，作品的生产者、传播者能够通过市场实现其价值，而创作者也能够通过授权来获得作品的财产权。[①]在世界知识产权组织的积极推动下，20 世纪 70 年代，加拿大和瑞典首次对版权相关产业的经济贡献进行研究，目前世界上已有 30 多个国家开展了有关研究。

美国将创意产业称为"版权产业"，并将版权产业作为国民经济中一个独立的产业，划分为四部分（见表 1），四种分类与英国创意产业的 13 个产业部门基本吻合，并且将与创造力有关的产品几乎都纳入版权法保护范围。

表 1　版权产业划分

	定义	产业类型
核心版权产业	那些以创作享有版权的作品和出品受版权保护产品为主的行业	影视业（电视、电影和家庭影像），音乐和录制业（音乐出版、唱片、磁带和 CD 盘），书籍、杂志和报纸出版业，计算机软件业（包括数据处理软件、商业实用软件和游戏软件），影剧院，广告业，以及电台、电视和卫生广播业等
部分版权产业	那些产业的产品中只有一部分是享有版权的产品	纺织品和建筑物等
发行业	将享有版权的物品销售给企业和消费者的行业	有关的运输服务业、图书馆和发行享有版权作品的批发商和零售商等
与版权有关的产业	生产和维修计算机、收音机、电视机、收录机等设备的产业，因为这些设备主要用来利用享有版权的作品	生产和维修计算机、收音机、电视机、收录机等设备等

资料来源：参见李明德《版权产业与知识经济》，《知识产权》2000 年第 1 期。

[①] 璩静：《充分发挥版权在文化产业发展中的重要作用——访国家版权局副局长阎晓宏》，《中国版权》2013 年第 4 期。

综上，我国创意产业、文化产业、版权产业三者的范围既相互交叉又相互区别。文化创意产业成为文化产业的一个门类，但创意产业不仅包含了文化创意产业，也包含了在传统文化产业上建立的与科技和市场紧密联系的新业态。而我国对于版权产业概念的界定完全脱胎于世界知识产权组织的分类标准，版权产业围绕版权保护的作品，涉及了文化产业中的出版业、广播电视、电影、音乐、戏剧等，但不涉及文化遗产、人文环境等。同时，版权产业还包含了文化产业不涉及的玩具制造、纺织等。可见，文化产业、创意产业与版权产业各有各的出发点与侧重点，主体内容相似，但也各有各的作用和意义，外延范围存在着近似或者相同、交叉和覆盖的关系。①

二 创意成果与知识产权客体的关联性

创意产业的兴起源于"创意"，创意产业产品一般被称为"创意成果"，而"创意成果"并没有权威定义。判断创意成果能否被纳入知识产权客体范围，应将创意成果与知识产权客体的关联性进行比较，即创意成果是否具有知识产权客体的特征。

创意成果是"创意"表达经过实施后形成的表现形式，能够达到创意人预期效果和设计目标。"创意"俗称"点子""想法""主意""策划"等，根据《现代汉语词典》的解释，"创意"是"提出有创造性的想法、构思等"，《辞海》将其定义为"创造新意或新的意境"。由此可见，创意属于思想范畴，并且需要具备一定的创造性。学界一般将创意分为文化创意和科技创新两种类型，"科技创新在于改变产品与服务的功能结构，为消费者提供新的更高的使用价值，或改变生产工艺以降低消耗和提高效率；而文化创意为产品和服务注入新的文化要素，如观念、感情和品位等因素，为

---

① 范军：《文化产业、创意产业与版权产业》，《出版参考》2013 年第 21 期。

消费者提供与众不同的新体验，从而提高产品与服务的观念价值"①。

（一）创意成果属于创造性智力成果

创意成果来自创意人大脑的思考和选择取舍，是创意人的智力劳动成果，凝聚了创意人的创造性劳动，符合知识产权客体产生的前期阶段，又因其具有可操作性而成为具有实用性的智力成果。因此创意成果是与知识产权客体紧密相关又具有独立价值的新兴知识产品。创意成果以语言文字、音乐、舞蹈、图形、颜色等来表达，在文学艺术领域、工业品设计领域应用较多。现代经济生活中创意成果无处不在，如营销策划书、具有创新性的工业品设计方案、主题展会策划设计、广告设计、品牌设计等。学界还将"创意"定义为"一种新兴的知识产品"，因为创意的主要价值不在于其表达，而在于其实施可能带来经济利益，这是其与一般作品的主要区别。②

创意成果具有创造性或新颖性。创意的新颖性不同于作品的独创性，独创性的要求比较低，大多数作品都能满足，只要是作者独立创作就具有独创性。按照传统著作权法"思想／表达两分法原则"，创意属于思想范畴而不受保护，但是作为一种新兴知识产品的创意成果，对其进行保护，就需要适用新颖性标准而非独创性标准。

（二）创意成果具有财产性

创意成果是人脑力劳动的成果，根据洛克的财产权劳动理论，创意也是一种财产——无形财产，有经济价值，创意人对其拥有财产权利，创意成果经实施或转换会产生经济效益。按照法经济学者波斯纳的理论，构成法律意义上的财产，一般需要具备三个特征，即有价值、排他性、可转让。创意成果被称为"金点子"，一个好的创意可能会造就一个产业，其无疑具有价值；创意成果是人的智力成果，具有独占的排他性；有价值是可转让

① 厉无畏主编《创意产业导论》，学林出版社，2006，第4页。
② 任自力：《创意保护的法律路径》，《法学研究》2009年第4期。

的前提。因此，创意成果具有财产性。创意成果作为财产权的客体，在传统的财产权体系中应居于何种地位？学界认为创意成果具有物权、债权、知识产权的三重法律属性，处于物权与债权的过渡区域，同时又兼具知识产权客体的诸多特点。① 对于创意这种初步的智力创造成果来讲，其同样是创意者劳动付出与资金投入的结果，相对于最终知识产权成果具有相对独立性，创意者应当对其享有一定的合法利益。因此，创意成果应被视为一种具有财产利益性质的知识产权。②

（三） 创意成果的可实施性

创意成果源自创意，但并不仅仅是独立的创意，而是对创意的实施，因此它不属于思想范畴，而是对思想的具体表达和呈现。

创意成果的"创意"区别于著作权法中的"思想"。长期以来，受"著作权法只保护思想的表达（expression），不保护思想（idea）"观念的影响，对创意的保护一直徘徊在著作权法之外。著作权法律制度保护思想的表达形式，不保护思想的立法动机是禁止对思想观念的垄断，以促进人们广泛的思想交流和创新成果的产出，该制度是权衡作者利益和公众利益的结果。如何区分创意成果的"创意"与"思想"？创意成果的"创意"与"思想"的主要区别在于："创意"的核心在于实施，与著作权法所指的"思想"不同。如果"创意"不能够实施，就没有任何价值，就是一种空想；"创意"是具体的、确定的，而"思想"是抽象的、不确定的，存在于脑海中，如果没有表达出来，他人无法感知理解；"创意"并未形成作品，又不同于"思想"，而是处于作品和"思想"之间。"只要一个创意不是一个抽象的概念，而是可以转化为一种产品，其就是具体的。如果一个创意不能被简化为一种切实的或功能化的形式，其创意人就还未向公众或接受该创意的人

---

① 曾言：《创意保护的法律考量》，《法治论坛》（上海政法学院学报）2008 年第 1 期。
② 郑维炜：《社会主义文化产业发展中的民商事法律制度研究》，《中国法学》2012 年第 3 期。

提供一种充分有价值的服务，就不能得到法律保护。"①换言之，只有当"创意"被表达出来，以某种形式固定，才能被认知，成为创意成果而获得法律保护。"具体性"指创意成果应当被完整地构思出来，并能被固定或记录。创意成果要得到保护，必须是具体的而不能是抽象的，这要求创意成果具备可操作性和可复制性，因此一个完整的创意成果必须有具体的实施步骤或实施程序，而不仅仅是头脑里"一闪念"的火花。

创意产业中的"创意"与"思想"的主要区别在于：创意的核心在于创意的实施，而不在于创意的表达，与著作权法所指的"创意""思想"不同。如果创意不能够实施，那么这个创意就没有任何价值，就是一种空想，是不切实际的，即使这个创意的表达符合独创性。对作品的要求是具备独创性和复制性，并不要求其具有实用性。因此对创意的保护并不违反"思想/表达两分法"。

"可实施性"是指按照创意成果的具体内容可以操作，能够达到创意人预想的效果，也可称为"可操作性"。可实施性是创意的核心价值所在。对创意成果的保护并非在于其表达性，而在于其实施性。这正是创意产业中的"创意"与著作权法中的"创意"的主要区别，后者并不要求能够实施。可实施性要求创意成果必须是各个环节配套联系的完整的思路，能够很快付诸实施，其实现无须再经历长时期的论证及修改，即使需要作出相应调整，这种调整也是局部的、零散的、非实质性的改变，不影响创意的整体风格。②学界还有人提出创意成果的可复制性，创意成果的可复制性并非著作权法意义上的复制，而是对创意内容的模仿性实施，即创意在付诸实施后，其他人很容易进行模仿。对创意的模仿性实施会导致创意本身所蕴含的商业价值迅速消退，这也是创意成果容易被侵权的根本原因。③

---

① 任自力：《创意保护的法律路径》，《法学研究》2009 年第 4 期。
② 曾言：《创意保护的法律考量》，《法治论丛》（上海政法学院学报）2008 年第 1 期。
③ 任自力：《创意保护的法律路径》，《法学研究》2009 年第 4 期。

三 我国创意成果分类保护的探索

目前，很少有国家以立法方式对创意成果本身进行具体规定，而是以行业或产业的视角对其进行界定分析。[①] 因此，确定创意成果的范围，应以创意产业的分类为基点，参照英国关于创意产业划分的 13 个部门及我国的十大产业类型来确定创意成果的范围。我国是通过文化产业、版权产业对创意成果进行保护的。例如，动漫、游戏数字内容服务等创意成果可通过版权制度获得保护；基于传统文学艺术领域内的艺术作品、不受著作权法保护的文物等的衍生创作也可被纳入文化产业的规制范围。

我国创意产业的兴起较美英等国家稍晚，在立法及实践上需要借鉴和吸收其有益经验。英国是世界上第一个对创意产业进行保护的国家，其保护制度值得借鉴；美国对版权产业（创意产业）采用综合保护模式，即通过财产权、合同法、反不正当竞争法、著作权法保护创意，在实践中还积累了许多案例值得参考。我国在司法实践中，对创意成果主要通过著作权法保护，由于受"思想/表达两分法"的约束，当事人的请求并未因此得到法院支持。从已有的判例来看，"思想/表达两分法"的局限性日益显现，而创意保护不力将会导致对创意产业的激励不足，阻碍创意产业的发展。当前我国创意保护的困境实质在于陷入了规范文本内容与社会现实需求相脱节的尴尬处境。[②]"著作权法律制度天然的具有保护创意的使命，却不能为创意提供最原始和正宗的保护。"[③] 在立法上，我国目前还缺少保护创意成果的专门法律制度，理论界对创意成果的保护模式存在分歧。对此，我们认为，可以采取利用现有制度对创意成果保护的缓冲战略，待时机成熟再构建专门制度，对创意成果进行周全的保护。

---

① 任自力：《创意保护的法律路径》，《法学研究》2009 年第 4 期
② 张艳：《我国创意保护之现实困境》，《法学论坛》2011 年第 3 期。
③ 王宏维：《创意的法律保护及制度设计》，《法制与社会》2010 年第 21 期。

（一）符合知识产权客体特性的创意成果适用知识产权制度

创意成果属于智力成果，智力成果的保护制度当属于知识产权制度。从英国创意产业的 13 个部门及我国关于创意产业的产业类型来看，与知识产权客体关联的创意成果包括广告和时装设计、品牌、电影、电视、广播与录像、音乐、表演艺术、出版、软件、工业设计等，这些均与著作权客体、专利权客体或商标权客体有关。

1. 著作权与邻接权制度保护创意成果

如前所述，著作权制度保护创意成果，首先遇到的困境是著作权的"思想/表达两分法"原则。"思想/表达两分法"是著作权法的一项基本原则和基本制度，该原则自《伯尔尼公约》成立以来，被缔约国普遍遵守，TRIPS 协议第 9 条第 2 款承继了该原则。① 虽然该原则已经实施多年，但在实践中存在的问题是"思想"与"表达"二者界定困难。此外还需要澄清著作权法中"思想"与创意产业中"创意"的区别，因前文已述及，此处不再赘述。尽管"思想/表达两分法"的基本原则有许多合法合理的理由，并且在国际上已经确立，但是自 20 世纪 90 年代以来，随着创意产业的兴起，学界对此原则也提出质疑。② 司法实践中也有相应的案例，如"女子十二乐坊案"③、"金正 VCD 与摩托罗拉 GP88 无线对讲机广告作品不正当竞争案"④，审理法院均作出了不保护创意的判决。笔者所代理的"猴寿"著作权侵权案件⑤也涉及此类问题：该案原被告争讼的"猴寿"作品属于"文字画"——将书法和绘画相结合的一种新的创作形式。将"寿"写成猴子的形

---

① 著作权法不保护思想、思路、观念、构思、创意、概念。思路、理论、构思等属于"思想"范畴，系统、操作方法和技术方案是广义的"思想"。

② 李雨峰：《思想/表达两分法的检讨》，载《北大法律评论》（第 8 卷第 2 辑），法律出版社，2017；丘志乔：《创意的版权保护》，《电子知识产权》2007 年第 7 期。

③ 北京市第二中级人民法院（2005）二中民终字第 00047 号。

④ 黄咏梅、杨洪遥：《金正科技电子有限公司诉摩托罗拉（中国）电子有限公司抄袭其广告作品侵犯著作权案》，《中国法律》2000 年第 3 期。

⑤ 陕西省高级人民法院（2008）陕民三终字第 16 号。

态是一种创意，创意不受著作权法保护，任何人均可以从事这种创作。本案原被告创意相同，被告书写"猴寿"并不构成侵权，但由于被告创作的"猴寿"与原告"猴寿"作品几乎完全相同，即表达实质性相似，并且被告在创作之前接触过原告的涉案作品，因此被告作品没有独创性，构成侵权。但难以理解的是，二审法院推翻了一审判决，显然是对《著作权法》理解的错误。这一案件虽然已经尘埃落定，但是其中的问题依然存在：创意、构思对一部作品是关键因素，如果不予保护，任凭模仿抄袭，则可能会抑制作品的创新，与《著作权法》立法目的不符；如果保护创意又会陷入与著作权法的基本规则相冲突的两难境地。我们认为，利用著作权制度保护创意成果，并非对"思想/表达两分法"的推翻或者扩大，而是要区别"思想"与创意成果，此处的"创意"并非著作权法中的"思想"，二者区别前已述及。

创意产业中的电影、电视、广播与录像、音乐、表演艺术、出版、软件只要符合作品的构成条件，就可以被纳入著作权法保护范围，包括电影电视作品、制作的广播电视节目、音乐作品、舞蹈和喜剧等舞台艺术作品、计算机软件等；出版者、表演者、广播电视组织、音像制作者是邻接权的主体，享有邻接权。

2. 工业设计专利权保护的创意成果

创意成果中的工业设计依然属于一种创意，但该创意必然具备可实施性。专利权的客体之一是工业品外观设计，依照我国专利法，外观设计专利应具备新颖性等条件。创意成果中的工业设计并不局限于产品的外部特征，也可能涉及对产品内部构造的设计方案，因此，该设计方案符合授权条件则采取专利保护。虽然这里的创意间接得到保护，但是保护的出发点不是创意本身。符合独创性的工业设计还可以获得著作权法保护。如工艺品、独特的产品外观设计、商品的外包装等。

3. 商标法保护创意成果

对于创意成果的工艺品、电视节目模板名称等可以申请注册商标获得保护。如"同一首歌""超级女声""快乐男生"等已经成功成为注册商标。

创意成果还可以通过商业秘密保护及反不正当竞争法保护。创意成果符合商业秘密的秘密性、价值性、保密性、经济性条件，才能获得保护。创意形成以后，保密是十分重要的，在创意被公布之前，该创意只在相关的一定范围内被知晓，创意人采取一定的保密措施，将会对创意进行有效保护，他人剽窃抄袭该创意成果构成侵犯商业秘密权或不正当竞争。如"女子十二乐坊案"中，原告如果事先采取相应的保密措施，其策划方案的创意就会得到保护。上海市自 2008 年 1 月实施"创意信封"登记备案制度，该制度实质是对作为商业秘密的创意进行保护。因此对于设计创意成果的策划方案、设计资料及相关信息应采取一定的保密措施，或者与相关人员签订保密协议，完善地保护创意成果。

（二）未纳入知识产权范围的创意成果保护的制度探索

近年来发生在我国有关创意的纠纷，如电视节目模板、展会策划、广告策划书、营销策划案、商铺门店装修设计等，法院一般依据著作权法的"思想/表达两分法"判决不予保护，在此我们感受到"思想/表达两分法"的局限性以及不保护创意的弊端。

1. 电视节目模板

电视节目模板或模式是关于一档电视节目的整体的布局筹划、程序安排等，属于创意的范畴。但该创意的目的在于能够操作和实施，而不仅仅是用文字图表将其制作出来。电视节目模板作为创意被保护，实质上就是避免模仿抄袭行为。目前，各省市的娱乐节目、生活服务类节目竞争日益激烈，如湖南卫视从国外引进并经改制的大型相亲类节目"我们约会吧"与江苏卫视的"非诚勿扰"一度产生纠纷，[①] 再如 2005 年的"面罩案"[②]等。不保护节目模式不利于电视行业的创新，不能有效地激励创新和推动电视事业发展。2015 年北京市高级人民法院发布了《关于审理涉及综艺节

---

① 李宗亚：《浅议电视节目模板的著作权保护——以〈我们约会吧〉控告〈非诚勿扰〉抄袭一案为例》，《学理论》2011 年第 9 期。
② 北京市海淀区人民法院（2005）海民初字第 15050 号。

目著作权纠纷案件若干问题的解答》，其第 10 条①基本明确区分了电视节目中的"思想"与"思想的表达"，对于审理此类案件具有积极意义。

2. 展会策划的创意

近年来，会展经济发展迅速，这种模式是企业推广产品宣传企业的主要途径。而在实践中发生的雷同展会，使企业花费大量资金却并未达到预期效果的事件屡屡发生。以下以西安两庙会"长乐欢乐年"与"春节庙会"的"知识产权"之争为例分析。②

2006 年春节前夕，西安城内接连举办了两场庙会（形式属展会，因与春节相关，而称"庙会"），即"首届西安春节庙会"（城南庙会）与"狂欢 2006——首届长乐欢乐年"（城东庙会）。两场庙会先后举办，举办形式有游艺、美食、年货和面具、剪纸、农民画、秦腔、民俗节目。两场庙会在同一城市、几乎同一时段举行，园内设置相似，内容与形式基本相同，导致逛庙会市民游客寥寥无几，并有大片展位闲置。两场庙会主办方前期进行了不菲的资金、智力投入，由于"撞车"而两败俱伤。于是城南庙会向陕西省人大递交了一份《关于在西安举办"春节庙会"活动与侵犯知识产权的情况说明》，指称城东庙会侵犯了城南庙会的"知识产权"，并称"春节庙会"的创意由其首先提出，但被城东庙会主办方复制。城南庙会主办方主张城东庙会主办方侵犯其"创意"的知识产权的诉求能否成立，首先需要探讨"庙会"的性质。庙会属于民间文学艺术中的民俗文化，是一种以活动形式表达的节日生活习俗。庙会是中华民族的传统文化，处于公有领域，不属于知识产权客体。该传统习俗经世代流传，并没有明确的主体，可能归属于某个民族、某个国家或者某个群体，任何人均不能主张对庙会形式的独占性权利。我国目前还没有针对庙会保护的法律法规。如果

---

① 根据《关于审理涉及综艺节目著作权纠纷案件若干问题的解答》第 10 条，综艺节目模式是综艺节目创意、流程、规则、技术规定、主持风格等多种元素的综合体。综艺节目模式属于思想的，不受《著作权法》的保护。综艺节目中的节目文字脚本、舞美设计、音乐等构成作品的，可以受《著作权法》的保护。

② 彭宏富等：《西安两场庙会"撞车"引发知识产权纠纷》，《华商报》2006 年 2 月 4 日。

说庙会中涉及知识产权，则应当是庙会中表演的戏曲、杂技、舞蹈、农民画、剪纸等作品的创作者、表演者享有著作权或邻接权。而本案的两场庙会与传统庙会相比，增添了现代的元素，与展会的性质更为接近，处理该类纠纷，应当采用规范会展经济的法律法规。其次，举办庙会的"创意"能否受法律保护，即展会的创意策划能否受法律保护？依据著作权的"思想/表达两分法"，显然该创意不能获得著作权法保护。故主张对方侵犯其对庙会创意的知识产权没有法律依据。该纠纷的解决可采用商业秘密保护。主办方对庙会"创意"做好保密工作，防止商业信息流失。此外，采取行政方式的行业管理较为有效，文化部门等相关部门在审批中应当尽量避免同一时间段、同一种形式的庙会"撞车"，以避免造成各方损失，使主办方能够办出特色，避免雷同。为进一步规范我国会展行业秩序，推动会展行业健康发展，加快国内会展业与国际接轨的进程，国家经济贸易委员会（现为商务部）制定颁布了《专业性展览会等级的划分及评定》，并于2013年3月1日正式实施。据悉，庙会将被纳入西安市会展业发展办公室管辖，西安市还成立了"西安市会展行业协会"。那么，加强行业管理的规范，也是对会展经济的有力促进。

3. 商铺门店的设计创意方案

商铺门店设计不同于商品的装潢设计，亦不构成作品。装修风格与门店的经营业务有关，也反映了经营者的选择，表现出其独创性，这种创意是智力成果，应当获得保护。抄袭剽窃该创意方案形成雷同的行为构成商业混同，属于反不正当竞争法所禁止的不正当竞争行为。

4. 网络游戏创意的保护

网络游戏是经设计者运用计算机程序的知识的软件，软件无疑可以获得著作权法保护，但一款游戏的设计创意是基础，著作权法仅仅保护其结果——软件，不保护其创意。游戏开发商仅需要通过变更游戏代码、转换人物设计图案等方式，即可仿照出具有相同视觉效果的游戏，从而规避法律规制。2014年，"搜狐畅游"和"完美世界"就《暴走武侠》游戏抄袭问题产生纠纷，同年，上海一中院就"炉石传说案"①作出判决。游戏抄袭成为创意产业纠纷的重灾区。与此同时，游戏名称、人物名称等具有高附加值的创意成果也屡屡被排除在著作权法保护范围之外。②但就游戏而言，游戏创意、游戏规则、游戏人物等设计是吸引用户的核心，而游戏规则等因属于思想或因思想与表达混同而不受著作权法保护，任由他人抄袭模仿，无疑会助长不劳而获的行为，也不利于游戏产业的发展。

（三）创意提供权的新探索

我国目前并没有关于创意保护的明确规定，创意保护近年来被学界关注，摒弃了以往不保护创意的传统观念，这是学术界敢于创新、不墨守成规、百家争鸣的好现象。而采用何种模式保护创意成果，依然存在争议。在采用现有制度保护创意成果的背景下，学界还提出一些新的观点：借鉴美国的做法，建议设立一个新的权利——创意提供权，该权利与知识产权有着紧密关系，可将创意作为一种专门权利客体予以保护，③将创意作为一种独立的知识财产，作为著作权中一种新的权利类型。我国应在创意保护模式上，确立以著作权法为主导、以合同法等法律为补充的系统保护机制。④还有学者提出，创意兼具物权、债权、知识产权三重法律属性，是一种新型的知识产权。⑤借鉴国外的有益经验及参照我国学界的观点，并结合我国实际，我们认为，对创意成果的保护，应在时间上分为两个阶段。现阶段暂时利用现有法律制度来保护，如知识产权法、反不正当竞争法、民法典等，以节约立法成本，弥补无法保护创意的弊端。第二阶段建立专门的保护制度。在保护内容上分为两部分，将与知识产权相关联的创意成果纳入现有知识产权保护制度体系；对于不能列入知识产权保护范畴的创意

---

① 上海市第一中级人民法院民事判决书（2014）沪一中民五（知）初字第 22 号。
② 鲁甜：《短语类作品版权保护的困境与进路——以"我叫 MT"案为切入点》，《重庆理工大学学报》（社会科学）2017 年第 5 期。
③ 李明德：《美国对于思想观念提供权的保护》，《环球法律评论》2004 年秋季号。
④ 任自力：《创意保护的法律路径》，《法学研究》2009 年第 4 期。
⑤ 曾言：《创意保护的法律考量》，《法治论丛》（上海政法学院学报）2008 年第 1 期。

成果，应建立新的制度，创建新的权利予以保护，如创意提供权，至少应将其作为一种"法益"进行保护。知识产权是法定的权利，其调整对象、权利内容、保护方式等均应依据法律的明确规定。对于电视节目模板、门店装修风格等，可设立一种新类型的权利，类似于对缺乏独创性的数据库的特殊权利保护。将创意成果作为一种未上升为权利的"法益"或民事权益来保护，其原因在于，创意具有财产性，知识产权是法定权利，在未纳入具体的权利保护范围之前，可作为一种未上升为权利的法益来保护，这样就可以使创意获得全面的保护，没有遗漏，以激励创意的产生。

此外，在对创意成果的保护中，还需要注意以下问题。一是对创意成果的保护是否会影响公众获取信息，是否会形成对公有信息的侵占？在确定创意成果的保护范围时，需依据利益平衡原则，兼顾创意人利益与公众利益的平衡，对创意成果的保护加以合理限制，避免因创意成果保护范围的扩张而阻碍公众获取知识产品。二是避免对"思想/表达二分法"原则的冲击及著作权保护对象的扩张。首先，该原则是各国著作权法及国际公约普遍遵循的一项基本原则，它划清了专有领域与公有领域的界限，虽然存在一定的局限性，但试图推翻它几乎不可能；其次，如前文所述，虽然创意成果的"创意"与"思想"有区别，然而，著作权中的"思想"与"表达"的界限并非泾渭分明，甚至有些模糊不清，而"创意"也是经表达出来才得以实施。换言之，在实践中，应当谨慎区分"创意"与"思想"，以防引起创意保护对象的扩张。

结　语

我国创意产业在上海、北京、广州、武汉、长沙等城市发展势头迅猛，上海成立了多个组织机构，如上海市创意产业协会、上海市文化创意产业推进领导小组办公室、上海文化创意产业法律服务平台知识产权调解中心、上海市文化创意产业公共信息服务平台，这些组织机构在一定程度上对创意产业的发展起着推波助澜的作用，也必将带动我国创意产业的均衡发展。创意保护的法律制度的完善和健全将对创意产业起到重要的保障作用。

《知识产权与市场竞争研究》第 7 辑
第 167～203 页
© SSAP，2021

商标指示性合理使用问题研究[*]

冯晓青　　陈彦蓉^{**}

内容提要： 商标指示性合理使用在美国司法判例中被正式确立，并得到了一些国家或地区的认可与适用。我国虽然在商标法立法层面没有明确规定商标指示性合理使用，但司法实践中有相当多的案件已采纳这一法律概念。由于商标指示性合理使用在我国适用较晚，理论研究相对薄弱，理论界和实务界对商标指示性合理使用的内涵、法律性质以及如何适用等仍然存在分歧，并由此衍生出司法实践中裁判标准不统一的现象。为此，需要基于我国商标司法实践，借鉴域外经验，针对商标指示性合理使用过程中出现的主要问题加以探讨，以求明确其内涵，并在此基础上构建合理的制度体系。

关键词： 商标指示性合理使用；商标权用尽；混淆可能性；公共领域；商标侵权

一　引言

商标是商标法的基石，其核心功能在于识别商品或服务来源，帮助消

---

* 本文系国家社会科学基金重大项目"创新驱动发展战略下知识产权公共领域研究"（项目批准号：17ZDA139）阶段性研究成果。
** 冯晓青，中国政法大学教授、博士生导师、法学博士，中国知识产权法学研究会副会长；陈彦蓉，中国政法大学知识产权法学专业 2019 级硕士研究生。

费者降低商品搜寻成本。基于商标商品质量的一致性，商标还能起到质量保障作用。由于拥有良好信誉的商标的产品能够畅销，从而提高厂商的市场竞争力，商标权保护还隐含着一种激励厂商改善商品或服务质量的内在机制。从知识产权法哲学的角度看，可以认为这是商标法的激励机制。因此，商标的内涵远远不限于商标标志本身，其商业价值实际上来源于识别商品或服务来源的功能和其所承载的商誉，而不是构成商标标志的文字和图形等。法律之所以对商标给予相应的保护，除了最大限度地发挥商标的识别来源作用以外，目的还在于保护商标权人所享有的商誉，营造良好的市场竞争环境，以实现市场秩序平稳而高效地运行，而不是让商标权人对商标所使用的文字、图形等标识本身享有垄断权。然而，在商标获得注册之后，人们常常误解商标权的权利范围，认为只要注册了商标就能禁止他人以任何方式使用其商标，这种过度保护商标权的做法导致商标权范围不适当扩张，甚至造成了商标权异化的效果。商标法被商标权人过度解读，使得在商标权人视角下的商标制度无法有效服务甚至偏离了其制度目标，一些本该属于公共领域的正当使用行为也被商标权人所禁止，不仅侵害了公共利益，也造成了商标权人利益与公共利益之间的失衡。

　　商标法作为知识产权制度的主要内容之一，一直遵循着知识产权制度所贯彻的利益平衡理念，正如构建知识产权制度是为了通过私权保护维护公共利益，构建商标法的根本目的也是为了更好地维护市场经济秩序，以实现社会利益最大化为目标，提高市场运作效率。近些年来，商标权人试图不断扩张权利范围的做法涉嫌侵害公共利益，其根本原因在于立法多从正面规定了商标权的范围，而很少从反面对商标权范围加以限定，商标权人得以不断扩张其商标权范围，导致商标权"泛化"。因此，立法上有必要明确不应被商标权所规制的具体情形，从反向角度进行规定以明晰商标权的范围，在赋予商标权人一定权利自由的同时，也避免对公共利益造成不合理的侵害。目前，我国立法上对于商标正当使用的规定体现在《中华人民共和国商标法》（以下简称《商标法》）第 59 条第 1 款①，但主要涉及的是商标的描述性合理使用，对于实践中经常出现的商标指示性合理使用并未作出回应，立法上的缺位导致理论界以及实务界在商标指示性使用的认定和适用等问题上产生了较多分歧。这种在认定以及适用中的混乱与不确定性，使得一些问题越发复杂化。一方面，权利人请求法院判令这类使用行为属于侵权行为；另一方面，行为人无法了解权利范围的边界所在，有动辄得咎的感觉。这无疑不利于市场经济条件下的自由竞争与表达自由。基于此，很有必要对于商标指示性合理使用问题进行深入研究。

笔者立足于商标法基本原理和立法宗旨，结合我国商标司法实践，试图对商标指示性合理使用及其制度构建进行全面而深入的研究。

二　商标指示性使用

（一）商标指示性使用的多重表达

商标指示性使用是商标指示性合理使用的上位概念，或者说商标指示性合理使用属于商标指示性使用的范畴。因此，研究商标指示性合理使用问题，先需要就商标指示性使用的一般概念加以理解。

商标指示性使用这一概念被认为发端并成熟于美国的司法判例，但美国立法上并未明确规定这一概念的具体内涵，其司法实践中对于这一概念也存在不同理解。因此，实践中相关案件的判决结果也呈现出差异化局面，这种差异化的判决结果让人无法明确商标指示性使用的内涵，导致在这一规则的运用上也存在冲突和矛盾。通常认为，商标指示性使用规则正式确立于美国的 New Kids 案。该案中，原告是一个流行乐队组合，向法院起诉美国新闻出版社未经其许可在问卷中使用了乐队的商标并收取了相应的报

---

① 《商标法》第 59 条第 1 款规定："注册商标中含有的本商品的通用名称、图形、型号，或者直接表示商品的质量、主要原料、功能、用途、重量、数量及其他特点，或者含有的地名，注册商标专用权人无权禁止他人正当使用。"

酬，属于商标侵权行为。第九巡回上诉法院经审理后认为出版社对乐队商标的使用是为了向公众传达其提供服务的有关信息，具有使用的必要性，并且该种使用行为不会让公众误会其与商标权人之间具有赞助或许可关系，属于商标指示性使用，因此不构成商标侵权。① 此后，美国司法判例也逐渐确立了相应的判断要件：第一，如果不使用他人的商标将无法恰当地说明某商品或服务；第二，对该商标的使用应当符合必要限度的要求；第三，使用他人商标不应有暗示其与商标权人存在赞助或许可等关联关系的情形。②

与美国以判例的方式确立商标指示性使用规则不同，欧盟则通过立法规定商标指示性使用的内容。2015 年 12 月公布的《欧盟商标条例》规定了商标指示性使用的有关内容，即商标权人无权禁止第三方在商业贸易过程中，为了确定或提及商品或服务用途，以符合工商业诚实信用惯例的方式使用经营者的商标，特别是在配件或零部件领域的使用。③ 此外，英国、德国等国家也采用以立法形式明确规定商标指示性使用的方式。④ 如《英国商标法》中规定了有必要说明某一商品或服务的用途，尤其是配件或零用件领域，以符合工商业诚实原则的方式使用他人商标的，不被认为侵犯他人注册商标。⑤ 又如德国《商标和其他标志保护法》中规定了尤其是在附件或配件领域，只要第三方使用商标权人商标的行为没有违背善良风俗，商标或商业标志的所有权人就无权禁止第三方在商业活动中为表明其提供的产品或服务的用途使用其商标或商业标志。⑥

我国并未以立法形式明确商标指示性使用的规则，《商标法》仅涉及商标描述性使用的内容。不过，我国有一些规范性文件涉及商标指示性使用，

---

① 参见 New Kids on the Block v. News America Pub. Inc. , 971 F. 2d 302 (9th Cir. 1992)。
② 参见赵建良《美国法上域名与商标指示性合理使用之借鉴》，《知识产权》2015 年第 9 期。
③ 参见《欧盟商标条例》第 14 条第 1 款第 (c) 项和第 2 款。
④ 参见周园《商标指示性合理使用的法律问题研究——兼评 "FENDI" 商标案》，《学术论坛》2018 年第 6 期。
⑤ 参见《英国商标法》第 11 条第 2 款第 (c) 项。
⑥ 参见《德国商标和其他标志保护法》第 23 条第 3 项。

如原国家工商行政管理局曾发布的一个通知①，以及北京市高级人民法院曾发布的一份司法指导性文件的第 26 条②和第 27 条③均涉及商标指示性使用的有关内容。其中通知文件属于行政部门规章，内容规定较为简单，相比于法律、行政法规法律位阶较低，不能满足当下的需求，可以说是时代化的产物。至于北京市高级人民法院发布的指导性文件相较于前述通知，规定的内容较具体，但其仅对其辖区内的法院具有指导作用，适用范围有限，无法推及至全国范围，仍无法解决当下亟待解决的问题。

尽管我国没有在立法上体现商标指示性使用的有关内容，但司法实践中早有应用这一规则进行判决的案例，可以说是走在立法的前面。如在郭东林诉徐梦珂侵害商标权纠纷案这一典型案例中，法院指出如果经营者意在表明其所销售商品的品牌信息，则可以按照商业惯例使用商品的商标作为商品名称，这属于商标指示性使用。④ 又如，在杭州脂老虎生物科技有限公司与云阳县咩咩电子商务工作室等侵害商标权纠纷案中，法院指出由于被告销售的是原告生产的正品，因此被告在商品名称、口味中使用原告的商标字样用以表明涉案商品的品牌，这种使用行为属于商标指示性使用，不构成商标侵权。⑤ 再如，湖南益阳香炉山茶业公司与益阳市赫山区香炉山黑茶经营部侵害商标权纠纷案⑥以及沙市区必美家地板商行与德尔未来科技控股集团股份有限公司侵害商标权纠纷案⑦等案件均涉及这一概念，在此不

---

① 《国家工商行政管理局关于禁止擅自将他人注册商标用作专卖店（专修店）企业名称及营业招牌的通知》第 2 条规定："商品销售网点和提供某种服务的站点，在需说明经营商品及提供服务的业务范围时，可使用'本店修理××产品''本店销售××西服'等叙述性文字，且其字体应一致，不得突出其中商标部分。"

② 《北京市高级人民法院关于审理商标民事纠纷案件若干问题的解答》第 26 条规定："正当使用商标标识行为的构成要件有哪些？构成正当使用商标标识的行为应当具备以下要件：（1）使用出于善意；（2）不是作为自己商品的商标使用；（3）使用只是为了说明或描述自己的商品。"

③ 《北京市高级人民法院关于审理商标民事纠纷案件若干问题的解答》第 27 条第 3 项规定："在销售商品时，为说明来源、指示用途等在必要范围内使用他人注册商标标识的。"

④ 参见浙江省台州市中级人民法院（2014）浙台知民初字第 108 号民事判决书。

⑤ 参见浙江省杭州市余杭区人民法院（2017）浙 0110 民初 14427 号民事判决书。

⑥ 参见湖南省高级人民法院（2019）湘民终 7 号民事判决书。

⑦ 参见湖北省高级人民法院（2018）鄂民终 1162 号民事判决书。

一一列举。我国司法实践中固然已有相当多的案例适用了商标指示性使用，但由于我国法律层面并未以立法形式确立商标指示性使用，不同法院的审理法官对这一规则也有着不同的认识。

（二）商标指示性使用的内涵

商标指示性使用存在着多重表达，各国或以立法形式或以判例形式应用这一规则。如前所述，我国并未采用立法形式确立这一规则，但我国司法实践走在了立法的前面。正是因为我国并未以立法形式确立这一规则，因此不论是理论界还是实务界对商标指示性使用的具体内涵均持有不同理解。例如，有学者认为商标指示性使用旨在表明用户提供的商品或服务的用途、服务目标以及真实来源，而不是让消费者混淆，此类使用不构成商标侵权。[1] 也有学者认为商标的指示性使用也称"被提及的使用"，是指"为说明产品种类或说明服务范围而使用他人的商标"[2]。上述定义均有一定合理性，基本上都认可这一规则适用于经营者为说明自己的商品或服务的特点及用途的情形，但对于一些认为适用情形还包括"表明商品或服务真实来源的使用"的观点，笔者持否定意见[3]。

无疑，认识一个法律概念，应当明确其内在的、根本的含义，只有明晰其内涵，才能以此为基础构建相应的制度体系。因此，运用商标指示性使用有关规则解决相关问题，首先必须明确其内涵。商标指示性使用多见于很多国家商标司法实践中，但由于各国司法判例存在裁判标准不一的情况，不利于厘清这一概念的内涵。为此，可以采用明文规定方式确立商标指示性规则的立法例，从现有规定中找寻商标指示性使用的本质内容。通过对比各国的立法例可以发现，大多数采用立法形式确立这一规则的国家，对于这一规则的适用范围以及使用目的等内容还是形成了较为一致的认识，

---

[1]　参见王迁《知识产权法教程》（第六版），中国人民大学出版社，2019，第530页。

[2]　吴汉东主编《知识产权法学》（第六版），北京大学出版社，2014，第239页。

[3]　具体理由见后文研究。

总结各国立法例的共同特点，有助于我们更好地认识商标指示性使用。

各国对商标指示性使用的规定大致包含以下三部分内容：第一，对他人商标或商业标志的使用不得违背诚实信用原则；第二，该规则适用于配件或零部件等领域；第三，使用他人的商标或商业标志具有特定目的，即为说明自己提供的商品或服务的用途。从各国对商标指示性使用的立法规定可以看出，大部分立法规定都指出商标指示性使用的适用领域为配件或零部件等领域，这是因为配件或零部件领域的生产者和经营者需要对其生产或销售的配件或零部件进行说明，才能够实现销售目的。如果不说明其生产或销售的配件或零部件适配于何种产品或者与何种产品相兼容，消费者将难以选择，进而造成信息成本增加，降低市场流通效率，因此应当允许生产者或经营者在配件或零部件产品上标明其可适配或兼容的其他产品信息。如生产耳机的生产商可以在耳机包装上写明"本耳机适用于 iPhone 和安卓系列设备"，生产刀片的生产商可以在刀片包装上标明"本品适配于飞利浦剃须刀"，生产笔记本电脑电源适配器的生产商可以标明"本品适配于联想笔记本电脑"等。笔者认为，各国立法例大部分以举例方式指出商标指示性使用的适用领域是为了让司法者在适用法律时能够更好地理解这一规定。实际上，商标指示性使用是在语言表达层面对商标的使用，并不影响商标识别来源的功能以及商标权人的商誉，该概念的出现也是通过反向的方式重申"商标使用"的内涵。因此，将商标指示性使用定义为"为了客观地说明商品或服务的特点、用途等而在生产经营活动中使用他人注册商标标识的行为"[1] 是比较合适的。或者也可将其理解为经营者在生产经营活动中，为向公众传达其所提供的商品或服务与他人的商品或服务能够配套或相兼容的信息，而以合理的方式使用他人商标的行为。

（三）商标指示性使用的正当性基础

将商标指示性使用纳入合理使用范畴，无论从商标权保护理论还是实

---

[1]　冯晓青：《商标权的限制研究》，《学海》2006 年第 4 期。

践需要来看，均具有合理性和必要性。以下从三个方面加以探讨。

1. 符号意义上的商标

商标在本质上是一个符号，借助符号学的基本理论能够帮助我们更好地理解其内涵。论及符号学，离不开语言学家索绪尔（Saussure）和哲学家皮尔斯（Pierce）两位学者的理论。索绪尔将符号解释为由"能指"和"所指"组合构成的二元结构，其中"能指"就是符号形式，或称符号的形体，"所指"即符号能够传达的思想感情或称意义。[①] 在索绪尔提出符号二元关系理论不久，皮尔斯提出了三元关系理论，即认为符号由符号形体、符号对象以及符号解释三部分组成。其中，"符号形体"类似于索绪尔理论中的"能指"；"符号解释"类似于索绪尔理论中的"所指"，索绪尔与皮尔斯理论的不同在于皮尔斯提出了"符号对象"。[②]

借助皮尔斯的三元关系理论，我们可以对商标进行符号学解析：商标由商标标志本身、商标的出处和商誉以及附着商标的商品或服务三个要素构成，分别对应于符号的三元结构，其中"能指"或称"符号形体"是商标标志本身，即构成商标的文字、图形等有形或其他可被感知的内容本身；"所指"或称"符号解释"是商品或服务来源或商誉等信息；"符号对象"则为对应的商品或服务。随着社会的发展和市场竞争的加剧，人们希望有更多控制市场的垄断权。在此种意愿的驱动下，人们开始利用"符号临界点的要求很低"的特点，试图将所有能达到最低要求的符号注册为商标，从而出现一些商品外观甚至商品本身形状也可注册为商标的案例。这使得商标保护趋势的扩张在一定程度上促成了商标"能指"与"符号对象"的融合，导致商标结构从三元化转向二元化，索绪尔的二元结构理论在商标领域有了更大的适用空间，即认为商标由"能指"与"所指"两部分构成。[③]

---

① 参见黄华新、陈宗明主编《符号学导论》，东方出版中心，2016，第 2 页。
② 参见黄华新、陈宗明主编《符号学导论》，东方出版中心，2016，第 3 ~ 5 页。
③ 参见彭学龙《商标法基本范畴的符号学分析》，《法学研究》2007 年第 1 期。

区分商标的"能指"与"所指"，有助于我们更好地理解商标法所保护的对象，澄清多年来人们对商标的误解。制定与实施《商标法》的经济学理由在于，通过赋予商标权人一定的私权保护，降低消费者的搜索成本，以实现市场经济秩序的高效、有序运行。当然，《商标法》的根本目的还是促进社会的进步与发展。因此，《商标法》更注重商标的识别来源功能以及商誉信息，而不是组成商标的文字、数字、图形等符号本身。借助于符号学的基本原理可知，《商标法》所保护的对象是商标的"所指"部分，而非商标的"能指"部分，因为商标作为一种符号进入社会领域后，商标的"能指"部分不可避免地会成为语言的一部分，成为人们正常社会生活的一部分，并参与信息的自由流动。《商标法》赋予了商标权人一定的权利自由，但若权利范围不加以明确，这种自由得不到一定的限制，就会演变成权利人剥夺非权利人自由的结果，因此商标权人无权阻止人们自由言论，也无权阻止信息自由流动，因为"商标不是禁忌"①。换言之，某一标志即使成为注册商标，也不意味着商标权人就享有了对该标志的绝对垄断权，能够禁止他人对其商标的任何使用行为，否则不符合《商标法》的立法原意，会造成对商标的误解。因此，商标指示性使用不应受到禁止，其属于对商标"能指"部分的使用，存在于《商标法》规制范围之外。

2. 商标指示性使用存在的必要性

如前所述，商标指示性使用正式确立于美国司法实践，这是对"商标权范围应延及何处"的一种回应。商标能承载巨大的商业价值，给人们带来可观的商业利益。基于这种认识，很多人十分积极地申请注册商标，甚至出现了商标抢注等不诚信的行为。在这种利益驱动下，人们绞尽脑汁地将其所能想到的词等申请注册为商标，造成了商标权人的群体数量以及商标注册量不断增加，存在于公共领域的非商标符号日渐稀少。不仅如此，尽管商标的注册量不断增加，一个主体拥有多个商标成为常态，但他们并不满足于其所持有商标的数量，而是希望不断扩张每个商标的权利范围，

---

① *Prestonettes, Inc. v. Coty*, 264 U. S. 359, 368（1924）.

挤压公共利益的空间。许多商标权人为了尽可能地扩大其财产权的范围，甚至将他人正当使用商标的行为以一纸诉状诉至法院，主张他人正当使用商标的行为构成商标侵权，进而实现完全禁止他人使用其商标的目的，即使这种使用行为与商标权人的商标权根本不存在冲突。倘若将上述局面进行形象化处理，可以塑造出这样的场景：将商标制度看作一块商标权人的"权利盾牌"，当商标侵权人的"长矛"指向商标权人时，这块"权利盾牌"可以抵御他人的不当侵害，从而保护商标权人的合法权益，但这块"权利盾牌"在商标权人的过度保护中长出了长长的"刺"，成为一块异化了的"权利盾牌"，这块盾牌不再单纯发挥着保护商标权人的作用，反而开始不加区分地主动攻击所有接近商标的人，即使这些人是无辜的。这种异化现象的产生，其根源在于商标权人对其拥有的商标权的过度保护，而这种过度保护是混淆了商标的"能指"与"所指"部分的表现。商标权人将商标"能指"和"所指"部分全部纳入其权利范围中，不断挤压商标正当使用的空间，这实际上是对商标制度的误读。

如前所述，商标法所保护的是商标的"所指"部分，即商标识别来源的功能以及其所承载的商誉，而不是赋予商标权人对商标"能指"部分的垄断权。实践中，商标权人却一味地要求法律对商标"能指"部分给予充分的保护，这不是在主张其应有的商标权利，而是一种不正当侵占公共资源的行为。在这种商标环境下，如果不树立正确的商标认知，以适当的方式明晰商标权利范围，人们的正常社会行为就会受到限制。商标指示性使用规则的确立为明晰商标权范围的路径之一。事实上，所有法律的制度设计，都隐含着对公平正义的维护和追求，商标法也不例外。一方面，通过赋予商标权人相应的权利自由，以鼓励其提供稳定、一致的优质商品；另一方面，商标法也关注消费者的利益，维护商标的识别功能也是为了让消费者能够获取准确信息，降低搜索成本，以实现市场的良好运行。商标指示性使用制度的出现，是为了让呈现失衡状态的商标环境重新找到平衡。

3. 商标指示性使用的合理性

理论上，可以认为商标指示性使用属于商标正当使用的下位概念。商标的正当使用也称为"商标的合理使用"，但"商标的合理使用"这样的说法容易让人联想到著作权法的合理使用规则，认为商标的合理使用是"合理地使用他人的商标"①，使人误以为该种使用行为原则上属于商标法所规制的商标使用行为，是出于平衡公共利益的考虑才将其特别规定为不侵犯商标权的行为，从而混淆了"对商标的正当使用"和"对商标权的限制"这两个概念。实际上，商标的正当使用表明其不属于商标法所规制的范围，也就不涉及商标权的限制问题，因此笔者认为使用"商标的正当使用"这一概念更为恰当。

从商标法的基本原理出发，商标指示性使用存在于商标法所规制的范围之外，原因在于其不属于商标法上的"使用"。商标法上规定的使用行为，是指在商业经营活动中，利用商标这一符号以识别商品来源的行为。②商标指示性使用是经营者使用商标向公众传达自己提供的商品或服务可以与他人的商品或服务配套或兼容等信息的一种行为，是对商标标志本身的使用，属于语言领域的使用行为，涉及的是信息的表达与传递，并未发挥识别来源的作用，不属于商标性使用，不应受到商标法的规制。

从前述符号学角度来看，商标指示性使用的合理性在于这种使用行为是对商标"能指"部分的使用，不涉及商标"所指"部分。商标的"能指"部分在进入社会领域后会成为语言的一部分，因为商标在注册或使用后就会产生相应的意义，成为语言的一部分。商标指示性使用正是在语言层面向公众表达相应的信息，使用的是商标的"能指"部分。在现代商品社会中，商标通常属于商业信息交流的工具之一，并且运用语言传达信息是社会正常运行的一部分，如果表达信息也要被禁止，这就如同我们再也

---

① 参见王迁《知识产权法教程》（第五版），中国人民大学出版社，2016，第481页。
② 《商标法》第48条规定："本法所称商标的使用，是指将商标用于商品、商品包装或者容器以及商品交易文书上，或者将商标用于广告宣传、展览以及其他商业活动中，用于识别商品来源的行为。"

不能说"我今天喝了一瓶可口可乐"之类的话语一样荒谬,故商标权人无权禁止他人以符合商标指示性使用的方式使用其商标。正如美国大法官霍姆斯(Holmes)所说:"如果人们没有以欺骗公众的方式使用商标时,我们看不出阻止用该词来表达真理有什么神圣性可言。"① 除此之外,应当再次重申的是,"对商标的正当使用"不能与"对商标权的限制"等同,正当使用商标的行为不侵犯商标权,并不是商标法对商标权的限制而将该行为合理化,而是这些行为本就在商标法的调整范围之外,不应受到商标权的控制。但司法实践中,经常将商标的正当使用与对商标权的限制混为一谈,如在立邦公司与迎春公司侵害商标权纠纷案中,安徽省高级人民法院就明确指出"商标法上的合理使用是一种对商标权的限制情形"②。

三 涉及商标指示性使用案件的实务研究

如前所述,我国关于商标指示性使用率先出现于司法实践中,在商标立法中并没有作出专门规定。在这种情况下,通过系统梳理和研究我国司法实践中如何适用商标指示性使用就显得尤为必要。下文将在考察我国现行商标实践的基础之上,对商标指示性使用问题进行进一步探讨。

(一)案件概览

笔者借助威科先行法律信息库,分别以不同的检索词③对裁判文书进行检索,剔除相关性不大的案例,总共收集到 93 份已公开裁判文书,其中对商标指示性使用作出正面认定(包括仅认定了部分行为的情况)的裁判文书有 55 份。通过对收集到的裁判文书进行系统分析,可以发现目前

---

① *Prestonettes*, *Inc.* v. *Coty*, 264 U. S. 359, 368 (1924);熊文聪:《商标合理使用:一个概念的检讨与澄清——以美国法的变迁为线索》,《法学家》2013 年第 5 期。
② 参见安徽省高级人民法院(2015)皖民三终字第 00074 号民事判决书。
③ 使用的检索词分别为:"商标指示性使用"、"指示性合理使用"、"商标合理使用 and 指示性"以及"商标正当使用 and 指示性"。

司法实践中对于这一概念的适用存在较为混乱的情况，如将经营者销售正品作为判断要件之一、忽略其属性是非商标性使用、将商标指示性使用与商标权用尽原则混用以及将混淆可能性纳入其构成要件中等。基于上述问题，笔者将这93份裁判文书进行了数据处理，结果如表1、图1、图2所示。

表1　93份裁判文书案件情况概览

单位：份

	涉及正品判断	认为属于商标性使用	涉及商标权用尽	涉及混淆可能性判断
93份相关裁判文书	67	14	22	76
55份认定构成商标指示性使用的裁判文书	51	9	22	42

资料来源：笔者根据威科先行法律信息库检索整理而得。

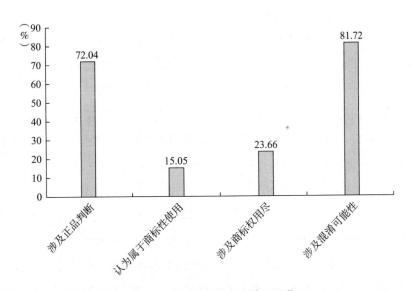

图1　93份相关案件占比情况概览

资料来源：笔者根据威科先行法律信息库检索整理而得。

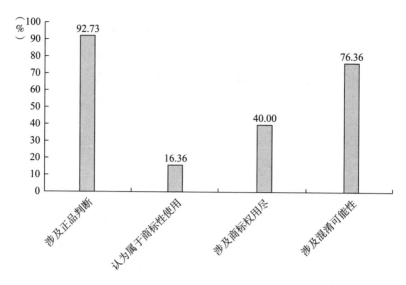

图 2　55 份认定商标指示性使用案件占比情况概览
资料来源：笔者根据威科先行法律信息库检索整理而得。

（二）具体问题剖析

1. 销售正品成为商标指示性使用的成立要件之一

基于对这 93 份裁判文书的分析，可以发现目前司法实践中基本上将商标指示性使用认为是"为指示商品真实来源而对商品所附着的商标进行使用的行为"，因此大部分案件在判断行为是否能够适用这一规则时均对商品是否来源于正规渠道进行了判断，在一些案例中法官甚至明确指出行为是否成立商标指示性使用取决于经营者是否销售了正品。在这 93 份裁判文书中，有 55 份裁判文书认定使用人的使用行为构成商标指示性使用（包括仅认定了部分行为的情况），而在这 55 份裁判文书中有 51 份裁判文书对使用人销售的商品是否属于正品进行了判断，比例高达 92.73%。例如，在娜利公司与柯友锦、淘宝公司侵害商标权纠纷案中，法院明确指出意在表明所售商品的品牌信息而使用他人商标的行为，属于商标指示性使用，只有在涉案商品本身侵犯商标专用权的前提下，该种指示性使用行为始构成侵权行为。① 又如在

---

① 参见杭州市余杭区人民法院（2015）杭余知初字第 533 号民事判决书。

广州市格风服饰有限公司与曹超、淘宝公司侵害商标权纠纷案中，一审法院明确指出经营者所售商品是否来源于正规渠道决定了其是否能被认定为商标指示性使用。① 还如上海丝绸集团品牌发展有限公司与王莹、淘宝公司侵害商标权纠纷案②，永莹辉贸易（上海）有限公司与顾仲希、淘宝公司侵害商标权纠纷案③，黄艳红与苏晴艳、是吕兴侵害商标权纠纷案④（以下简称"黄艳红案"）等均将经营者所销售商品是否来源于正规渠道作为判断的前提条件。前面已详细阐述商标指示性使用不是商标性使用，而是对商标"能指"部分的使用，并不涉及商标"所指"部分的识别来源功能和商誉价值，是否销售正品影响的是商标的识别来源功能和商标权人的商誉。因此，销售正品与否不应是成立商标指示性使用与否的前提条件，上述案件将销售正品作为商标指示性使用的成立要件之一，其实是对这一规则的误读。

2. 部分判决认定商标指示性使用具有商标性使用性质

根据所收集到的裁判文书，有大约 14 份裁判文书忽略了商标指示性使用是非商标性使用这一属性，这些判决文书中常用的表述路径是：首先认定使用行为属于商标性使用，然后再进一步认为由于该使用行为具有表明商品真实来源的作用，如果经营者所销售的商品属于正品，则该使用行为成立商标指示性使用。法院作出这样的判断，实际上是将所有具有"表明真实来源"作用的行为都认定为商标指示性使用，即使该行为早已经被法院认定为商标性使用。但正如前文所述，商标指示性使用的正当性基础就在于其属于非商标性使用。具体到案件中，如厦门雅瑞光学有限公司与成华区聘腔商贸部、淘宝公司侵害商标权纠纷案中，法院先是明确指出被告在网店的商品链接名称和商品图片中使用他人商标，发挥了识别来源的作用，之后再指出这种使用行为具有表明经营者所售商品品牌信息的意图，并且在无证据表明所售商品为假冒商品的情形下，认为这种使用行为属于

---

① 参见浙江省杭州市余杭区人民法院（2017）浙 0110 民初 19854 号民事判决书。
② 浙江省杭州市中级人民法院（2015）浙杭知终字第 345 号民事判决书。
③ 杭州市余杭区人民法院（2014）杭余知初字第 78 号民事判决书。
④ 江苏省无锡市中级人民法院（2018）苏 02 民初 162 号民事判决书。

商标指示性使用。① 又如广东三雄极光照明股份有限公司与郑州建材升龙金泰成恒远灯饰商行侵害商标权纠纷案中，法院明确指出被告在店铺门头突出使用涉案商标的行为，是商标性使用，但其侵权与否取决于该使用行为是否能成立商标的指示性使用。② 再如北新集团建材股份有限公司与北京金豪杰商贸中心侵害商标权纠纷案中，一审法院将金豪杰商贸中心在招牌上使用"龙牌石膏板全系列"字样的行为认定为商标性使用，二审却认定该行为属于商标指示性使用。③ 值得一提的是，在黄艳红案中法院将被告的行为进行了分段判断，认为被告在获得独占授权许可期间对外宣传时以及在门店装潢、门店横幅中使用他人商标的行为是为表明其经营门店位置及所销售的产品信息，属于商标指示性使用，而在独占授权许可到期之后的上述行为就失去了指示来源的功能，不再构成商标指示性使用，属于侵害商标权的行为。④ 在这一案件中，法院这种判断方式，是将一些本身具有识别来源作用的行为认定为商标指示性使用，而商标性使用应当适用商标法的有关内容加以调整，而不应将其认定为商标指示性使用。这种适用上的混乱从根本上来说，是司法实践误解了商标指示性使用的内涵所致。可以说，司法实践中将所有意在"指示真实来源"而使用商标权人商标的行为都认定为商标指示性使用是不合理的，因为这种意在指示真实来源的使用行为，实际上起到了识别商品来源的效果。

3. 商标权用尽原则与商标指示性使用存在混用

前文提及，"对商标的正当使用"与"对商标权的限制"是两个不同的概念，不能将两者等同。商标指示性使用是商标正当使用的一个子概念，而商标权用尽属于商标权的限制，两者不属于同一范畴。但从 93 份裁判文书的情况来看，涉及商标权用尽原则的裁判文书有 22 份，而在 55 份判决成立商标指示性使用的裁判文书中，涉及商标权用尽的裁判文书也是 22 份，

---

① 参见浙江省杭州市余杭区人民法院（2018）浙 0110 民初 20814 号民事判决书。
② 参见河南省郑州市中级人民法院（2019）豫 01 民初 751 号民事判决书。
③ 参见北京知识产权法院（2017）京 73 民终 1236 号民事判决书。
④ 参见江苏省无锡市中级人民法院（2018）苏 02 民初 162 号民事判决书。

说明有些法院在适用商标指示性使用这一规则时，还会运用商标权用尽原则来说明使用商标行为的合理性。这份数据样本也从侧面表明这 22 份相关案例符合商标权用尽原则的适用情形，但法院判决在本可以只适用商标权用尽原则从而得出使用商标的行为具有合法性时，多此一举地再进行商标指示性使用的认定。如果两者属于同一范畴，该认定方式固然不存在矛盾之处，但问题在于两者属于不同范畴，因此将两者混用是不合理的。

具体到案件中，可以发现这种不合理的情况确实存在，这是将商标权用尽原则与商标指示性使用错误混用的结果。如广州君燕公司与陈泽祥、淘宝公司侵害商标权纠纷案中，一审法院认为根据商标权用尽原则，如果被告销售的商品属于正品，则其销售行为不经过原告授权也不构成侵权，之后法院再次对被告的销售行为进行性质认定，认为被告在网店商品名称以及商品详情中使用涉案商标的行为属于商标指示性使用行为。① 在广州立邦涂料有限公司与三明市三元区圣杰建材商行福州贺玄贸易有限公司侵害商标权纠纷案中，法院认为被告从合法渠道取得正品，有权在销售过程中合理使用涉案商标，这符合商标权用尽原则。本来说理到这一步，若无其他混淆可能，法院就可以得出使用行为不构成商标侵权行为的判决结果，但法院进一步将使用行为认定为商标指示性使用。② 再如在约登有限公司与罗斯柴尔德防护涂料（武汉）有限公司、利兹赫尔辛基（苏州）涂料有限公司侵害商标权纠纷案中，一审法院指出商标权人在附着其商标的商品合法投入市场后，无权禁止他人在后续的商品流通环节对商标进行商标指示性使用。③ 上述案例虽然表述方式不同，但均存在混用的问题，出现这样的现象是因为尚未厘清两者的关系，下文将具体讨论④。

4. 将混淆可能性作为商标指示性使用的构成要件之一

一般认为，混淆可能性是商标侵权案件中的核心判断标准。根据所搜

① 参见浙江省杭州市中级人民法院（2017）浙 01 民终 173 号民事判决书。
② 参见福建省三明市中级人民法院（2018）闽 04 民初 261 号民事判决书。
③ 参见湖北省高级人民法院（2017）鄂民终 3183 号民事判决书。
④ 详见本文第三节（三）"问题源头探析"部分。

集到的 93 份裁判文书可以发现，有 76 份裁判文书进行了混淆可能性的判断，所占比例约为 81.72%，其中不涉及混淆可能性判断的，要么属于经营者销售侵权商品的情形因此被判决侵权，即在相同或者类似商品上使用与他人商标相同或者近似的商标，而该商品并非正品，要么就是法院将是否销售正品作为认定商标指示性使用的前提条件，认为应当由商标权人举证证明使用其商标的经营者所销售的属于假冒商品，否则承担举证不能的后果，从而得出经营者不侵权的判决结果。除上述两类情况外，法院在判断使用行为是否构成侵权时，均作了混淆可能性的判断。在 55 份认定成立商标指示性使用的裁判文书中，有 42 份裁判文书涉及混淆可能性的判断，所占比例约为 76.36%，其中不涉及混淆可能性判断的案件仅 13 份，这 13 份裁判文书均是以商标权人应承担举证不能的后果进行说理的。

借助于上述数据样本，可以看出我国大部分法院均认可在判断使用行为是否构成商标侵权行为时，混淆可能性是核心判断标准。事实上，商标侵权行为被法律禁止就是因为其会导致相关公众的混淆或误认，从而影响商标识别来源的功能，侵害了商标权人的合法权益。从搜集到的裁判文书文本来看，在认定成立商标指示性使用的案件中，不涉及混淆可能性判断的案件，均是认为商标权人未能举证证明经营者销售的商品属于侵权商品，因此其应承担举证不能的不利后果，经营者的使用行为从而成立商标指示性使用。除了这些因商标权人举证不能而承担相应的不利后果为理由进行判决的案件外，其他认定商标指示性使用的案件，均对行为不会造成混淆可能性进行了说明或判断。法院这样的说理方式其实也可以理解，因为法院在认定使用行为属于对商标的指示性使用时，明确指出这类使用行为不会造成混淆可能性，可以增强判决结果的说理性。但在部分案件中，法院将不具有混淆可能性作为商标指示性使用的构成要件之一，这种观点是否合理值得商榷。如在普拉达公司与重庆瑞富公司一案中，法院明确列出了商标指示性使用的构成要件，其中一个构成要件就是结果非混淆性。[①] 再如

---

① 参见重庆市渝中区人民法院（2015）中区法民初字第 00007 号民事判决书。

前面多次提及的黄艳红案中，法院对被告相同的使用行为进行了混淆可能性的判断，指出被告的使用行为在获得授权许可期间不会造成混淆可能，但是在许可到期后，被告的使用行为即具有混淆可能，因此不再成立商标指示性使用，而是商标侵权行为。法院在判决中给出这样的说理难免使人感到困惑，因为同样的使用行为性质却在授权许可期间前后发生了质的改变，由不属于商标法调整范围内的使用行为蜕变为受商标权规制的侵权行为。再如在立邦涂料公司与上海展进公司等侵害商标权纠纷案中，二审法院先是认定使用行为属于商标指示性使用，然后再进行混淆可能性的判断，根据是否具有混淆可能判断该种使用行为是否构成商标侵权行为。[①] 还有老凤祥公司与苏果超市公司侵害商标权纠纷案[②]（以下简称老凤祥案）以及乔杉公司与壹号大药房、纽海公司侵害商标权纠纷案[③]等，法院均作出了类似判断。

（三）问题源头探析

1. 误解商标指示性使用的内涵与适用情形

司法实务中对商标指示性使用的适用呈现出混乱的现象，主要原因是对这一法律概念的内涵与适用情形不清楚。商标指示性使用实际上是经营者借助他人商标以准确传达其商品或服务的用途或特点等信息的使用行为，或者也可将其理解为经营者为向公众传达其所提供的商品或服务具有与他人的商品或服务相匹配或兼容特点的信息，而以合理的方式使用他人商标的行为。针对司法实践中将商标指示性使用适用于"为指示真实来源"的情况，笔者持反对观点，因为司法实践中呈现出适用混乱的局面，其源头就在于大多数人将商标指示性使用的内涵误解为"为指示真实来源而使用他人商标的行为"。这一误解也许来源于"商标指示性使用"这一名称，使

---

① 参见上海市第一中级人民法院（2012）沪一中民五（知）终字第 64 号民事判决书。
② 江苏省南京市中级人民法院（2014）宁知民终字第 19 号民事判决书。
③ 上海市浦东新区人民法院（2014）浦民三（知）初字第 772 号民事判决书。

得人们认为"指示性"就代表指示来源的意思。从名称入手探知其内涵，这是我们理解一个法律概念通常采用的方法。但不得不指出的是，这种借助字面文字的理解方式，容易造成对其本质内涵的误读。我们应当探究的是这一法律概念欲解决的是什么问题，所要实现的社会目的又是什么，而商标指示性使用的出现，实际上是划清商标权范围与信息自由之间界限的一种方式。

正如前文指出的，商标指示性使用是在商标"能指"层面使用商标，并不会影响商标"所指"部分的识别来源功能和商标权人的商誉，本就不应当被禁止。但由于司法实践中对这一概念的误解，导致商标指示性使用背离了其原本的含义，也造成司法实践中出现一些本可以适用这一规则，却没能被认定为商标指示性使用的情况。如雷莫电子（上海）有限公司与深圳市茵特电子科技有限公司侵害商标权纠纷案中，一、二审法院对于在商品标题或商品描述中使用"兼容雷莫"的行为，均认为这是为了向消费者传达该商品能与雷莫品牌的商品相兼容的信息，并认为这属于商标的正当使用，但并未指出这种使用行为实际上是商标指示性使用。① 再如雷莫电子（上海）有限公司与深圳中航光电精密技术有限公司侵害商标权纠纷案中，法院作出了相同的判决结果。②

应当澄清的是，商标指示性使用的适用情形不应包括"为指示商品真实来源"的情况，前述已经多次提及商标指示性使用的正当性在于其使用的是商标的"能指"部分，属于表达性使用，不具备识别来源的功能，但"为了指示商标真实来源而使用商标的行为"实际上发挥了识别来源的功能，所以才会出现司法实践中在认定是否成立商标指示性使用之前，法官会判断使用他人商标的经营者所销售的商品是否为正品的现象。从目前对商标指示性使用的相关文献以及司法案例来看，大致认为其构成要件包括

---

① 参见上海知识产权法院（2019）沪 73 民终 385 号民事判决书。
② 参见上海知识产权法院（2019）沪 73 民终 370 号民事判决书。该案与上一注释①中案件实际上是由同一法院作出的同类案件。

对商标使用的必要性、使用行为符合合理限度等，存在最大争议的是是否应当将混淆可能性纳入构成要件中。也就是说，目前并没有明确将销售正品作为商标指示性使用构成要件之一的说法，而司法实践中却将"是否销售正品"作为是否成立商标指示性使用的判断要件，从另一角度来看，这实际上还是由于为容纳"指示真实来源"的使用行为，而将商标指示性使用的适用情形不正确地扩大所造成的。借助具体的案例，能够发现"为指示商品真实来源"的使用行为与"为表达商品用途、特点"的使用行为有不同的效果。例如，"本店销售耐克运动鞋"以及"本墨水适用于惠普打印机"这两种方式的使用，均采用了客观说明的方式，也涉及他人的商标，但前一种属于指示商品真实来源的使用，后一种是为了向公众传达该产品的用途等信息，前者是否属于正当使用行为需要对所涉商品是否来源于耐克的正规渠道进行判断，而后者是否属于正当使用行为则不需要对墨水是否属于惠普进行判断，后者所涉的墨水本来就可以来源于其他商标权人。

将商标指示性使用等同于"指示商品真实来源"的认知，不仅背离了其本质含义，还导致司法实践中存在不顾商标指示性使用属于非商标性使用的属性，在认定经营者使用商标的行为是商标性使用后，又认为由于经营者的使用行为具有"为指示商品真实来源"的意图，因此将其使用行为认定为商标指示性使用的情形。同时，也正是这种误解导致一些法院在适用"商标权用尽原则"后，又将意在"指示真实来源"的使用行为认定为商标指示性适用，从而造成混乱的局面。实际上，如前所述，商标之所以受到保护，是因为借助商标，能够识别商品或服务来源，降低消费者搜索成本，从而推动市场有序而高效地发展，而经营者"为指示商品真实来源"而使用商标的行为也能够降低消费者的搜索成本，发挥识别来源的效果，这样的使用行为却被排除在商标性使用外，也许理论上能够区别，但是在实际生活中很难将商标性使用与"为指示商品真实来源的使用"完全分离开。这种"指示商品真实来源"的使用行为与识别来源的商标功能联系太过于紧密，而商标指示性使用是对商标符号本身的使用，为避免商标指示性使用的内涵混乱，笔者认为不应将其范围扩大至"为指示商品真实来源"

的情形，对于那些"为指示真实来源"的使用行为，可以用商标权用尽原则予以容纳，这样也能很好地解释为什么在分析这一行为是否合理之前，要对经营者所销售的商品是否为正品进行判断。

2. 未能正确区分商标指示性使用与商标权用尽

商标指示性使用和商标权用尽的共同点是，两者都没有在我国商标立法上予以体现，但在司法实践中均得到认可并被应用到具体案件裁判中。由于我国《商标法》对其没有予以明确规定，司法实践中在应用这两个法律概念时存在运用不充分、阐述的理论不够成熟的特点，甚至存在混淆两者的情形。前文已多次述及，商标指示性使用是对商标的正当使用、商标权用尽原则属于对商标权的限制，而"对商标的正当使用"和"对商标权的限制"属于不同范畴，"对商标的正当使用"不属于商标法规制范围，因此也不属于"对商标权的限制"的其中一种方式。易言之，商标指示性使用与商标权用尽属于两个不同的范畴，不应将两者混用。

这里的"商标权用尽"，也称为"商标权利穷竭"，是指商品经商标权人许可或以其他合法方式投入市场后，他人在商品转售环节不需要再经过商标权人许可，即可以将该带有商标的商品再次售出或者以其他方式提供给公众，包括在为此目的进行的广告宣传中使用商标。① 目前我国立法上并未明确规定商标权用尽的内容，但不论是理论上还是实践中，商标权用尽制度在我国是适用的。"商标权用尽"类似于著作权法上的"发行权用尽"，两者的原理是相同的。如果没有"商标权用尽"，那么正规渠道获得的商品的再销售就会存在障碍，因为商标法明确将商品的销售行为纳入商标性使用范围，因此销售行为原则上也需要得到商标权人的许可。商标法之所以将销售行为规定为属于商标权人权利范围内的商标性使用，是为了打击冒牌商品的销售，让商标识别来源的功能不受侵害，维护商标权人苦心积累起来的商誉，并净化商标环境。在正品经商标权人合法投入市场后，商标所有人已经在商品投入市场环节获得了相应的对价，如果允许商标权人继

---

① 参见王迁《知识产权法教程》（第六版），中国人民大学出版社，2019，第535页。

续限制再销售环节，相当于赋予了商标权人对商品的自由流通享有干涉的权利。这必然会破坏市场经济鼓励商品自由流转的基本原则，偏离商标法立法目的。毕竟，商标制度的出现在于促进市场经济高效有序地发展，故商标权用尽原则属于商标制度的应有之义。

从搜集到的涉商标指示性使用的所有相关案件来看，司法实践中经常利用"商标指示性使用"这一概念得出使用商标的一方不构成商标侵权的判决结果。但如前所述，多数判决均将使用商标的一方是否销售正品作为成立商标指示性使用的前提条件，并指出如果经营者销售的是正品，在商品上使用他人的商标或加以宣传的行为就可以被认定为商标性指示性使用，不构成商标侵权。如在上海麦司投资管理有限公司与维多利亚的秘密商店品牌管理公司侵害商标权纠纷案中，二审法院认为被告销售的商品并非假冒商品，因此其在正常商品销售活动中有权使用商品上附着的商标向公众传达相应的信息，对此商标权人应当容忍。[1] 在广州尚岑服饰公司与付远东、淘宝公司侵害商标权纠纷案中，法院认为被告使用商标时具有表明商品信息的意图，如果其所销售的商品属于正品，其在网店中的商品名称中使用商标信息的行为就属于商标指示性使用。[2] 上述两案均明确地将正品的认定作为商标指示性使用的成立前提，其合理性存疑，原因如下。

商标指示性使用，是利用商标在语言层面的含义向公众传达信息的一种使用行为，而上述案例涉及的在销售正品过程中使用他人商标加以宣传的行为，属于正常市场经营行为。之所以不构成商标侵权，是因为商标权用尽原则，而并非商标指示性使用。上述案例混淆了这两个概念。实际上，是否销售正品应当是商标权用尽的判断要件之一，在正品进入市场流通环节后，他人可以按照市场交易习惯促进商品的自由流通，包括再销售过程中使用他人商标进行宣传的行为，商标权人无权禁止。当然，这种使用行为不应当造成相关公众的混淆或者误认，因此利用商标权用尽原则来规范

---

① 参见上海市高级人民法院（2014）沪高民三（知）终字第 104 号民事判决书。
② 参见浙江省杭州市余杭区人民法院（2018）浙 0110 民初 9973 号民事判决书。

上述案件中涉及的经营者"为指示真实来源"而使用他人商标的行为更有适用的空间。也就是说，根据商标权用尽理论，经营者在购入正品后有权将带有商标的商品进一步转售，包括在销售过程中正当地使用该商标。① 如在维多利亚公司与上海锦天服饰公司不正当竞争纠纷案中，法院明确指出，被告所销售的商品来源于正规渠道，因此可以进行再销售，商标权人无权禁止，而在商品吊牌、包装上或者与其他商品销售密切相关的环节中，可以允许销售者使用商标权人的商标，这是销售行为的一部分，并不会损害商标权人的利益。② 在大班面包西饼有限公司与北京恒瑞泰丰科技发展有限公司商标权纠纷案（以下简称"大班案"）中，二审法院认为现有证据能证明销售的商品确实来自大班公司，因此恒瑞泰丰公司有权进行合理的宣传和推广，这属于正常的市场营销方式，应视为已获得商标权人的许可，即关于权利用尽的默示许可。③ 大班案的审理法官之一也针对本案写了一篇有关"商标权用尽"的文章，指出正品销售之后的宣传和推广等行为应当属于商标权用尽的内容。④ 商标权用尽原则的适用前提要求商品来源于正规渠道，是因为只有保证商品来源于正规渠道，商标权人才能够最大限度地从商品的首次销售中获得其应得的利益。其原理在于首次销售正品过程中已经保证了商标权人的利益，因此不能让其权利"触角"再过多地"伸入"之后的销售过程中，否则将会阻碍市场的自由流通，违背商标法的立法原意。因此，判断销售的商品是否属于正品，是商标权用尽原则的必要前提，但不应作为商标指示性使用的必要前提。

值得一提的是，我国司法实践中对于重新包装的商品上标注他人商标以说明真实来源的行为，也以其具有"为指示商品真实来源"的作用为由，而将其认定为商标指示性使用，这种观点使得商标指示性使用的体系更加混乱。如在老凤祥案中，苏果超市销售的四支装铅笔是从案外人文兴公司

---

① 参见胡宓《非典型性平行进口中的侵犯商标权认定》，《人民司法》（案例）2013 年第 22 期。
② 参见上海市第二中级人民法院（2012）沪二中民五（知）初字第 86 号民事判决书。
③ 参见北京市高级人民法院（2013）高民终字第 3998 号民事判决书。
④ 参见陶钧《"正当商业化使用"不构成对商标专用权的侵害》，《中华商标》2014 年第 9 期。

处进货，而这些四支装铅笔是由案外人文兴公司将从老凤祥公司进货的十支装正品铅笔拆开进行再包装后提供给苏果超市的。该案一审法院指出，应当平衡商标专用权与社会公共利益，既要承认商标权人的商标权，又要对其作出相应的限制，从而实现资源配置的最优化，促进市场的公平竞争。基于这样的观点，一审法院认为新包装上使用了和老凤祥公司一样的商标不属于对涉案商标的贬损，并指出重新包装的新包装上对商标的使用，属于指明商标权人的商标指示性使用，由此得出苏果超市的销售行为不构成商标侵权。[①] 从该案中可以发现一审法院主张应当对商标权进行限制，却按照司法实践中将"指示真实来源的行为"视为商标指示性使用的观点，得出销售商品的行为成立商标指示性使用、经营者不构成商标侵权的结论。该观点仍然未能厘清"商标权的限制"与"商标的正当使用"两个概念，而且本案中销售重新分装产品的苏果超市并不是重新包装的当事人，重新包装并使用老凤祥公司商标的是案外人文兴公司，苏果超市只是正常的商品销售行为。倘若本案中没有重新包装行为导致的纠纷，苏果超市的销售行为就是一个非常正常的再销售环节，应当适用商标权用尽原则赋予其合法性，而不是将其认定为商标指示性使用以实现赋予销售行为合法性的目的。除此之外，在本案案外人文兴公司的重新包装或分装行为是否具有合法性尚存在较大争议的同时，将使用商标的行为认定为属于对商标的正当使用，即商标指示性使用，其合理性有待商榷。

事实上，司法实践中针对经常出现的分装或重新包装行为，也存在不同的观点。例如，在不二家公司与钱海良等侵害商标权纠纷案中，法院认为被告将原告销售的糖果进行拆分重新包装后进行售卖的行为侵害了商标权人的商标权，并指出虽然被告销售的仍是原告生产的糖果，但是商品的外包装除了能够用来盛放商品、保护商品外，还具有宣传商品以及提升商品价值等重要功能，因此判决被告重新包装的行为构成商标侵权。[②] 笔者认

---

① 参见江苏省南京市中级人民法院（2014）宁知民终字第 19 号民事判决书。
② 参见杭州市余杭区人民法院（2015）杭余知初字第 416 号民事判决书。

为，该案判决有合理之处，因为如果重新包装的包装粗劣，但其上仍标注商标权人的商标，容易让相关公众对于商标权人所生产的商品的品控能力提出质疑，可能会损害商标权人苦心积累起来的商誉，从而使得消费者将商标权人生产的商品移出自己的购物清单。但应当指出的是，分装或重新包装行为在实践中呈现出较为复杂的情形，不能以其侵害商标权为由而全部予以禁止，而应考虑不同商品的商业销售习惯，以及分装或重新包装等行为是否会损害商标权人建立起来的商誉等因素。实践中，有些经营者根据实际销售情况对产品进行分装或重新包装的行为可能会对商品的销售具有正面的影响，而生产者根据经营者的销售习惯也可以得到一些启示，从而对商品的包装等进行优化。而且，有些经营者在重新包装时会写明包装是由其再包装等相关信息，有如此明确的信息说明，消费者作为一个正常的理性人，并不会误认或混淆商品及其包装的来源，因此破坏商标权人的商誉。但如果直接在新包装上使用他人商标，而不对具体情形加以说明，该重新包装的目的与对商标权人的影响就值得考量。综上所述，不应该以单一理由予以全面禁止这种市场经营行为，应当考虑多种因素，对于那些符合市场习惯且不会造成负面影响的分装或者重新包装行为，可以根据具体情况利用商标权用尽原则赋予其合法性，而非求助于商标的正当使用原理。

根据一些明确规定了商标指示性使用和商标权用尽的立法例，我们可以发现这些立法例也对这两种制度分别作出规定。如《欧共体商标条例》将商标指示性使用规定于第 12 条第 3 项，而将商标权用尽规定于第 13 条，再如我国台湾地区"商标法"虽将两者规定在同一条文中，但将其分别规定于第 1 款和第 2 款中。从上述立法例来看，将两者分别规定，显然是因为二者的价值意蕴和构成条件不同。① 因此，不能将商标指示性使用与商标权用尽混为一谈，两者毕竟属于不同范畴的问题。如果不厘清两者的区别，让其分别回归到各自的轨道，各司其职，适用混乱的问题就无法从根本上

---

① 参见王太平、周兰《商标指示性正当使用与商标权用尽的区分》，《中华商标》2019 年第 3 期。

解决，商标指示性使用的存在基础也将会受到影响。

3. 未能厘清商标指示性使用与混淆可能性的关系

对于商标指示性使用的构成要件，主流观点有二要件说和三要件说之分，主张二要件说的学者认为，商标指示性使用的构成要件包含使用的必要性以及使用限度的合理性，而主张三要件说的学者则认为在二要件说的基础上还应增加不存在混淆可能性这一要件，既两者的区别在于是否应将混淆可能性纳入商标指示性使用的构成要件中。① 我国司法实践中对于这一问题也尚未达成一致意见，一些法官主张应将混淆可能性作为构成要件之一，还有一些法官为了回避这一问题，认为由于我国商标法对于商标的正当使用没有具体分类，因此细化商标的正当使用类型不是审判的必经步骤，从而笼统地适用"商标的正当使用"，并利用商标的正当使用的通用判断标准判断使用行为是否属于正当使用，从而给出是否侵权的结论。② 笔者认为，这种主张直接适用商标的正当使用原理的观点存在一定的弊端，因为将实践中出现的商标的正当使用行为进行细化区分之后，可以发现至少有四种不同类型的使用方式，即指示性使用、叙述性使用、说明性使用和平行使用。③ 它们之间具有各自的特色，从具体的使用行为来看，如果直接笼统适用原理性的内容，商标的正当使用的体系就无法细化构建，更容易造成司法适用上的模糊性。因此，应当理清商标指示性使用与混淆可能性之间的关系。

实际上，即使是最早在判例中确立商标指示性使用理论的美国，对这一理论也有着不同的认识，主要的争议点在于商标指示性使用与混淆可能性之间的关系以及在适用商标指示性使用时原被告的举证责任如何分配等问题。针对两者之间的关系这一问题，美国判例中呈现出不同的处理思路，

---

① 参见周园《商标指示性合理使用的法律问题研究——兼评"FENDI"商标案》，《学术论坛》2018 年第 6 期。

② 参见郝廷婷、王敏《将他人商标作为指示商品来源唯一标识不属于合理使用》，《人民司法》（案例）2016 年第 2 期。

③ 参见冯晓青《商标权的限制研究》，《学海》2006 年第 4 期。

有法院甚至主张可以用商标指示性使用替代混淆可能性规则,① 商标指示性使用的判断标准与混淆可能性之间的关系在美国司法实践中呈现出一种混乱的现象，即使是同一家法院，对待商标指示性使用的态度也前后不一。② 美国各巡回法院的不同态度造成了一定的动荡，甚至动摇了传统商标法将混淆可能性作为商标侵权行为判断标准的根基。但从总体上来看，美国各巡回法院对于两者之间的关系这一问题，主要呈现出两种裁判思路，一种观点认为商标指示性使用的成立以其不会造成混淆可能性为前提，即两者不能并存，另一种观点却认为商标指示性使用是在混淆可能性存在的情形下的积极反驳事由。③ 由于美国司法实践中存在适用上的混乱，不利于我们厘清两者的关系，因此笔者认为借助美国《兰哈姆法》的规定，也许能帮助我们厘清两者的关系。《兰哈姆法》第 33 条（b）第（4）项明确指出，只有在非商标意义上的使用，描述性使用才成立。④《兰哈姆法》明确指出描述性使用的成立前提在于其为非商标性使用，商标正当使用作为其上位概念，也具备非商标性使用的属性，既然是非商标性使用，又如何造成混淆可能？因此，不应当认为混淆可能性与商标的正当使用可以共存。和商标描述性使用一样，商标指示性使用也是商标的正当使用的下位概念，因此也具备非商标性使用的特质。将混淆可能性的判断作为其构成要件之一的观点也就不太合理，因为不会造成混淆可能，既是适用这一规则的必要前提，也是当然后果。

尽管目前我国学界以及司法实践中对于商标指示性使用的具体适用规则存在不同看法，不同观点也有不同的论证理由，但借助笔者搜集到的裁判文书样本数据可以看出，我国司法实践中大部分法官均坚持认为会造成混淆可能是构成商标侵权行为的核心要件，这点与美国司法实践中混淆可

---

① 参见 *Playboy Enters. Inc. v. Terri Welles*, *Inc.*, 279 F. 3d 796, 801 (9th Cir. 2002)。

② 参见熊文聪《商标合理使用：一个概念的检讨与澄清——以美国法的变迁为线索》，《法学家》2013 年第 5 期。

③ 参见周园《商标指示性合理使用的法律问题研究——兼评"FENDI"商标案》，《学术论坛》2018 年第 6 期。

④ 参见《兰哈姆法》第 33 条（b）第（4）项。

能性的理论根基在一些案例中受到挑战的局面不同。基于我国这样的司法环境，我国司法实践中对于商标的正当使用不会造成混淆可能也有较为一致的认识。在"商标指示性使用不会造成混淆可能"这一命题上，我国理论界和实务界的观点也比较一致，分歧在于是否应将混淆可能性的判断置于商标指示性使用的构成要件之中。尽管理论界和实务界中对于这一问题存在着不同观点，但笔者认为不应将混淆可能性作为商标指示性使用的构成要件之一。

首先，商标指示性使用与混淆理论保护的法益不同。在判断商标侵权行为是否成立时，一般将混淆可能性作为判断是否侵权的核心要件。这是因为商标权保护的基础在于防止存在混淆可能性；同时，商标法的根本目的在于维护商品流通正常秩序，促进市场经济发展，因此商标法不仅强调保护商标识别来源的功能和作用，而且强调保护商标权人的商誉以及维护消费者的利益。我国《商标法》第 57 条明确规定了"容易导致混淆"是判断商标侵权行为的标准，也使混淆理论在立法上得以体现。但是，混淆可能性的认定本身是一个复杂的问题，涉及很多因素的考察。在我国商标司法实践中，判断商标使用行为是否具有混淆可能性，主要是看这种使用行为是否会导致相关公众对于商品或服务的来源产生误认，或者认为使用商标的一方与商标权人之间存在某种特定的联系。混淆可能性旨在防止消费者对商品或服务的来源发生混淆。如果他人在与商标权人相同或类似的商品或服务上使用与商标权人相同或近似的商标，而这些商品或服务并非来源于商标权人，就容易导致消费者产生混淆，商标的识别来源功能也会受到损害。若允许这种情况的出现，商标就失去了存在的意义，因此混淆理论想要实现的是一个有序、高效的商标环境，所保护的是商标权人以及消费者的利益。商标指示性使用则是一种正当使用行为，在商标权与公共利益之间划定界限，以保护包括使用人的表达自由和消费者的知情权在内的公共利益。如前所述，商标指示性使用行使的是表达性功能而非识别来源的功能，所维护的是正常的自由表达权利，并不涉及商标识别来源功能和商标权人的商誉，因此也并不存在商标侵权的可能。也就是说，一个善意、谨慎的使用人采用适度的方式向公众传达商品真实信息，主观上无过错，客观上也无造成混淆的可能性，也就不应构成商标侵权行为。从另一个角度看，造成混淆可能性的使用行为根本不能称之为商标的正当使用，也无必要再讨论是否构成商标指示性使用。

其次，若将混淆可能性作为商标指示性使用的评判要件之一，会造成商标指示性使用体系不周延。前文已讨论了商标指示性使用是对商标符号本身的使用，并不涉及商标"所指"部分，是在语言表达意义的使用行为，其本身不存在混淆可能。易言之，商标指示性使用的成立前提是该使用行为不会造成混淆可能。但若将混淆可能性纳入评判要件，会造成逻辑混乱的局面。同时，在商标诉讼中适用该项规则也会出现问题。不妨设想一下在诉讼中原告诉被告构成商标侵权，并提出了相应证据，被告为反驳原告提出其使用行为属于《商标法》第 59 条规定的描述性使用时，只需要举证证明其属于使用商品的通用名称或者是商品有关信息的正当使用行为，符合商标描述性使用，即可反驳原告的主张。在这个例子中，被告只需要证明其使用行为符合描述性使用的要件即可，并不需要证明其行为不存在混淆可能性。若认为不存在混淆可能是商标指示性使用的构成要件之一，在这样的认知下，被告为反驳原告的主张而提出其构成商标指示性使用时，不仅需要证明其具有使用的必要性以及使用行为符合合理限度，还需要证明其使用行为不会造成混淆可能。这就造成一种不合理现象：在一般的商标侵权诉讼中，被告举出其行为不会造成混淆可能性的相关事实即可反驳原告的控诉，在被告主张其属于描述性使用的案件中，被告甚至都不需要证明其使用行为不会造成混淆可能性，只需要证明其使用行为符合相关要件即可，而在商标指示性使用案件中将混淆可能的判断作为评判要件之一，被告不仅要比主张自己的使用行为属于商标描述性使用的被告承担更重的举证责任，甚至要比一个一般商标侵权案件中的被告承担更重的举证责任。同样是主张自己的行为属于商标的正当使用，主张商标指示性使用的一方不仅无法享有类似于商标描述性使用所具有的较轻的举证责任，甚至要背负比一般商标侵权案件被告更重的举证责任。这相当于逼迫主张商标指示性使用的被告放弃这一主张，因为如果将不造成混淆可能作为构成要件之一的话，被告要想证明自己属于商标指示性使用，就需要证明其使用行为不会造成混淆可能。这样一来，被告还不如按照一般商标侵权案件的规则，举证其行为不会造成混淆可能，即可反驳原告的主张，从而使得商标指示性使用的存在失去意义。

综上所述，笔者认为不应将不存在混淆可能性纳入商标指示性使用的构成要件。认定商标指示性使用需要考虑的应该是使用行为的必要性和是否符合合理限度这两个要件。商标指示性使用本身不具有混淆的可能，不仅如此，不存在混淆可能性应当是商标指示性使用当然的法律后果和基本特征，而不应将其作为构成要件之一。除此之外，商标指示性使用的属性决定了其与混淆可能性无法共存，因此也不能认为商标指示性使用是原告主张存在混淆可能之后的抗辩事由。换句话说，不具有混淆可能性是成立商标指示性使用的应有之义。

四　商标指示性使用体系重构

我国学界对于商标指示性使用的研究相对较晚，其理论基础相对较弱，而我国尽管司法实践中已有较多的案例应用了这一概念，在立法上却一直没有明确这一概念。立法的空白、理论研究的薄弱以及目前尚未对这一概念的内涵达成一致认识，不可避免地导致司法实践中在适用这一规则时出现标准不一，甚至有些混乱的情形。总体上看，目前我国司法实践在案件审理过程中对这一规则的运用至少存在以下三个问题：一是司法实践中较多案件误解了这一概念的内涵，将所有具有"指示商品真实来源"作用的行为都认定为属于商标指示性使用，甚至不顾商标指示性使用是非商标性使用的属性要求。也正是因为司法者对这一概念的内涵存在理解上的偏差，对于这一规则可以适用的情形也存在误解，最终造成商标指示性使用呈现出逻辑和体系上的混乱。二是将商标指示性使用与商标权用尽混用，甚至有观点认为商标权用尽属于商标指示性使用的其中一种情形①，使得两者的内涵不断交叉，更使人容易混淆两者的区别。三是我国理论界和实务界对商标指示性使用的构成要件包括哪些要素尚未达成统一的认识，主要的争议焦点在于是否应当将不具有混淆可能性作为构成要件之一。

商标指示性使用的有关问题纷繁复杂，脉络尚不清晰，如不尽早梳理有关问题，商标指示性使用与其他概念混用的情况就无法避免，甚至会动摇商标指示性使用的存在根基。笔者基于司法实践中存在的问题，尝试对商标指示性使用的体系进行重新构建，以求厘清这一法律概念的体系结构。

（一）适用情形

目前能达成共识的是，商标指示性使用属于对商标的正当使用，而商标的正当使用还包括其他一些子概念，商标指示性使用只是其中一个子概念。细化区分商标正当使用的其他子概念的特点和作用后可以发现，商标指示性使用与商标正当使用的其他子概念存在一定区别。由于立法上仅对商标描述性使用进行了明确规定，对其他符合商标正当使用特征的行为却未予以规定，而目前理论界和实务界对商标正当使用的下位概念具体有哪些尚未达成共识，只是大部分观点认为主要包括描述性使用和指示性使用，因此导致实践中有些法官将一些不属于描述性使用，但经分析发现具备正当使用特征的使用行为，全部纳入商标指示性使用中，使得商标指示性使用体系更加混乱。实际上，目前学界有观点对商标正当使用至少细化延伸出了四种子概念②，其中叙述性使用是允许使用者对商品进行描述的自由，指示性使用则是为了传达其商品或服务可以与其他商品或服务相匹配或兼容等信息而使用他人商标的行为，说明性使用主要是为了告知消费者其商品的通用名称、原料、功能等商品信息而使用他人商标的行为，是对商标

---

① 参见郝廷婷、王敏《将他人商标作为指示商品来源唯一标识不属于合理使用》，《人民司法》（案例）2016 年第 2 期。

② 如前文所述，可以具体分为叙述性使用、指示性使用、说明性使用以及平行使用。

"第一含义"的使用，平行使用则一般在加工、配件贸易中存在，即在自己商品上不显著地正当使用带有先前商标的商品，例如组装商品中使用了带有他人商标的零件等。① 因此商标指示性使用仅仅是商标的正当使用的其中一种，实践中将一些不属于商标指示性使用的行为用其予以囊括，不利于认识这一概念的本质，而只有明确了商标指示性使用的本质，才可以在此基础上构建相应的制度体系。

前文已经指出商标指示性使用是经营者为了向公众传达自己的商品或服务与他人的商品或服务相匹配或相兼容等信息，而未超过合理限度使用他人商标的行为，同时，根据目前存在的立法例可以发现大多数立法认为这种使用行为在配件或零部件贸易领域使用得较多，对此前文已经详细说明。应当再次重申的是，不应当将实践中出现的"为指示商品真实来源而使用他人商标的行为"纳入商标指示性使用中，因为指示商品真实来源的行为，实质上还是发挥了商标识别来源的功能，导致使用行为是否正当取决于经营者所销售的商品是否来源于正规渠道。如果不将此种误解剔除在商标指示性使用的适用范围之外，商标指示性使用的内涵以及其与其他概念之间的关系就无法厘清。

借助具体的例子，可以帮助我们更好地明晰商标指示性使用的适用范围。如打印机的原装墨盒一般只能一次性使用，墨水用尽后必须重新购买，但原装墨盒的价格高昂，墨水用完就换新墨盒的成本高，因此一些厂商推出打印机墨盒可适用的墨水补充装，由于不同品牌的墨盒使用的墨水可能存在差别，生产商必须在其所生产的墨水上标注"本墨水可适用于佳能打印机墨盒"之类的话语，消费者才知道应如何选择。又如维修汽车行业，经营者可以使用"本店可提供宝马、奔驰、东风日产、一汽大众等汽车的维修服务"之类的话语告知公众自己可提供的服务范围。再如生产商生产剃须刀的替换刀片，由于不同品牌生产的剃须刀的刀片槽位可能有所差异，可适配的刀片大小和结构也有区别，因此生产商需要在其生产的刀片上标

---

① 参见冯晓青《商标权的限制研究》，《学海》2006 年第 4 期。

明"本刀片适用于吉列、飞利浦剃须刀"之类的话语，消费者才能选购到
合适的替换刀片。以上列举的情形均属于商标指示性使用的范畴。现实生
活中还有很多类似的情形，如果这种传达信息的方式也要被禁止，就难以
实现市场高效有序的发展。但应当注意的是，使用他人商标时不能突出使
用，一般应当以"本品适用于×××"的形式向公众传达必要信息，使用
他人商标标识可以尽量采用普通的文字形式，只有在不使用原商标就无法
传达准确信息时才可以使用他人的商标文字及图予以说明，同时还应当符
合正当使用的限度。

综上所述，商标指示性使用主要适用于配件、零部件以及维修等领域，
经营者使用他人商标，是为了向公众传达其提供的商品或服务与他人的商
品或服务相匹配或相兼容等信息，并且这种使用行为是必要且合理的。

(二) 构成要件

前述提及，目前理论界和实务界中对于商标指示性使用的构成要件存
在不同的观点，二元说和三元说的区别在于是否将混淆可能性作为构成要
件之一，前文已经花费较多笔墨解释了不应将混淆可能性作为商标指示性
使用构成要件之一的原因，在此不赘述。笔者认为商标指示性使用的构成
要件采用二元说较为合理，即包括"使用他人商标具有必要性"以及"使
用行为符合合理限度"这两个要件。

1. 使用他人商标具有必要性

使用他人商标具有必要性，是指经营者在商业经营活动中，如果不使
用他人商标，便无法向公众传达准确信息的情形。如果这种使用并非必要，
可以采取其他方式向公众传达准确信息，这种使用就不具有合理性。如前
所述，商标指示性使用在配件、零部件领域以及维修领域适用较多，这是
因为生产配件、零部件领域以及维修领域都不可避免地存在使用他人商标
的情况，例如一名消费者想要购买一个无线充电器，如果生产无线充电器
的生产商没有在商品上写明该无线充电器可以适用于什么型号的电子设备，
消费者将不知道如何选择，因此允许生产无线充电器的生产者在其生产的

无线充电器上写明"本品可支持华为 P30、华为 Mate20、iPhone11、三星 S9系列",这是因为市面上不同手机的配置以及功能均有较大差异,有的设备的配置仅支持有线充电,并不具备无线充电的功能,如果不写明可支持的设备,消费者将无法购买到匹配的产品。还有在人们对手机装饰和保护的消费需求刺激下出现的产品,如手机壳和钢化膜等,由于不同品牌的手机在大小、音量键位置以及孔位设计等方面存在相当大的差异,甚至同一品牌不同型号的手机也存在大小、孔位等差异,因此生产手机壳或钢化膜的生产商必须在产品上标明"本品适用于华为 P40""本品可适配于 iPhone X系列"之类的信息,消费者才能购买到适配的手机壳或钢化膜。如果不在产品的售卖环节中对商品的相关信息进行详细说明,整个社会的商品自由流动成本将会大大增加,毕竟商标不是禁忌品,这样的使用具有必要性,应当被允许。再以维修行业为例,提供汽车维修的行业,常常会在招牌或者广告上写明本行提供哪些汽车的维修服务,这是由于不同品牌的汽车具有不同的配置,因此在维修时要求维修店需要提前准备的配件或零部件可能也不同,有的维修店可能提供的是几类汽车的专修服务,因此会在招牌或者广告上写明自己的维修行主要提供哪些品牌汽车的维修服务,例如"本行可提供红旗、大众、宝马汽车的维修服务",这样对汽车商标的使用行为是具有必要性的,并且也是合理的。但应当说明的是,并不是所有使用他人商标以说明自己提供的商品或服务有关信息的行为都具有必要性,如实践中的一些维修行并非出于告诉消费者其维修服务范围的目的,而是专门挑选豪车如保时捷汽车的商标放在其招牌或者广告上,让人误以为其是保时捷汽车的售后维修店,这就让人不得不怀疑其具有攀附的目的。还有一些提供服务范围受限制较小的汽车美容服务的经营者,如果其广告上专门挑选保时捷或其他豪车用以宣传其汽车美容服务,让人以为其提供的汽车美容服务和豪车一样具有良好的品质,这样的使用行为即属于攀附目的,不构成商标指示性使用。因此,对于商标使用行为的必要性还需要根据使用的情况进行具体判断。

2. 使用行为符合合理限度

使用行为符合合理限度，包括使用人在使用商标时不违反诚实信用原则，使用的方式和次数都符合合理性的要求。具体而言，首先，在使用形式上，经营者在使用他人商标表达信息时，应当尽量采用文字叙述的形式。对于一些如果不使用原商标文字及图就无法准确表达信息的情况，可以采用原商标并加上一些说明性的文字的形式。其次，在使用方式上，经营者在使用他人商标时不得将他人的商标进行放大、加粗等突出显示的处理，让消费者只能注意到他人的商标，经营者本人的商标却不明显。如果具有使相关公众混淆或误认的可能，这样的使用行为就会超过合理限度，在未经商标权人许可的情况下应当被禁止。如在广东联塑科技实业有限公司与中山市明海五金有限公司等侵害商标权纠纷案中，法院即指出经营者使用他人商标时，即使是非商标性使用，也不应当随意扩大使用，必须遵守相应的规则。本案被告在显著位置突出使用原告的商标以获取竞争优势，明显具有不正当攀附故意，违反公平竞争和诚实信用原则，属于侵权行为。①再次，在使用的数量上，经营者不能大量使用他人的商标，例如在自己店铺的招牌、宣传栏，甚至店内的装潢上都广泛标识他人商标，让消费者误以为经营者的门店与商标权人存在特许经营或授权许可的关系，此种使用行为即超出了商标指示性使用的合理限度，经营者具有明显的攀附目的，不应被允许。事实上，对经营者的使用行为进行合理限度上的要求，也表明了符合合理限度的使用行为不会造成混淆。再次强调的是，不存在混淆可能性是商标指示性使用的当然后果，故而也没有必要将混淆可能性的判断作为商标指示性使用的构成要件之一。

五 结语

我国商标立法上明确规定了商标权应当受到保护，却未规定不属于商

---

① 参见广东省佛山市禅城区人民法院（2018）粤 0604 民初 25248 号民事判决书。

标权范围的指示性使用制度。商标权人在为获取垄断权的利益驱动下，不断诉求使用其商标的经营者停止使用其商标并要求其承担商标侵权的损害赔偿责任，从而导致商标权人的权利范围不断地扩张，甚至有一些商标权人要求得到绝对的商标权保护，禁止他人以任何方式使用其商标。商标指示性使用制度的出现是对商标权不断扩张的一种回应，经过长期的发展，它从反向角度确定不属于商标权调整范围的内容，划清了商标权与信息自由之间的界限。商标作为一种符号，有"能指"和"所指"两层含义，商标的"所指"部分包括了商标权人不断改进其商品的品质，苦心经营所建立起来的商誉，借助商标告知消费者其生产的商品具有稳定而一致的商品质量，消费者也可以凭借自己对商标的认识选择目标商品，商标"所指"部分的商业价值应当受到法律保护，而商标"能指"部分则会进入公共领域，成为语言的一部分，丰富我们的语言和表达。商标权人凭借商标的"所指"部分就可以从市场上获取足够的商业利益，因此不应允许其继续主张对"能指"部分的掌控，过多侵占公共利益，阻碍信息的自由流动。公共领域的资源应当让其留在公共领域，增进社会公共利益。商标指示性使用是对商标符号本身的使用，不应被商标权人所禁止，其属于商标正当使用的一种类型，但由于立法的缺位以及理论研究的不足，我国理论界和实务界中对这一概念的认识也未能达成一致，商标指示性使用的体系一直没有得到很好的梳理，因此我国司法实践在适用这一规则时呈现出标准不一、适用混乱的现象，甚至有法院的判决将商标指示性使用认为是商标性使用，从根本上误解了这一概念的内涵。基于我国司法实践，并借助他国的立法例、司法实践对商标指示性使用的运用，对这一概念的有关问题进行澄清、说明，有助于我们正确认识商标指示性使用，以构建合理的制度体系。应当明确的是，商标识别来源的功能一直在发挥作用，商标权人的商誉在商标法体系内就可以得到充分保护，但有些问题如商标指示性使用，本来就在商标法规制范围之外，不应当允许商标权人过度保护而导致其失去存在的土壤。

《知识产权与市场竞争研究》 第 7 辑
第 204～237 页
© SSAP，2021

中国知识产权法定赔偿制度的异化及再造[*]

张广良

内容提要：中国知识产权法定赔偿制度本是确定损害的最后方法，但由于对法定赔偿制度的本源认识不清、定位不明，该制度在中国被严重异化，体现在：立法机关不断提高法定赔偿幅度，司法机关在绝大多数案件中适用法定赔偿，法定赔偿被赋予惩罚侵权人、遏制侵权行为的功能。法定赔偿制度的异化影响了对权利人的赔偿力度。在完善以权利人损失、侵权人获利或参照涉案知识产权市场价值等确定损害赔偿方法的基础上，中国法定赔偿制度应当再造：法定赔偿应依权利人申请适用；在适用法定赔偿时应减轻甚至在某些情形下免除权利人的举证责任；适用法定赔偿时的考量因素应予明确，以增加赔偿数额的可预见性。

关键词：法定赔偿；损害赔偿；侵权救济；知识产权

引　言

知识产权法定赔偿肇始于美国版权法，制度设计初衷为解决权利人在损害赔偿方面的举证困境，提高案件审判效率。尽管法定赔偿制度备受争

---

* 基于本文提炼的英文论文 Statutory Damages for Copyright Infringement in China："Alienation" and "Redemption" 已发表于 *Journal of the Copyright Society of the Usa*，2016 年第 4 期。

议，美国却极力对外"推销"此项制度。① 中国在创建及完善知识产权制度的进程中，以司法判例为先导，逐步构建了法定赔偿制度，作为确定损害赔偿的最后方法。然而，中国有些立法者、司法者甚至权利人，对法定赔偿制度本源及功能缺乏充分的认知，导致该制度异化并有愈演愈烈之势。在法律修改时，法定赔偿幅度越来越高，法定赔偿被赋予其不应承担的功能；在司法过程中，绝大多数案件通过法定赔偿确定赔偿金额，法定赔偿从确定损害赔偿的最后方法异化成最主要的手段。法定赔偿制度的异化，从微观上限制了知识产权损害赔偿功效的发挥，从宏观上影响了知识产权法律立法宗旨的实现。因此，中国知识产权法定赔偿制度应当再造。本文第一部分研究了法定赔偿的起源、功能及其评价，第二部分研究了中国法定赔偿制度的演进、异化及后果，第三部分探讨了中国法定赔偿再造的核心内容。

一 法定赔偿的起源、功能及评价

（一）法定赔偿制度的起源

1. 法定赔偿雏形

法定赔偿制度发端于英国 1709 年《安娜法》② 中的"单页罚则"（per sheet penalty）③。以英国"单页罚则"为范本，美国 1790 年版权法制定了"单页救济规则"，规定违法者应就其非法持有的作品，按照每页 50 美分的标准支付处罚金额，此金额的一半归属于提起诉讼的作者或作品所有者，

---

① 参见 Pamela Samuelson，Phil Hill，Tara Wheatland，"Statutory Damages：A Rarity in Copyright Laws Internationally，But For How Long？" *J. Copyright Soc'y U. S. A.* 60（2013）：529。

② 即 Statute of Anne，世界上第一部版权法。

③ "单页罚则"是指未经图书权利人许可印刷、重印或进口该图书者，将承担对其持有、非法印制图书的每一页支付一便士的惩罚。根据《安娜法》，包括版权所有者在内的任何人均可就违法行为提起诉讼，并可获得依据"单页罚则"确定的惩处金额的一半，另一半归皇室所有。

另一半归属于美国政府。① "单页救济规则"实质上确定了侵犯版权赔偿（包括罚款）金额的计算方法。在适用此规则时，法院无须考虑实际损失及个案确定金额之正当性。② "单页救济规则"确立后的数十年来，一直坚持的是作者或作品所有者能够获得金钱救济的确定方法。③ "单页救济规则"虽然在民事案件中适用，但其具有明显的惩罚性。④ "单页救济规则"为美国法定赔偿制度的雏形。

2. 法定赔偿制度的确立

（1）美国 1909 年版权法

"单页救济规则"被视为美国现行法定赔偿制度的前身，⑤ 然而其与法定赔偿制度仍有区别。美国版权法定赔偿制度由 1909 年版权法确定，1976年版权法对该制度进行了改革，美国商标法亦规定了法定赔偿制度。

"单页救济规则"的惩罚性及适用的严格性导致其适用效果并不令人满意。⑥ 美国 1909 年版权法的最重要改革便是取消此规则，其惩罚功能被该法追究以营利为目的的故意侵权刑事责任的条款所取代，而其补偿及对侵权的遏制功能则由原告能够获得的金钱救济，即原告的实际损失及被告侵权获利所取代。⑦ 该法另一项重要改革为创设了法定赔偿制度，即针对每项

---

① 参见 Copyright Act of May 31，1790，ch. 15，§ 2，1 Stat. 124（1790）（repealed 1802）。关于处罚的标准，后来提高至每页 1 美元。

② 参见 Copyright Act of 1790，1 Statutes At Large，124。

③ Pamela Samuelson，Tara Wheatland，"Copyright Statutory Damages：A Remedy In Need of Reform，" *Wm. & Mary L. Rev.* 51（2009）：439，447.

④ 参见 Copyright Act of 1790，1 Statutes At Large，124。

⑤ 参见 *Feltner v. Columbia Pictures Television，Inc.*，523 U. S. 340，349 – 51（1998）。

⑥ 例如，只能对违法者持有的侵权复制品适用"单页罚则"，对违法者已经处理（如已经销售的）复制品不能适用此规则，如此便导致在被告已不再持有侵权复制品的案件中，原告可能无法获得赔偿。关于"单页罚则"的弊端，参见 Stenographic Report of the Proceedings of the Second Session of the Conference on Copyright（Nov. 1 – 4，1905），reprinted in 2 Legislative History of the 1909 Copyright Act pt. D，at 243（E. Fulton Brylawski & Abe Goldman eds.，1976）。

⑦ 参见 Copyright Act of 1909，§ 28，35 Stat. 1075，1082（1909）［current version at 17 U. S. C. § 504（c）（2006）］。

侵权，法律规定了赔偿金额不低于 250 美元、不超出 5000 美元的幅度。^① 为帮助法官在法定赔偿幅度内确定合适数额，该法第 25 条针对普通类型侵权的法定赔偿额度给予了指导，如绘画、雕塑等作品的侵权复制品赔偿金为每件 10 美元，其他作品的侵权复制品赔偿金为每件 1 美元等。美国判例法解释法定赔偿之目的为解决原告对其损失或被告获利的举证困难问题。^② 美国最高法院认为当损失或获利能够被证明时，不应适用 1909 年版权法中的法定赔偿条款。^③ 实践中当有证据证明原告未受损失或被告未获利时，法院有时会拒绝给予法定赔偿。^④

（2）1976 年美国版权法

在 20 世纪 50 年代初期，美国国会启动版权法修订程序，而 1909 年版权法中的法定赔偿制度属于亟须修订之列。^⑤ 1976 年版权法对于 1909 年版权法中的法定赔偿作出如下修改：第一，提高了法定赔偿的幅度，法定赔偿金不低于 750 美元、不高于 3 万美元；第二，规定被告的主观状态对法定赔偿的额度具有重大影响，对于故意侵权行为，法院可将法定赔偿金额提高至 15 万美元；而对不知也无理由知道其行为构成侵权者，法院可酌情将法定赔偿额减少至 200 美元；第三，法定赔偿的计算标准，以被侵权作品数量而非侵权次数计算；第四，原告可选择适用法定赔偿，即在最终判决作出前的任何时间，其可就涉诉侵权行为选择适用法定赔偿，以替代实际损失及侵权获利的赔偿。^⑥ 因法定赔偿准许原告无须证明其因被侵权受到了实际损失

---

① 参见 Copyright Act of 1909，§ 28，35 Stat. 1075，1082（1909）[current version at 17 U. S. C. § 504（c）(2006)]。

② Melville Nimmer & David Nimmer, Nimmer on Copyright, § 14. 04 [F][1][A]. (2008).

③ 参见 *Sheldon* v. *Metro-Goldwyn Pictures Corp.*，309 U. S. 390，399 – 401（1940）。

④ 参见 *Wash. Pub. Co.* v. *Pearson*，140 F. 2d 465，466（D. C. Cir. 1942）。

⑤ 参见 H. COMM. On The Judiciary, 87TH CONG., Report of The Register of Copyright on the General Revision of The U. S. Copyright Law 102 – 03（Comm. Print 1961），reprinted in 3 Omnibus Copyright Revision Legislative History（George S. Grossman ed.，1976）。

⑥ 17 U. S. C. § 504（c）(1976).

或者被告因侵权获得了利益便可获得实质性的金钱赔偿，故较为特殊。①

（3）美国商标法

美国《兰姆法》规定，在初审法院作出判决前，商标权人对于假冒商标的行为可请求给予法定赔偿，而不请求以其实际损失或被告非法获利确定赔偿数额。在请求法定赔偿时，商标权人无须提交证据。针对非故意侵权行为，对于在每一类商品或服务类别上的每一假冒商标，法定赔偿的最低额为 1000 美元，最高额为 20 万美元；对于故意侵权行为，每一假冒商标法定赔偿的最高额为 200 万美元。② 法院在确定法定赔偿额时具有很大的自由裁量权，其考量的因素包括证明实际损失的难度、赔偿额对于遏制侵权之功效等。

美国法定赔偿立法具有几种不同的形式，有的确定赔偿额的下限，有的确定赔偿的幅度，而有的则明确计算损失的方法；法定赔偿多规定在消费者保护或者知识产权保护立法中。③ 在美国知识产权法中，法定赔偿仅适用于侵犯著作权及侵犯商标权的案件，而对于侵犯专利权及商业秘密案件则无法定赔偿的规定。④ 一种解释是，后者侵权的调查成本较低而对权利造成的损害更大。⑤

（二）法定赔偿制度的功能

法定赔偿的初衷是当权利人难以证明其实际损失时，确保其可获得某种程度的赔偿。⑥ 法定赔偿制度的主要功能是使权利人获得诉讼程序优势，即减轻其举证责任，在无须提交实际损害证据的情形下，便可获得赔偿。

---

① 参见 Pamela Samuelson, Phil Hill, & Tara Wheatland, "Statutory Damages: A Rarity in Copyright Laws Internationally, But For How Long?" *J. Copyright Soc'y U. S. A.* 60 (2013): 529。

② 15 U. S. C. § 1117 (c)。

③ 参见 Jones Day, Emerging Issues in Statutory Damages, July 2011, https://www. jonesday. com/en/insights/2011/07/emerging-issues-in-statutory-damages。

④ 国内有著述认为美国对于侵犯专利权及商业秘密案件亦适用法定赔偿，这是不准确的。

⑤ 参见 Roger D. Blair, Thomas R. Cotter, "Economic Analysis of Damages Rules in Intellectual Property Law," *Wm. & Mary L. Rev.* 39 (1999): 1585, 1658。

⑥ 参见 Pamela Samuelson, Tara Wheatland, "Copyright Statutory Damages: A Remedy in Need of Reform," *Wm. & Mary L. Rev.* 51 (2009): 439, 442。

法定赔偿向权利人提供了一种更为高效、经济的赔偿替代方法。权利人要求获得法定赔偿的证明标准远远低于请求以实际损害予以赔偿的证明标准，故法定赔偿制度可使得诉讼更为快捷。① 无论原告提供的有关其实际损失或被告获利的证据是否充分，甚至其有意不提供此方面的证据，其仍旧可以获得法定赔偿。②

美国法院认为法定赔偿具有惩罚侵权人的目的。③ 有学者对此提出了质疑，认为当民事案件关注于惩罚或遏制时，其便越过了宪法的界限，并主张应依正当程序之要求对法定赔偿予以某种限制。④

（三）对法定赔偿制度的评价

法定赔偿是一项不健全的、以政策为导向的制度。⑤ 有学者批评美国的法定赔偿经常是"随意性、不一致、无原则且偶尔是过度的"救济措施。⑥ 原告具有选择适用法定赔偿的权利，但法院对具体赔偿数额具有自由裁量的权力。⑦ 法定赔偿制度通常确定一幅度较大的赔偿范围，但法律并未给出可供法官或陪审团适用、具有实质意义的标准。⑧ 由于缺乏明确的标准，法院依据法定赔偿确定的数额有时使公司、个人因其合法且在许多情形下有利于社会的行为面临巨大的、不可量化的风险。⑨ 对此，有学者主张，鉴于

---

① 参见 *Perrone* v. *General Motors Acceptance Corp.*，232 F. 3d 436（5th Cir. 2000）。

② 参见 Melville Nimmer & David Nimmer，Nimmer on Copyright，§ 14. 04［A］.（2008）。

③ 参见 *Douglas* v. *Cunningham*，294 U. S. 207，209（1935）；参见 *Louis Vuitton Malletier*，*S. A.* v. *LY USA*，2008 WL 5637161 at 1（S. D. N. Y. Oct. 3，2008）。

④ 参见 Doug Lichtman，Are Statutory Damages Constitutional? http://www. mediainstitute. org/IPI/ 2009/030409_ AreStatutoryDamages. php。

⑤ 参见 Pamela Samuelson，Tara Wheatland，"Copyright Statutory Damages：A Remedy In Need of Reform，" *Wm. & Mary L. Rev.* 51（2009）：446。

⑥ 参见 Pamela Samuelson，Tara Wheatland，"Copyright Statutory Damages：A Remedy In Need of Reform，" *Wm. & Mary L. Rev.* 51（2009）：441。

⑦ 参见 17 U. S. C. § 504（c）。

⑧ 参见 *Texas* v. *American Blastfax*，164 F. Supp. 2d 992（W. D. Tex. 2001）。

⑨ 参见 J. Cam Barker，"Grossly Excessive Penalties in the Battle Against Illegal File-Sharing：The Troubling Effects of Aggregating Minimum Statutory Damages for Copyright Infringement，" *Tex. L. Rev.* 83（2004）：525。

美国关于原告损失及被告获利的现行证据规则较法定赔偿制度建立之初宽松得多，在版权法修改时国会应重新考虑法定赔偿制度是否能实现其原有的立法意图。①

法定赔偿制度为美国版权法所确立。但是法定赔偿并非各国知识产权法普遍设立的制度。以版权法为例，截至2013年，世界知识产权组织177个成员国中仅有22个成员国（包括美国）建立了侵犯版权的法定赔偿制度。② 世界上拥有庞大、发达版权产业的大多数国家，如荷兰、英国、澳大利亚、德国和法国，并无法定赔偿制度，或许这些国家认为其版权救济措施已足以保护其弥足珍贵的创意产业。与之相反，世界上建立版权法定赔偿制度的国家，多数并不拥有实质性的版权产业。③

虽然美国学术界普遍对法定赔偿制度持批判态度，但是美国政府坚持通过双边、多边条约及其他机制，向其他国家推销此种"特殊"的救济措施。④ 例如，《反假冒贸易协议》为保护版权及商标权确立了法定赔偿制度，试图改变赔偿额的计算方法。⑤ 对于建立法定赔偿制度的国家，该协议要求必须确保权利人具有选择适用法定赔偿的权利，使其在无实际损失或非法

---

① 参见 Melville Nimmer & David Nimmer, Nimmer on Copyright, § 14.04 ［A］［3］.（2008）（"Uncertainty will not preclude recovery of actual damages if the uncertainty is as to amount, not as to whether actual damages are attributable to the infringement."）。

② 参见 Pamela Samuelson, Phil Hill, Tara Wheatland, "Statutory Damages: A Rarity in Copyright Laws Internationally, But For How Long?" *J. Copyright Soc' y U. S. A.* 60 (2013): 529。These countries are: Azerbaijan, Bahamas, Bahrain, Belarus, Bulgaria, Canada, China, Costa Rica, Dominican Republican, Israel, Kazakhstan, Kyrgyzstan, Liberia, Lithuania, Malaysia, Morocco, Republic of Korea, Republic of Moldova, Russian Federation, Singapore, Sri Lanka, Ukraine, the United States, and Vietnam.

③ 参见 Pamela Samuelson, Phil Hill, Tara Wheatland, "Statutory Damages: A Rarity in Copyright Laws Internationally, But For How Long?" *J. Copyright Soc' y U. S. A.* 60 (2013): 529。

④ 参见 Pamela Samuelson, Phil Hill, Tara Wheatland, "Statutory Damages: A Rarity in Copyright Laws Internationally, But For How Long?" *J. Copyright Soc' y U. S. A.* 60 (2013): 529。

⑤ 参见 Anti-Counterfeiting Trade Agreement, Art. 9.3 (a)。美国、日本最初于2007年提出ACTA谈判设想，2008年6月正式谈判，包含美、日在内共有11个国家与地区参与。谈判是秘密进行的。2011年10月1日，ACTA签约仪式在东京举行。根据协定，在有6个国家批准加入的30天后，该条约将生效。

获利证据的案件中能够获得赔偿。① 未建立法定赔偿制度，或者采取措施降低法定赔偿严厉程度，或者对其适用采取与美国法相同限制措施的国家，将受到美国的指责。② 而受到指责的国家没有评估法定赔偿是否与其现行法律制度及其民事救济措施"相兼容"的余地。③

二 中国法定赔偿制度的演进、异化及后果

（一）中国法定赔偿制度的演进

虽然中国在知识产权法律制度的建立及完善过程中，与美国发生数次知识产权争端，④ 但目前并无美国建议或要求中国建立法定赔偿制度的资料。中国法定赔偿制度完全是自主选择的结果，经历了法院在个案中酌定赔偿数额、地方法院制定酌定赔偿幅度的指导意见、最高人民法院制定酌定赔偿幅度的司法政策及司法解释⑤及法定赔偿最终写入法律的过程。

1. 个案酌定赔偿数额及地方法院制定酌定赔偿数额的指导意见

中国知识产权案件审判的初期，损害赔偿数额的确定是法院面临的一大难题。⑥ 在许多案件中，权利人无法证明其实际损失或侵权人的非法获利数额时，法院便通过酌定的方式确定赔偿数额。例如，在王东升诉叶永烈、

---

① 参见 Anti-Counterfeiting Trade Agreement, Art. 9.4。

② 参见 Pamela Samuelson, Phil Hill, & Tara Wheatland, Statutory Damages: A Rarity in Copyright Laws Internationally, But For How Long?" *J. Copyright Soc'y U. S. A.* 60 (2013): 529。

③ 参见 Pamela Samuelson, Phil Hill, & Tara Wheatland, Statutory Damages: A Rarity in Copyright Laws Internationally, But For How Long?" *J. Copyright Soc'y U. S. A.* 60 (2013): 529。

④ 参见凌金铸《知识产权因素与中美关系：1989—1996》，上海人民出版社，2007，第 137~147、186~200、210~222 页。

⑤ 中国法院在早期案件中赔偿数额的酌定，是对权利人实际损失或侵权人非法获利的酌定。当地方法院在其指导意见中对酌定赔偿幅度予以明确，尤其是最高人民法院在其司法解释中明确酌定赔偿的幅度（即最高人民法院司法政策中所称的"定额赔偿"）时，酌定已具有了法定赔偿的特征。

⑥ 中国法院大规模审理知识产权案件，是从某些地方建立知识产权审判庭开始的。北京市高级人民法院及北京市中级人民法院于 1993 年 8 月 5 日率先建立了知识产权审判庭，揭开了中国知识产权案件专业审判的序幕。

作家出版社侵害著作权纠纷案中，受诉法院认为原告要求的数额过高，没有根据，故予以酌情确定赔偿数额。①

随着审判经验的积累，个别地方法院认识到应对法官酌定赔偿数额的自由裁量权予以必要规范，明确其可以酌定赔偿数额的幅度。例如，北京市高级人民法院对侵犯计算机软件著作权的酌定赔偿幅度作出了如下规定：在难以确定权利人的实际损害或侵权人的侵权获益时，侵权人应赔偿 5000 至 30000 元；如果侵权人确有证据证明其不知道其行为已构成侵权并且侵权后果不严重的，可酌情将赔偿数额减少到 5000 元以下。② 此后，北京市高级人民法院对于是否应设定法定赔偿制度进行了调研，并在 1997 年 11 月完成的调研报告中指出：审判实践中确有损害数额难以查清的情况，而且不在少数，审理案件也有讲究效率和投入产出的问题，不可能也无必要在赔偿数额问题上倾注过多的精力，③ 因此设立法定赔偿制度很有必要。

2. 最高人民法院制定酌定赔偿数额幅度的司法政策及司法解释

最高人民法院 1998 年 7 月发布的《关于全国部分法院知识产权审判工作座谈会纪要》首次从司法政策的角度提出法官可以对赔偿额进行酌定，即"对于已查明被告构成侵权并造成原告损害，但原告损失额与被告获利额均不能确认的案件，可以采用定额赔偿的办法来确定损害赔偿额。定额赔偿的幅度，可掌握在 5000 元至 30 万元之间"。在此司法政策性文件中，最高人民法院使用了"定额赔偿"的表述。

最高人民法院 2000 年 12 月 19 日颁布的《关于审理涉及计算机网络著

---

① 参见北京市中级人民法院（1994）中知字第 941 号民事判决书。

② 参见北京市高级人民法院《关于审理计算机软件著作权纠纷案件几个问题的意见》，1995 年 6 月 21 日发布，京高发〔1995〕192 号。

③ 不过，该院对赔偿问题的看法本身存在矛盾之处。如在该庭撰写的《1995 年二审知识产权案件审理情况反映》中提到，知识产权案件的原告之所以起诉，无非是要解决两方面的问题，即确定被告侵权（或违法）责任和判令被告赔偿损失，在绝大多数案件中，赔偿损失又是主要方面。参见北京市高级人民法院知识产权审判庭《关于审理知识产权纠纷案件若干问题的参考意见》，载北京市高级人民法院民三庭编《知识产权审判规范》，知识产权出版社，2003，第 287 页。

作权纠纷案件适用法律若干问题的解释》① 首次以司法解释的方式对定额赔偿作出了规定。该司法解释第 10 条第 2 款规定：被侵权人损失额不能确定的，人民法院依被侵权人的请求，可以根据侵害情节在人民币 500 元以上 30 万元以下确定赔偿数额，最多不得超过人民币 50 万元。因司法解释具有法律约束力，故可将此条规定视为中国法定赔偿制度的雏形。

3. 法定赔偿制度写入知识产权法律

2001 年 10 月 27 日，中国《著作权法》进行第一次修正。修正后的《著作权法》第 48 条第 2 款规定："权利人的实际损失或者侵权人的违法所得不能确定的，由人民法院根据侵权行为的情节，判决给予五十万元以下的赔偿。"② 同日，中国《商标法》进行第二次修正，修正后的《商标法》第 56 条第 2 款的内容含义与上述《著作权法》第 48 条第 2 款相同。2013 年及 2019 年修正的《商标法》分别将法定赔偿上限提高至 300 万元和 500 万元。

中国《专利法》在 2000 年 8 月 25 日进行第二次修正时未写入法定赔偿的内容。2001 年 6 月 22 日，最高人民法院颁布《关于审理专利纠纷案件适用法律问题的若干规定》。③ 根据该司法解释第 21 条的规定，被侵权人的损失或者侵权人获得的利益难以确定，也没有专利许可使用费可以参照或者专利许可使用费明显不合理的，人民法院可以根据专利权的类别、侵权人侵权的性质和情节等因素，一般在人民币 5000 元以上 30 万元以下确定赔偿数额，最多不得超过人民币 50 万元。2008 年 12 月 27 日，中国《专利法》进行第三次修正时，立法机关将法定赔偿制度纳入《专利法》，并将赔偿幅度从司法解释规定的 5000 元至 50 万元提高到 1 万元至 100 万元。④

2019 年第二次修正的《反不正当竞争法》针对混淆行为及侵犯商业秘密行为规定了法定赔偿，上限为 500 万元。

---

① 法释〔2000〕48 号。
② 第一次修正的《著作权法》第 48 条第 1 款规定了侵犯著作权损害赔偿确定方法的适用顺序，即侵犯著作权或者与著作权有关的权利的，侵权人应当按照权利人的实际损失给予赔偿；实际损失难以计算的，可以按照侵权人的违法所得给予赔偿。
③ 法释〔2001〕21 号。
④ 参见《专利法》（2008）第 68 条第 2 款。

4. 中国法定赔偿制度的特征

综合《著作权法》《商标法》《专利法》及相关司法解释之规定，中国法定赔偿制度具有如下特征。

（1）法定赔偿是确定损害赔偿的最后手段

关于侵犯知识产权案件损害赔偿的确定方法，中国现行知识产权法律明确规定了确定顺序，即首先应按权利人的实际损失给予确定；实际损失难以计算的，可以按侵权人的违法所得（获得的利益）给予赔偿；权利人的损失或者侵权人的违法所得难以确定的，参照涉案知识产权许可使用费的倍数合理确定；只有在权利人的实际损失、侵权人的违法所得和许可使用费均难以确定的情形下，方可适用法定赔偿。① 简言之，现行法律所确定的知识产权损害赔偿确定方法的顺位依次为权利人的损失、侵权人的违法所得、参照涉案知识产权许可使用费及法定赔偿。② 这意味着权利人并无直接选择适用法定赔偿的权利。

（2）法定赔偿适用于所有类型的知识产权案件

在《反不正当竞争法》于2019年4月23日修正之前，中国知识产权法定赔偿制度规定在《著作权法》、《商标法》及《专利法》之中，不过最高人民法院通过司法解释的方式，将法定赔偿制度扩张适用于反不正当竞争案件。③ 具体而言，侵犯商业秘密的损害赔偿额，可参照侵犯专利权的法

---

① 参见《著作权法》（2010）第49条、《商标法》（2013）第63条，《专利法》（2008）第65条。中国现行《著作权法》及司法解释中无参照作品许可使用费的倍数确定损害赔偿数额的规定，但在实践中，某些地方法院出台的指导意见提出，可以此计算赔偿数额。如北京市高级人民法院在1996年12月9日发布的《关于审理著作权纠纷案件若干问题的解答》第37条指出，对于国家规定有付酬标准的作品，可按付酬标准的2~5倍计算赔偿数额。而在最高人民法院相关司法解释中，则将合理使用费作为确定法定赔偿数额的一个考量因素，参见《最高人民法院关于审理著作权民事纠纷案件适用法律若干问题的解释》，法释〔2002〕31号，第25条。

② 权利人的损失，在中国法中有时又表述为"权利人的实际损失""侵权人的损失"，在本文中其为同义语；"侵权人的违法所得"，在中国法中有时又表述为"侵权人的非法获利""侵权人获得的利益"，在本文中其亦为同义语。

③ 参见《最高人民法院关于审理不正当竞争纠纷民事案件应用法律若干问题的解释》，法释〔2007〕2号，本解释于2020年修正。

定赔偿额度确定，而与知识产权有关的其他不正当竞争行为的损害赔偿额，可参照侵犯商标权的法定赔偿额度确定。① 《反不正当竞争法》第二次修正后，则可直接依据该法确定混淆行为及侵犯商业秘密行为的法定赔偿数额。

（3）现行法律对于如何适用法定赔偿给予较少指引

虽然中国现行知识产权法规定了法定赔偿制度，但其对如何适用法定赔偿以确定具体的赔偿数额给予较少指引。《著作权法》《商标法》仅规定，由人民法院根据"侵权行为的情节"判决确定法定赔偿的数额，② 即侵权行为的情节是适用法定赔偿时应考量的唯一因素。《专利法》给予的指引稍多，规定适用法定赔偿的考量因素包括"专利权的类型、侵权行为的性质和情节"③。关于何谓"侵权行为的情节"，最高人民法院在相关司法解释中做了进一步明确，如在著作权案件中包括"作品类型、合理使用费、侵权行为性质、后果等"④；在商标案件中则包括"侵权行为的性质、期间、后果，侵权人的主观过错程度，商标的声誉及制止侵权行为的合理开支等因素"⑤。上述司法解释虽然将适用法定赔偿应考量的因素进一步细化，但对在巨大的法定赔偿幅度内如何确定赔偿数额未能给予实质性的指导，留给法院极大的自由裁量空间。

（二）中国法定赔偿制度的异化

因法定赔偿制度在中国民事损害赔偿体系中较为独特，⑥ 某些立法者、

---

① 参见《最高人民法院关于审理不正当竞争纠纷民事案件应用法律若干问题的解释》，第 17 条第 1 款。
② 参见《著作权法》（2020）第 54 条第 2 款、《商标法》（2019）第 63 条第 3 款。
③ 参见《专利法》（2020）第 71 条第 2 款。
④ 参见《最高人民法院关于审理著作权民事纠纷案件适用法律若干问题的解释》（2020 修正），法释〔2020〕19 号，第 25 条第 2 款。
⑤ 参见《最高人民法院关于审理商标民事纠纷案件适用法律若干问题的解释》（2020 修正），法释〔2020〕19 号，第 16 条第 2 款。
⑥ 中国立法机关在知识产权法律中纳入法定赔偿制度时，可能并未考虑与民事损害赔偿制度相"兼容"的问题。

司法者以及权利人对该制度的起源、功效等存在模糊认识，导致该制度在中国被严重异化，主要体现在如下几个方面。

1. 本末倒置，法定赔偿从确定损害赔偿的最后方法异化为最主要的手段

如上所述，中国现行知识产权法律已明确规定了损害赔偿确定方法的适用顺位，法定赔偿是排在权利人实际损失、侵权人违法所得、参照知识产权许可使用费之后的确定赔偿额的方法，即顺位最后的方法。然而，在实践中，绝大多数案件的损害赔偿是通过法定赔偿确定的。有研究机构以中国实施知识产权战略以来全国法院审理的 4768 件知识产权侵权司法判例为研究对象，发现采用法定赔偿确定赔偿数额的著作权案件、商标权案件及专利权案件分别占相应类型案件抽样总数的 78.54%、97.63% 及 97.25%。[1] 广东省各级法院处理的知识产权案件数量在中国名列前茅，统计显示，2008 年至 2011 年，广东省各中级法院处理的一审知识产权案件适用法定赔偿的比例高达 98.5%，甚至有两家中级法院的所有案件均适用了法定赔偿。[2]

许多权利人在主张赔偿额时是以其实际损失或侵权人违法所得作为计算标准的，但法院在判决时往往以其提供的证据不充分为由，适用法定赔偿，[3] 这是法定赔偿制度异化的重要原因。也有学者认为，此种现象还涉及其他原因，如法院在确定赔偿数额时拥有较大的裁量权，且长期以来法院判决赔偿额方面的谦抑政策也会导致法官倾向于选择法定赔偿。[4]

由此引发的思考是，法院在诉讼中能否主动适用法定赔偿。在美国法中，法定赔偿仅应依当事人请求而适用。中国知识产权法律对此未作明确

---

[1] 此研究为中南财经政法大学知识产权研究中心完成，参见张维《知识产权侵权获赔额整体偏低》，《法制日报》2013 年 4 月 18 日。

[2] 参见欧修平《知识产权损害赔偿中的证据规则——以广东法院为例》，载江苏省法学会知识产权法学研究会、南京大学法学院等于 2013 年 11 月 23 ~ 24 日主办的知识产权诉讼证据规则研讨会会议资料，第 96 页。笔者曾对中国 2008 ~ 2012 年中国法院审理的侵犯计算机软件著作权案件的损害赔偿进行抽样实证研究，在 92 件有效样本中，法院采用法定赔偿确定赔偿的案件比例达 94.5%。

[3] 参见张维《知识产权侵权获赔额整体偏低》，《法制日报》2013 年 4 月 18 日。

[4] 参见崔国斌《专利法：原理与案例》，北京大学出版社，2012，第 785 页。

规定，相关司法解释规定法定赔偿可依权利人申请或法院依职权而适用。① 实践中法院依职权适用法定赔偿，是中国绝大多数知识产权案件适用法定赔偿，从而导致制度异化的重要原因。

2. 越俎代庖，法定赔偿异化为填平性赔偿

在法定赔偿制度的起源地美国，法定赔偿的制度设计目的是减轻权利人在损害赔偿方面的举证压力，快速解决纠纷。在中国，《著作权法》《商标法》《专利法》以及最高人民法院相关司法解释纳入了法定赔偿制度，但笔者并未检索到司法和立法机关公开阐释的理由。不过，一位参与专利法立法的学者在其著述中曾提及，中国《专利法》在2008年修正时增加法定赔偿的理由为：专利权作为无形财产权，在发生纠纷后，专利人的损失或侵权人的非法获利有时难以确定，亦无许可使用费可参照或者参照许可使用费明显不合理，故增加法定赔偿制度以解决实践中出现的问题，提高对专利权司法保护的效率。② 据此，笔者认为，解决权利人在损害赔偿方面的举证困难问题、提高司法效率，应是中国知识产权立法纳入法定赔偿制度的主要目的。

立法是对各方利益平衡之结果。法定赔偿在解决权利人损害赔偿方面的举证困难问题、提高司法效率、维护权利人利益的同时，也可能对其利益造成不利的影响，即通过法定赔偿方式确定的赔偿数额，在许多情形下无法准确反映出权利人的实际损失或者侵权人的违法所得，③ 故难以填平权利人因被侵权受到的损害。若权利人要想使损害得到全面赔偿，其应加大诉讼投入，以获取其实际损失或侵权人违法所得的证据。对权利人损失的全面赔偿，不应是法定赔偿制度设计之目的。

然而，法定赔偿制度的目的在中国立法、司法实践中遭到误读。在立

---

① 《最高人民法院关于审理著作权民事纠纷案件适用法律若干问题的解释》第25条第1款规定："在权利人的实际损失或侵权人的违法所得无法确定的，人民法院根据当事人的请求或者依职权适用著作权法第四十九条第二款的规定确定赔偿数额。"

② 参见安建主编《中华人民共和国专利法释义》，法制出版社，2009，第138页。

③ 笔者认为，以权利人实际损失或侵权人违法所得确定的赔偿数额，足以填补权利人因被侵权受到的损害，故为填补性赔偿，而法定赔偿从制度设计的目的出发，并不是为了"填平"权利人受到的损害。

法实践中，立法机关不断提高法定赔偿的幅度，意图通过法定赔偿制度全面赔偿权利人的损失。例如，中国《专利法》在 2008 年进行第三次修正时，立法机关将司法解释确定的法定赔偿的上限提高至 100 万元，其理由为专利技术，尤其是高新专利技术常常具有很高的经济价值，50 万元的上限不能弥补专利权人因被侵权而蒙受的损失。[①] 再如，在中国《商标法》第三次修正过程中，当立法机关审议商标法修正案二审草案时，有全国人大常委会委员建议应将赔偿额上限提高到 500 万元，理由为某些侵犯商标权行为利润很高，甚至以千万元计。[②]

在司法实践中，有地方法院制定指导意见，明确要求适用法定赔偿确定赔偿数额应确保权利人损失获得充分赔偿，即法定赔偿应具有充分赔偿权利人损失的功能。[③] 此种观点在逻辑上是不能成立的。依据中国现行法律规定，法定赔偿只有在权利人的损失、侵权人的违法所得均难以查清时，或无许可使用费可参照的情形下，方可适用。既然权利人的损失难以查清，何谈其损失可获得充分赔偿？此种思维的出发点仍是将法定赔偿与填平赔偿或全面赔偿在目的上混同了。最高人民法院针对某些案件的评价，显然也认可法定赔偿具有全面赔偿之目的。[④]

[①] 参见尹新天《中国专利法详解》，知识产权出版社，2011，第 732 页。

[②] 参见席锋宇《侵权赔偿上限提至五百万》，中国人大网，http://www.npc.gov.cn/zgrdw/huiyi/lfzt/sbfxzcazt/2013-06/29/content_1799398.htm，最后访问日期：2021 年 7 月 30 日。中国商标法第三次修正时将侵犯商标权的法定赔偿上限提高至 300 万元，参见中国《商标法》（2013）第 63 条第 3 款。中国《商标法》第四次修正时将法定赔偿的上限提高至 500 万元。

[③] 参见上海市高级人民法院《关于知识产权侵权纠纷中适用法定赔偿方法确定赔偿数额的若干问题的意见（试行）》第 2 条。

[④] 例如，在"道道通"电子导航地图著作权纠纷案中，受诉法院综合全案证据后认为，全国导航电子地图制作投入的人力、物力巨大，市场利润较高，侵权人重复侵权，恶意明显，单次侵权时间就达 1 年 5 个月，且自称连续 5 个季度在同类产品中市场销售占有率达 50.1%，销售量占全国市场的 50%，故虽然侵权损害的实际损失难以查清，但该数额明显高于法定赔偿额 50 万元的限制，故法院判决赔偿 100 万元。参见广东省高级人民法院（2008）粤高法民三终字第 290 号民事判决书。最高人民法院认为此案入选 2009 年中国知识产权司法保护十大案件的理由是，该判决较好地贯彻了有关司法政策，遵循了全面赔偿原则，充分保护了权利人的利益。参见徐春建、刘思彬、张学军《关于破解知识产权司法保护赔偿难的建议》，《人民法院报》2012 年 3 月 28 日。

3. 标准失范，法定赔偿异化为随意赔偿

有学者主张对法定赔偿的适用要持谨慎态度，"限制法定赔偿的随意适用，防止法定赔偿变为随意赔偿、任意赔偿给社会带来的不利影响"①。而现实是，法定赔偿在某些方面已异化为随意赔偿。

（1）法院突破法定赔偿上限或下限确定赔偿数额

中国《商标法》和《反不正当竞争法》规定法定赔偿的上限为500万元②，《著作权法》和《专利法》则分别规定法定赔偿幅度为500元以上500万元以下③、3万元以上500万元以下④，均为法定赔偿数额划定了非常明确的下限或上限。

然而，法院在裁判中突破法定赔偿上限的案件时有发生。⑤ 例如，在宝马股份有限公司诉广州世纪宝驰服饰实业有限公司侵害商标权及不正当竞争纠纷案中，原告主张赔偿200万元，一审法院按照当时《商标法》关于法定赔偿之规定，判令被告赔偿50万元（即法定赔偿的最高限额），而二审法院依据原告在二审中提交的新证据，认定被告侵权的主观恶意明显、侵权时间长、侵权范围广、侵权获利远远超出人民币200万元，故全额支持原告提出的200万的诉讼请求。⑥ 二审法院认为，对于侵权行为严重、主观恶意明显、侵权获利巨大的侵权人，在有证据证明其侵权获利远

---

① 参见朱启莉《我国知识产权法定赔偿适用情形存在的问题与对策研究——兼评〈著作权法〉（草案）第72条》，《当代法学》2012年第5期。

② 参见《商标法》（2019）第63条第3款，《反不正当竞争法》（2019）第17条第4款。

③ 参见《著作权法》（2020）第54条第2款。

④ 参见《专利法》（2020）第71条第2款。

⑤ 有地方法院在其指导意见中明确规定了在何时可以突破法定赔偿额的上限确定赔偿数额。例如，江苏省高级人民法院提出：适用定额赔偿办法应当在50万元以下确定赔偿数额；原告提供的证据虽不能准确计算出因侵权所受到的损失或被告因侵权所获得的利益，但足以证明其受到的损失或被告获得的利益超过定额赔偿最高限额，而原告非唯一请求适用定额赔偿办法的，可以参照其他赔偿原则在最高限额以上酌情确定赔偿数额，参见《江苏省高级人民法院关于知识产权侵权损害适用定额赔偿办法若干问题的指导意见》，江苏省高级人民法院审判委员会2005年11月18日第52次会议讨论通过第23条。

⑥ 参见北京市高级人民法院（2012）高民终字第918号民事判决书。另见大众汽车股份公司诉长春大众润滑油品销售有限公司等侵犯商标权及不正当竞争纠纷案，长沙市中级人民法院（2007）长中民三字第74号民事判决书。

超过法定赔偿额时，可以突破当时《商标法》所规定的法定赔偿的50万元上限来确定侵权赔偿责任。[①]

笔者尚未见到在专利侵权案件中突破法定赔偿的下限（1万元）进行裁决的案件。有法官认为，对于经营规模小的经营者，如小商小贩，在获利显然不会达到1万元时，可在1万元以下酌定实际损失，并非一定要适用1万元以上的法定赔偿。[②] 此种观点亦可解释为，即使权利人要求获得法定赔偿，但法院仍可突破法定赔偿的下限确定赔偿数额。这一观点已被最高人民法院知识产权法庭发布的司法文件和典型案例接受，如《最高人民法院知识产权法庭裁判要旨（2020）》明确，适用法定赔偿或者酌定赔偿确定专利损害赔偿数额时，"有证据证明侵权损害高于法定赔偿上限或者低于法定赔偿下限的，可以在上限以上或者下限以下确定赔偿数额"[③]。

对于能否突破法定赔偿上限确定赔偿数额问题，最高人民法院指出，对于难以证明侵权受损或侵权获利的具体数额，但有证据证明前述数额明显超过法定赔偿最高限额的，应当综合全案的证据情况，在法定最高限额以上合理确定赔偿额。[④]

法院在法定赔偿幅度之外确定的赔偿数额，实质上是其进行司法利益衡量的结果。然而，诚如学者所言，"利益衡量的主要工作应当是立法者的使命，而不是司法者的任务，司法中的利益衡量应当建立在尊重法律规范的基础之上，并在极小的范围内存在"[⑤]。法院在司法过程中，不应滥用利益衡量。在法律已有明确依据，司法者认为其欠缺实质妥当性而弃之不用，并进行法外利益衡量时，属于滥用利益衡量，实际上是司法者代行立法者

---

① 参见北京市高级人民法院知识产权庭《北京市高级人民法院2012年知识产权审判新发展》，《中国专利与商标》2013年第4期。

② 参见孔祥俊《知识产权保护的新思维——知识产权司法前沿问题》，中国法制出版社，2013，第111页。

③ 参见《最高人民法院知识产权法庭裁判要旨（2020）摘要》第13条。

④ 参见最高人民法院《关于当前经济形势下知识产权审判服务大局若干问题的意见》。

⑤ 参见张新宝《侵权责任法立法的利益衡量》，《中国法学》2009年第4期，第178页。

的职权，属于司法权僭越立法权。① 突破法定赔偿的上限及下限确定赔偿金额，实质为置法律依据于不顾的滥用利益衡量行为。

（2）在实践中酌定因素过多，法定赔偿数额缺少可预见性

虽然中国知识产权法律对法定赔偿的适用给予较少指引，但是法院为使个案判决书更具有说服力，通常会较为详细地列举其适用法定赔偿所考量的因素（即酌定因素）。有些地方法院还发布了指导意见，明确在某类案件中适用法定赔偿时应考量的因素，有的多达十余个。② 2012年笔者曾对侵犯计算机软件著作权案件法定赔偿问题进行实证研究，发现各地法院对此类案件适用法定赔偿时酌定因素总量达34个。③ 如此多的酌定因素，提高了法院裁量的自由度，也使得法定赔偿数额缺少可预见性。

最高人民法院司法政策指出，适用法定赔偿最终得出的赔偿结果应合理可信，要做到同一地区的类似案件得到基本相同的处理，全国各地的赔偿数

---

① 参见张新宝《侵权责任法立法的利益衡量》，《中国法学》2009年第4期，第178页。

② 浙江省高级人民法院规定了在专利侵权案件中适用法定赔偿方法确定赔偿数额时，应当综合考量以下因素：（1）权利人因被侵权可能遭受的损失，或侵权人因侵权可能获得的利益；（2）专利权的种类、创新程度；（3）专利权的商业或市场价值；（4）专利产品的价值、所占的市场份额；（5）侵权行为的性质、持续时间、范围、后果以及侵权产品的广告宣传情况等；（6）侵权人的主观过错程度；（7）侵权人的注册资本、生产经营规模；（8）工商等知识产权行政管理部门做出的行政处罚决定书中认定的侵权产品生产、经营情况；（9）作为部件的专利产品在整个产品中所起的作用；（10）专利权实施情况以及剩余保护期限；（11）同类专利的合理转让费、许可使用费；（12）其他可能影响确定赔偿数额的因素。参见浙江省高级人民法院《关于审理侵犯专利权纠纷案件适用法定赔偿方法的若干意见》，浙高法〔2009〕334号，第6条。上海市高级人民法院指导意见涉及的酌定因素较少，主要包括：（1）被侵犯知识产权的权利价值；（2）侵权情节；（3）侵权损害后果；（4）侵权人过错程度；（5）其他应予考虑的因素。参见《上海市高级人民法院关于知识产权侵权纠纷中适用法定赔偿方法确定赔偿数额的若干问题的意见（试行）》，沪高法〔2010〕267号，第二部分。

③ 34个酌定因素为：涉案软件的类型、涉案软件的市场价格、涉案软件的合理使用费、涉案软件的知名度、涉案软件的发表日期、原告获得授权的性质、原告获得授权的时间、涉案软件的研发投入、涉案软件的独创性程度、涉案软件的难度、涉案软件市场许可使用的情况、涉案软件作品、原告的损失、原告的合理支出、原告自身存在的过错、被告的主观过错程度、侵权行为的性质、侵权行为的情节、侵权行为的方式、侵权行为的范围、侵权行为的后果、侵权的程度、侵权行为的持续时间、侵权产品（侵权复制品）的数量、侵权产品的价格、侵权获利情况、被告的经营规模、被告使用涉案软件的商业目的、被告成立时间、被告的经营范围、法院证据保全的情况、法定限额、当地经济文化发展状况、商业软件销售的一般规律。

额不宜有过大的差异。① 然而，由于在适用法定赔偿时不同法院甚至同一法院的法官之间缺乏有效的沟通机制，造成事实上类似案件的赔偿数额相差较大，②故此项司法政策的执行有较大难度。

4. 功能错位，法定赔偿被赋予惩罚侵权人、遏制侵权行为之功能

关于法定赔偿的功能，中国理论界及实务界受美国法的影响颇深，主张法定赔偿具有惩罚侵权人、遏制侵权行为之功能。国内有学者认为，法定赔偿应注重惩罚恶意侵权行为，并建议完善法定赔偿制度，最大限度地发挥法定赔偿补偿性与惩罚性相互结合的优势。③ 也有学者指出，法定赔偿的突出作用，在于对侵权人施加必要的法律震慑力。④ 中国《商标法》进行第三次修正时，将法定赔偿的上限从 50 万元提高到 300 万元，有商标执法官员及学者认为这是遏制商标侵权行为、加大对注册商标权保护力度的举措。⑤ 或许正是基于法定赔偿具有惩罚、遏制功能，从而可以加大立法者对权利人保护力度的认识，使得中国知识产权法律在修正时不断提高法定赔偿的幅度，现行《商标法》、《著作权法》、《专利法》以及《反不正当竞争法》规定的法定赔偿上限均为 500 万元。

法定赔偿具有特定的制度设计目的及特殊价值。然而，通过法定赔偿方式确定的损害赔偿，仍应具备中国民事损害赔偿的基本功能。作为侵权责任承担方式的核心，损害赔偿的基本功能在于给予受害人损害相当的填补，而不是对加害人的财产性惩罚。⑥ 因此，法定赔偿的基本功能不在于

---

① 参见《最高人民法院副院长曹建明在第二次全国法院知识产权审判工作会议上的讲话》，最高人民法院网站，2012 年 5 月 9 日，http://zscq. court. gov. cn/dcyj/201205/t20120509_176763. html。

② 参见姜庶伟《知识产权侵权损害赔偿》，载张广良主编《知识产权民事诉讼热点专题研究（中英文对照）》，知识产权出版社，2009，第 146 页。

③ 参见徐春建、刘思彬、张学军《关于破解知识产权司法保护赔偿难的建议》，《人民法院报》2012 年 3 月 28 日。

④ 参见尹新天《中国专利法详解》，知识产权出版社，2011，第 737 页。

⑤ 参见余瀛波《惩罚性赔偿率先突破界限——专家称或为版权法专利法开路》，《法制日报》2013 年 9 月 4 日。

⑥ 参见张新宝《侵权责任法立法的利益衡量》，《中国法学》2009 年第 4 期，第 190 页。

惩罚。[1] 对某种类型的侵权行为处以惩罚性赔偿,我国已通过立法的形式明确惩罚性赔偿的要件和范围。[2]

(三) 异化的后果

法定赔偿制度在中国的异化已带来严重的后果。通过法定赔偿方式确定的赔偿数额,难以充分体现知识产权的价值和弥补权利人的损失,会损害权利人寻求司法保护的信心,[3] 长远看必将影响民事主体创新的积极性及中国创新驱动发展战略的实施。

1. 制约了损害赔偿力度

实证研究表明,依据法定赔偿所确定的获赔额均值和判赔支持度均值一般低于适用其他计算标准时的水平。[4] 适用法定赔偿太多太滥,是知识产权案件赔偿数额低的重要原因。[5] 法定赔偿现在已成为侵权赔偿的主要方式,客观上制约了侵权损害赔偿力度,难以有效抑制侵权行为。[6]

2. 抑制权利人在损害赔偿方面举证的积极性及法院探寻科学的损害赔偿计算方法的动力

权利人对其损害赔偿请求积极、充分举证,是其赔偿请求得以满足的前提。在损害赔偿问题上,中国法院确实存在一定程度的保守倾向,对于

---

① 惩罚性赔偿,指超过实际损失范围判决加害人或者对损害负有赔偿义务的人对受害人予以额外的金钱赔偿,以示对加害人的惩罚,参见张新宝《侵权责任法立法的利益衡量》,《中国法学》2009 年第 4 期,第 184 页。

② 例如《民法典》第 1185 条规定:"故意侵害他人知识产权,情节严重的,被侵权人有权请求相应的惩罚性赔偿。"《商标法》第 60 条第 2 款、《专利法》第 71 条第 1 款、《著作权法》第 54 条第 1 款以及《反不正当竞争法》第 17 条第 3 款作出相应的规定。

③ 参见欧修平《知识产权损害赔偿中的证据规则——以广东法院为例》,载江苏省法学会知识产权法学研究会、南京大学法学院等于 2013 年 11 月 23 ~ 24 日主办的知识产权诉讼证据规则研讨会会议资料,第 96 页。

④ 参见张维《知识产权侵权获赔额整体偏低》,《法制日报》2013 年 4 月 18 日。

⑤ 参见王逸吟《知识产权侵权赔偿之惑》,《光明日报》2013 年 3 月 28 日。

⑥ 参见徐春建、刘思彬、张学军《关于破解知识产权司法保护赔偿难的建议》,《人民法院报》2012 年 3 月 28 日。

证据规则和证明程度的把握偏严，① 致使实际损失或非法所得的证据在应予采信时有时未予采信。当此种偶然的做法演化成常态，必将抑制权利人举证的积极性。在法院可不受约束地依职权适用法定赔偿，绝大部分案件的赔偿数额是靠法官"拍脑袋"得出来时，法官将失去探寻科学的损害赔偿计算规则的动力。②

中国立法机关在知识产权法律修正时不断提高法定赔偿幅度的做法，对于法定赔偿的过度适用起到了推波助澜的作用。在法定赔偿上限较高（如《商标法》规定 500 万元人民币）的情形下，权利人在对损害赔偿主张未充分举证时，仍寄希望于法院适用高额的法定赔偿填补己方损失，从而失去完善证据的动力。在侵权情节严重且损害赔偿证据繁多、计算方法复杂的案件中，法院可通过法定赔偿的方式，酌定高额（甚至突破法定赔偿上限）的赔偿数额，而不再追求赔偿数额的精准。

3. 打击民事主体创新的动力

如林肯所言，专利制度是"为智慧之火增添利益之油"③，这句话从工具主义角度形象地描绘了包括专利在内的知识产权制度对创新所具有的激励作用。"无救济便无权利"④，无充分的救济亦不会有完整的权利。法定赔偿制度的异化，导致权利人无法获得充分赔偿，其为获取知识产权的投入难以收回将打击其从事创新活动的动力及热情。"民事主体具有地位平等性和互换性，是近代民法的两个基本判断。"⑤ 当权利人不能获得充分和完全的赔偿时，就会纵容和鼓励侵权，潜在侵权人可能会认为侵权是最好的选

---

① 参见孔祥俊《知识产权保护的新思维——知识产权司法前沿问题》，中国法制出版社，2013，第 99 页。

② 参见和育东《专利侵权损害赔偿计算制度：变迁、比较与借鉴》，《知识产权》2009 年第 5 期。

③ "Added the fuel of interest to the fire of genius." 林肯的此句名言被刻在美国商务部大楼一扇门的上方，美国专利商标局作为商务部的一个部门，曾在该楼办公。参见〔美〕贾尼丝·M. 米勒《专利法概论》，中信出版社，2013，第 22 页。

④ "Ubi jus ibi remedium" 是经典的法谚，意为"有权利必有救济"，参见 Edward D. Re & Joseph R. Re, *Remedies*, (5th ed.), 2000 Foundation Press, at 2. 有法学家将其转译为"无救济便无权利"，以强调救济对权利的重要性。

⑤ 参见张新宝《侵权责任法立法的利益衡量》，《中国法学》2009 年第 4 期，第 186 页。

择，如此将阻碍创新和发展。[①]

三　法定赔偿制度在中国的再造

法定赔偿制度的再造，应在中国民事损害赔偿法律及理论框架之内，考虑损害赔偿之基本功能及法定赔偿制度作为特殊制度的设计目的，完善以权利人实际损失或侵权人违法所得等为标准确定知识产权损害赔偿的方法，使法定赔偿发挥其应有的制度设计功能。

（一）民事损害赔偿理论框架下的知识产权损害赔偿

知识产权是私权。[②] 知识产权损害赔偿制度的完善以及法定赔偿制度的再造，应在民事损害赔偿理论框架下进行。民事损害赔偿的如下原理，适用于知识产权损害赔偿的完善，并为中国法定赔偿制度的再造提供指引。

1. 无损害便无赔偿

侵害知识产权与侵害一般财产的赔偿原则并无二致。[③] 在构建损害赔偿制度时，必须以损害为前提，没有损害就没有赔偿，[④] 此原理同样适用于知识产权损害赔偿。侵权损害赔偿的方法主要有两种：恢复原状与金钱赔偿。前者是指重建受侵害权益之原貌，如同损害事故未曾发生然；后者则指以金钱填补受害人所遭受的损害，如同损害事故未曾发生然。[⑤] 从法理上讲，恢复原状为损害赔偿的首要方式。[⑥] 例如，德国《民法典》第 249 条第 1 款

---

① 参见孔祥俊《知识产权保护的新思维——知识产权司法前沿问题》，中国法制出版社，2013，第 97 页。

② 参见《与贸易有关的知识产权协定》序言部分。

③ 参见王胜明主编《中华人民共和国侵权责任法释义》，法律出版社，2010，第 99 页。

④ 参见王利明《侵权责任法制定中的若干问题》，《当代法学》2008 年第 5 期。

⑤ 参见曾世雄《损害赔偿法原理》，中国政法大学出版社，2001，第 161 页。

⑥ 中国学者区分广义和狭义的恢复原状，广义的恢复原状是指通过适当的方式尽最大可能使受害人的财产和人身状况恢复到受侵害前的状态，而狭义的恢复原状则仅仅是指受到侵害的财产（且只能是有体物）通过修理等手段恢复到受损前的状态，参见李承亮《损害赔偿与民事责任》，《法学研究》2009 年第 3 期，第 147 页。

规定了恢复原状原则，即赔偿义务人原则上必须使权利人恢复至损害未发生时的应有状态。① 在法国，损害赔偿的唯一目的亦为使权利人恢复至假定损害未发生时的应有状态。② 在英国，损害赔偿具有相同的目的。③ 中国有学者指出，赔偿最基本的目的是使受害人能恢复到未受到损害前的状态。④ 也有人从侵权人的角度对损害赔偿进行了界定，认为损害赔偿是确保有过错之人对其不法行为承担全部代价的手段。⑤

知识产权损害赔偿的前提同样是权利人因被侵权受到了损害。适用法定赔偿的条件，依据中国现行法的规定，是权利人的实际损失或侵权人的非法获利难以查清，其隐含的前提是实际损害的发生。⑥

2. 损害赔偿的基本功能是补偿损害

中国学者关于侵权法的功能定位的见解存在分歧，有单一功能（补偿功能）说、双重功能（补偿功能与预防功能）说和多重功能说，不过补偿功能（即填补损害的功能）是侵权责任法最基本的功能这一观点确是共识。⑦ 损害赔偿是民事侵权责任承担方式的核心。损害赔偿的基本功能系填补损害，而非惩罚加害人，故与刑事责任上的刑罚不同。⑧ 损害赔偿应填补

---

① 李承亮：《损害赔偿与民事责任》，《法学研究》2009年第3期。

② 参见 Christophe Geiger, *Constructing European Intellectual Property*, Edward Elgar Publishing Inc., 2013, at 391。"The mere aim of awarding damages is to place the right holders in the same situation as they would have been in the absence of the infringement."

③ 参见 Francis Davey, ACTA Is Out, http://www.francisdavey.co.uk/2010_04_01_archive.html。

④ 参见王胜明主编《中华人民共和国侵权责任法释义》，法律出版社，2010，第81页。

⑤ "The Law on Damages" Consultation Paper CP 9/07, at 8-9, recited Alliance Against Intellectual Property Theft, Response to "The Law on Damages" Consultation, July, 2007, at 5. "Damages are a way to ensure that a negligent person pays the full costs generated by his or her unlawful act."

⑥ 不过，知识产权是一种排他权，任何人未经权利人授权，也没有法律上的依据，擅自行使涉案知识产权的行为，便构成了对权利人的侵害。因此，在知识产权案件中，若被告的行为构成侵权，则从定性的角度可认定权利人受到了损害。此外，权利人为诉讼支出了时间、金钱，其因被侵权受到了损失也是显而易见的。

⑦ 参见张新宝《侵权责任法立法的利益衡量》，《中国法学》2009年第4期，第186页；侵权法的主要作用在于损害赔偿，这是中外学者的共识，参见王利明《侵权责任法制定中的若干问题》，《当代法学》2008年第5期。

⑧ 王泽鉴：《民法概要》，中国政法大学出版社，2003，第231页。

债权人所受损害及所失利益，学说上称为"全部赔偿原则"。[①]

知识产权损害赔偿的基本功能亦为对损害进行一定的填补。[②] 法定赔偿的功能，依据上文所述，也是对权利人的损害进行某种形式的填补，虽然此种填补是不精准的。[③] 当通过法定赔偿方式确定的数额实质上超出了权利人所受损害范围时，从侵权人应承担赔偿数额计算不精准的不利后果角度而言，法定赔偿则体现了对侵权人的某种程度的惩罚。[④] 然而惩罚仅是法定赔偿的附带功能，而非其基本功能，因此，中国立法机关不应通过提高法定赔偿上限的方式，司法机关不应通过酌定高额法定赔偿的方式达到对侵权人的惩罚目的。

3. 填平权利人损失的赔偿数额的确定标准是权利人的实际损失、侵权人的违法所得或者受侵害财产的市场价格

中国《民法典》对侵害他人权益造成财产损失的计算方法作出了规定。侵害他人财产的，财产损失按照损失发生时的市场价格或者其他合理方式计算。[⑤] 如果该财产没有在市场上流通，没有对应的市场价格，可以采用包括评估方式在内的其他合理方式计算赔偿数额。[⑥] 对于侵害他人人身权益造成财产损失的，按照被侵权人因此受到的损失或者侵权人因此获得的利益赔偿；被侵权人因此受到的损失以及侵权人因此获得的利益难以确定，被侵权人和侵权人就赔偿数额协商不一致，向人民法院提起诉讼的，由人民法院根据实际情况确定赔偿数额。[⑦] 所谓"实际情况"，是指侵权人的过错

---

① 王泽鉴：《民法概要》，中国政法大学出版社，2003，第239页。

② 然如上文分析，法定赔偿不同于填补性赔偿，后者以填补权利人的实际损失为目的。《与贸易有关的知识产权协定》要求知识产权侵权救济应对侵权起到遏制功能（a deterrent to further infringements），参见该协定第4.1条，然而填补损害应为知识产权损害赔偿的基本功能。

③ 不精准的原因为权利人的实际损失或侵权人的违法所得，在适用法定赔偿的情形下是难以确定的。

④ 当然，在一些情形下，法定赔偿事实上可能低于权利人的实际损失，但因权利人无法或者不愿花费更多的诉讼资源来证明其实际损失或被告的违法所得，其自愿接受通过法定赔偿确定的赔偿金额。

⑤ 参见《民法典》第1184条。

⑥ 参见黄薇主编《中华人民共和国民法典释义》，法律出版社，2020，第2285~2286页。

⑦ 参见《民法典》第1182条。

程度、具体侵权行为和方式、造成的后果和影响等因素。① 中国《民法典》规定的确定民事损害赔偿的标准为权利人的损失、侵权人的违法所得、被侵害财产的市场价值，或以酌定方法确定赔偿数额。

在中国，知识产权是财产权和人身权结合的复合性权益，财产权属性是知识产权的重要内容。② 中国《侵权责任法》所规定的损害赔偿确定方法及其实践，为中国知识产权赔偿制度的完善提供了指引。然而，在侵害知识产权的案件中，如何计算权利人的实际损失、侵权人的非法获利、涉案知识产权许可使用费与其市场价值之关系等问题，值得重新审视，这也是再造中国法定赔偿制度的核心问题。

（二）法定赔偿制度再造的内容

法定赔偿制度的再造不仅涉及法定赔偿的适用规则本身，而且涉及知识产权赔偿确定方法的完善。在中国，为了改变法定赔偿制度异化的现状，再造法定赔偿制度，须从以下两个方面入手。

1. 完善以权利人的实际损失、侵权人的违法所得确定赔偿数额的规则

依据民事损害赔偿原理，以实际损失或者违法所得确定赔偿数额，能填补权利人的损害，也是对其最有利的救济方法。在知识产权领域，以有限的证据计算出大致的权利人的实际损失或侵权人的违法所得，也强于依赖法官主观色彩过于浓厚的法定赔偿。③ 因此，损害赔偿确定规则完善及法定赔偿制度再造的目的之一，应为鼓励以权利人的实际损失或侵权人的违法所得来确定损害赔偿数额。为此，可从以下两方面进行制度设计。

（1）适度掌握损害赔偿方面的证明标准，引导法官通过酌定赔偿的方式确定权利人的损失或侵权人的违法所得

---

① 参见黄薇主编《中华人民共和国民法典释义》，法律出版社，2020，第2281页。
② 参见王胜明主编《中华人民共和国侵权责任法释义》，法律出版社，2010，第99页。中国知识产权界的通说认为，知识产权中的著作权是人身权与财产权的组合，而专利权、商标权等其他知识产权则是财产权利。
③ 参见姜庶伟《知识产权侵权损害赔偿》，载张广良主编《知识产权民事诉讼热点专题研究（中英文对照）》，知识产权出版社，2009，第135页。

　　精准地确定知识产权损害赔偿异常困难。[①] 当然赔偿数额计算难并非知识产权侵权的专有现象，在人身损害赔偿、合同违约等领域，赔偿数额的计算对法官及当事人而言，同样是难题。[②] 赔偿数额的计算不可能是十分精准的，因此，一些国家的法律准许法官对赔偿数额进行酌定，例如德国《民事诉讼法》上的"损害额确定条款"准许法官酌定赔偿金额。[③] 德国通说认为此条款简化了对法官形成确信的要求，降低了证明标准，[④] 即取消确实性而代之以盖然性作为证明标准。[⑤] 日本仿效德国民事诉讼法，其《民事诉讼法》第248条规定：法院认定产生损害后，因损害的性质致使证明损害额极其困难时，可基于口头辩论的全部内容及证据调查的结果适当认定损害额。[⑥] 就该条的立法趣旨而言，立法者认为，损害额的计算本来是认定客观事实存否的问题，但损害的金钱评价问题基本上属于法院的裁量范围，故当损害的性质及数额难以证明时，法官可合理裁量损害数额。[⑦] 该条的目的在于减轻原告主张和证明的负担。[⑧] 有学者主张，中国应参照日本《民事诉讼法》第

---

① 参见 World Intellectual Property Organization, *Intellectual Property Handbook* (2nd ed.), 2004, WIPO Publication No. 489（E），at 230。

② 参见 LTC Harms, *The Enforcement of Intellectual Property Rights: A Case Book* (2nd ed.), 2008, WIPO Publication No. 791（E），at 417。

③ 德国《民事诉讼法》第287条规定：当事人对于是否有损害、损害的数额以及应赔偿的利益额有争执时，法院应考虑全部情况，通过自由心证对此作出判断。应否依申请而调查证据、应否依职权进行鉴定以及调查和鉴定进行到何程度，均由法院酌量裁定。"损害额确定条款"的适用要件有二：发生损害及因损害性质导致难以证明损害额。参见段文波《事实证明抑或法官裁量：民事损害赔偿数额认定的德日经验》，《法学家》2012年第6期，第168页。

④ 参见段文波《事实证明抑或法官裁量：民事损害赔偿数额认定的德日经验》，《法学家》2012年第6期，第168页。

⑤ 参见〔日〕藤原弘道《民事裁判与证明》，有信堂，2001，第122页，转引自段文波《事实证明抑或法官裁量：民事损害赔偿数额认定的德日经验》，《法学家》2012年第6期，第167页。

⑥ 参见段文波《事实证明抑或法官裁量：民事损害赔偿数额认定的德日经验》，《法学家》2012年第6期，第167页。

⑦ 参见段文波《事实证明抑或法官裁量：民事损害赔偿数额认定的德日经验》，《法学家》2012年第6期，第167页。

⑧ 〔日〕福田刚久、金井康雄、难波孝一：《民事证据法大系I》，青林书院，2007，第305页。转引自段文波《事实证明抑或法官裁量：民事损害赔偿数额认定的德日经验》，《法学家》2012年第6期，第167页。

248 条的规定，赋予法官自由裁量权，以便其可以基于口头辩论的全部内容以及证据调查的结果适当地确定损害额。[①] 对此，本文认为，中国《侵权责任法》已明确规定了侵犯人身权损害赔偿的酌定方法，此外，中国民法理论一般认为，认定精神抚慰金属于法院行使裁量权的范畴，[②] 即承认对精神损害赔偿数额的酌定。同样，在知识产权领域，法院对损害赔偿负有确定之职责，使其在一些情形下不得不对赔偿额进行估算。[③] 权利人对损害赔偿的相关证据负有举证责任，其后法院应适用最佳估算规则以确定赔偿数额。[④]

目前，中国法官确实存在一定程度的保守倾向，如对于证据规则和证明程度的把握偏严，对于自由裁量权的行使过于谨慎，不太注重实际损害的灵活确定。[⑤] 因此，在知识产权案件中，法官应适度掌握证据规则及证明标准，通过对权利人的实际损失或侵权人的违法所得予以自由裁量的方式，酌定赔偿数额，即应加强裁量性损害赔偿的适用，适当强化法官对于损害赔偿的裁量，[⑥] 避免轻率地适用法定赔偿。[⑦] 通过酌定赔偿的方式确定赔偿金额，与法定赔偿无关，当然不受法定赔偿上限的约束。[⑧]

（2）借鉴其他法域及中国关于侵害物的赔偿确定方法，以涉案知识产权的市场价值确定损害赔偿

中国知识产权法律规定可以参照涉案知识产权合理许可费确定赔偿数

---

① 参见段文波《事实证明抑或法官裁量：民事损害赔偿数额认定的德日经验》，《法学家》2012 年第 6 期，第 169 页。

② 参见张广兴《债法总论》，法律出版社，1997，第 297 页。

③ 参见 LTC Harms, The Enforcement of Intellectual Property Rights: A Case Book（2nd ed.），2008，WIPO Publication No. 791（E），at 417。

④ 参见 LTC Harms, The Enforcement of Intellectual Property Rights: A Case Book（2nd ed.），2008，WIPO Publication No. 791（E），at 417。

⑤ 参见孔祥俊《知识产权保护的新思维——知识产权司法前沿问题》，中国法制出版社，2013，第 97 页。

⑥ 参见孔祥俊《知识产权法律适用的基本问题——司法哲学、司法政策与裁判方法》，中国法制出版社，2013，第 258~259 页。

⑦ 通过酌定赔偿的方式确定赔偿金额，与法定赔偿无关，故通过酌定赔偿确定的数额当然不受法定赔偿上限的约束。

⑧ 通过酌定赔偿的方式，也可以解决法官在适用法定赔偿时，在赔偿幅度之外确定赔偿金额这一明显滥用司法衡量的问题。

额。此方法也是一些法域确定知识产权损害赔偿的通常做法。①

美、日专利法规定损害赔偿的计算依据为权利人的利润损失及合理的专利许可费。② 日本《专利法》第 102 条在 1998 年修改之前，合理许可费一直是计算专利侵权损害赔偿的主要依据，而侵权人的获利或专利权人的利润损失则是特殊的专利侵权损害赔偿计算方法。③ 欧洲的做法与美日相近，因法院在计算赔偿数额时面临一定困难，故赔偿数额通常以相关许可费为基础予以确定，此数额可等于或低于许可费。④ 此种许可费，可以是假定双方在协商许可的情形下被许可人将支付的数额。⑤ 在德国，以虚拟的许可费确定损害赔偿为主流方法，据称 90% 以上的案件均适用此种方法。⑥ 而英国则将假定权利人（虚拟许可人）与侵权人（虚拟被许可人）进行许可谈判时确定的许可使用费作为计算直接损失的一种方法。⑦

根据中国法律规定，参照涉案知识产权的许可费确定损害赔偿是确定

---

① 在许可费是否为确定损害赔偿的独立方法方面，不同国家的做法存在区别：有些国家将许可使用费作为确定损害赔偿的一种方法，而另一些国家则将许可使用费作为确定权利人实际损失的方法，即其并非确定损害赔偿的独立方法。

② 〔日〕竹中俊子主编《专利法律与理论——当代研究指南》，彭哲、沈旸、徐明亮等译，知识产权出版社，2013，第 560 页。

③ 〔日〕竹中俊子主编《专利法律与理论——当代研究指南》，彭哲、沈旸、徐明亮等译，知识产权出版社，2013，第 562 页。1998 年修改的日本《专利法》并没有删除或修改日本法院酌情减少超过合理使用费的金额的规定，参见日本《专利法》第 102 条。

④ 参见 Christophe Geiger, *Constructing European Intellectual Property*, Edward Elgar Publishing Inc., 2013, at 392。在美国，涉案专利的许可使用费被视为赔偿的底线，即赔偿数额不应低于许可使用费，参见 35 U. S. C. A. § 284。在中国，最高人民法院认为，赔偿数额应适当高于正常许可使用费，参见《最高人民法院关于当前经济形势下知识产权审判服务大局若干问题的意见》，法发〔2009〕23 号。对此，笔者认为，许可使用费是涉案知识产权市场价值的体现，侵权行为持续的时间、范围、后果等对赔偿数额的确定至关重要，故若为侵权时间短、范围小、后果不严重的案件，其赔偿数额应可以低于许可使用费。

⑤ 参见参见 Christophe Geiger, *Constructing European Intellectual Property*, Edward Elgar Publishing Inc., 2013, at 392。

⑥ 参见 LTC Harms, The Enforcement of Intellectual Property Rights: A Case Book (2nd ed.), 2008, WIPO Publication No. 791 E, at 427。

⑦ 参见 Michael Spence, *Intellectual Property*, Oxford University Press, 2007, at 32。

赔偿数额的一种独立方法。① 然而，在许多案件中，因无许可费可参照或许可费不合理，法院无法以此种方法确定赔偿额，只得转向于法定赔偿。知识产权作为一种排他权，许可费实质上体现了此种权利的市场价值。② 对于存在市场价格的知识产权，如计算机软件，在特定情形下可以该正版软件市场价格计算赔偿数额。③ 而对不存在市场价格或许可费的知识产权，在无许可费可参照的情形下，可借鉴中国关于物的损害赔偿的做法，④ 通过鉴定或评估的方式，⑤ 确定涉案知识产权的市场价格或者许可费的数额。对于某些类型的知识产权，如商业秘密，其凝聚了权利人的创造性劳动而无市场价格，除适用评估法确定其市场价值外，尚可参照关于物的损害赔偿确定的其他方法如成本法予以确定。⑥ 在我国实践中，有些法院已将研发成本作

---

① 关于许可费在确定赔偿数额中的作用，在中国实践中存在不同的观点：一种观点认为，是权利人的实际损失，如在著作权案件中，北京市高级人民法院法官指出，以权利人损失计算赔偿数额，最能直接体现全面赔偿原则，且"该方法宜于操作，往往有法规规定的稿酬和权利人的许可使用费等作为参照的依据"，参见张雪松、王凌《〈北京市高级人民法院关于确定著作权侵权损害赔偿责任的指导意见〉为著作权赔偿定准星》，《中国新闻出版报》，2005年4月14日。另有观点将合理许可费仅作为法定赔偿数额考虑的因素，如江苏省高级人民法院规定，审理著作权侵权纠纷案件，可以根据有关因素按照国家规定稿酬或版税标准的2至8倍综合确定赔偿数额，参见《江苏省高级人民法院关于知识产权侵权损害适用定额赔偿办法若干问题的指导意见》，江苏省高级人民法院审判委员会2005年11月18日第52次会议讨论通过，第9条。

② 对此，有英国学者认为，以正常的或合理的许可费计算赔偿，在性质上既不是赔偿性质的（compensatory），也不是恢复性的（restitutionary），而是被侵害权利价值的金钱体现。"but rather monetize the value of the right that has been infringed"，参见 R. Steven, *Torts and Rights*, Oxford: Clarendon, 2007, Ch4, recited by Michael Spence, Intellectual Property, Oxford University Press, 2007, at 33.

③ 参见上海知识产权法院（2017）沪73民初208号民事判决书。

④ 对于物的损害赔偿，法院普遍依赖于有关鉴定部门（如价格鉴定中心、资产评估机构等）的鉴定报告确定赔偿金额，参见田韶华《侵权责任法上的物之损害赔偿问题》，《法学》2013年第2期，第72页。

⑤ 对于物，若该物在市场上没有对应价格，可按评估方式确定赔偿金额，参见王胜明主编《中华人民共和国侵权责任法释义》，法律出版社，2010，第97页。

⑥ 对于物的损害赔偿而言，成本法主要适用于没有市场价值或其价值无法用其包含的经济利益计算的物的价值损失，其主要是指那些凝聚了受害人的劳动，对受害人而言意义重大，却不存在市场价值的物。参见田韶华《侵权责任法上的物之损害赔偿问题》，《法学》2013年第2期。

为确定侵害商业秘密赔偿的重要因素。①

涉案知识产权的合理许可费，是其市场价值的直观体现。通过评估法、成本法可大致确定涉案知识产权的市场价值。以涉案知识产权市场价值所确定的赔偿金额，远比适用法定赔偿确定的数额公平合理，因此，应引导权利人通过此种方式确定赔偿金额。在赔偿数额与知识产权价值的关系上，有学者指出，法院在审理知识产权侵权案件时确定的赔偿数额，在某种程度上反映了涉案知识产权的价值，此价值便是对涉案知识产权的司法定价，② 赔偿额高低体现了知识产权价值的大小，适度的高额赔偿可提升知识产权市场价值。③

2. 法定赔偿适用规则

依据中国现行法律规定，法定赔偿是确定损害赔偿的最后方法，故法定赔偿的适用规则应予明确。④ 根据法定赔偿制度的起源，法定赔偿制度所要解决的并非对权利人的充分赔偿问题，而是减轻当事人的举证责任、提高诉讼效率的问题。在中国，在完善以权利人的实际损失、侵权人违法所得及涉案知识产权的市场价值等因素为标准的赔偿确定方法之后，法定赔偿制度的适用规则应做如下调整。

---

① 如江苏省高级人民法院规定，因被告侵权行为导致权利人商业秘密被公开的，应当结合该项商业秘密的研究开发成本、竞争优势情况、实施收益、可得利益、可保持竞争优势的时间等因素确定赔偿数额。参见《江苏省高级人民法院关于知识产权侵权损害适用定额赔偿办法若干问题的指导意见》，江苏省高级人民法院审判委员会 2005 年 11 月 18 日第 52 次会议讨论通过，第 13 条。

② 参见张维《专家建议法院判赔与市场价值挂钩》，《法制日报》2013 年 11 月 8 日。

③ 参见孔祥俊《知识产权保护的新思维——知识产权司法前沿问题》，中国法制出版社，2013，第 99 页。

④ 有些地方法院已明确了法定赔偿的适用条件，如上海市高级人民法院规定了可适用法定赔偿的情形为：（1）根据案件现有证据，难以确定权利人损失、侵权人非法获利；（2）经法院释明，权利人明确请求法院适用法定赔偿方法确定侵权损害赔偿数额，亦未提供相应证据证明权利人损失、侵权人非法获利。参见上海市高级人民法院 2010 年 7 月通过的《关于知识产权侵权纠纷中适用法定赔偿方法确定赔偿数额的若干问题的意见（试行）》，沪高法〔2010〕267 号，第 1 条第 1 款。亦有法院明确规定了不适用法定赔偿的情形，参见浙江省高级人民法院《关于审理侵犯专利权纠纷案件适用法定赔偿方法的若干意见》，浙高法〔2009〕334 号，第 3 条。

（1）权利人可在一审判决前选择适用法定赔偿

有学者主张，对物的损害赔偿方法，一定条件之下的当事人选择主义"最足贯彻损害赔偿制度保护受害人之基本目的"[1]。也有学者对此持不同看法，认为若允许当事人对赔偿方法自由选择，可能造成法官不精于求证、当事人不勤于举证的后果，不仅背离损害确定性原理，甚至会给当事人的投机行为创造条件。[2] 关于是否准许当事人选择适用法定赔偿，也存在类似的分歧。

虽然中国法律对知识产权损害赔偿的确定方法规定了适用顺序，但有学者认为，因权利人对其主张的损害赔偿数额负有举证责任，故在损害赔偿数额的确定方法上，权利人具有选择的权利和自由。[3] 此种观点符合逻辑。试想在一案件中，若权利人不对其实际损失、侵权人的非法获利或涉案知识产权的许可费进行举证，而直接要求以法定赔偿方式确定赔偿数额，则其此种请求一般应予满足。[4] 故对于知识产权损害赔偿而言，要增强赔偿方法的可选择性，尽可能尊重权利人的选择权。[5]

本文认为，法定赔偿制度再造的一项重要内容是准许权利人选择适用法定赔偿。如上文所述，法定赔偿具有较为特殊的制度设计目的。权利人在选择适用法定赔偿时，可享受某些特定的诉讼利益，如减轻其在损害赔偿方面的举证责任、节省诉讼成本、提高诉讼效率。但与此同时，其也将承担法定赔偿带来的某种不利益，如通过法定赔偿确定的赔偿数额不精准，

---

[1] 参见王泽鉴《物之损害赔偿制度的突破与发展》，载王泽鉴《民法学说与判例研究》（第 6 册），中国政法大学出版社，2003，第 21 页。

[2] 参见张家勇、李霞《论侵权损害赔偿额的酌定——基于不正当竞争侵权案例的考察》，《华东政法大学学报》2013 年第 3 期。

[3] 参见姜庶伟《知识产权侵权损害赔偿》，载张广良主编《知识产权民事诉讼热点专题研究（中英文对照）》，知识产权出版社，2009，第 135 页。

[4] 若权利人选择法定赔偿方法确定赔偿数额，侵权人以其他损害赔偿计算方法进行抗辩，经人民法院审查，该抗辩成立的，则不应适用法定赔偿。参见浙江省高级人民法院《关于审理侵犯专利权纠纷案件适用法定赔偿方法的若干意见》，浙高法〔2009〕334 号，第 3 条。然而，实践中此种情形罕见。

[5] 参见孔祥俊《知识产权法律适用的基本问题——司法哲学、司法政策与裁判方法》，中国法制出版社，2013，第 258～259 页。

在有些情形下难以填补其损失。① 权利人选择适用法定赔偿，从理性人的角度出发，是对该制度的利弊综合衡量的结果，因此应予以尊重。在其他法域，知识产权损害赔偿的确定也首先涉及胜诉的权利人选择赔偿确定方法的问题，即以其受到的实际损失还是侵权人的获利确定赔偿。② 法定赔偿制度的起源国——美国，也规定准许权利人在一审判决作出前选择适用法定赔偿。从法定赔偿制度设计目的角度出发，美国法的规定值得中国借鉴。

基于相同的理由，权利人在诉讼中未选择法定赔偿，而明确主张以其他方法确定赔偿数额时，法院不应依职权适用法定赔偿。法院应对权利人主张的损害赔偿确定方法、证据以及被告的抗辩进行审理，并在难以准确计算赔偿数额时，对该数额予以酌定。

（2）适用法定赔偿时，权利人可不对损害赔偿进行举证

权利人在选择适用法定赔偿时，可以不对其受到的实际损失或侵权人的非法所得进行举证。③ 但鉴于中国现行法所规定的法定赔偿幅度较大，如果权利人诉请的法定赔偿数额较高，如在侵犯著作权、专利权及商标权案件中分别请求获得 500 元～500 万元、3 万元～500 万元以及 500 万元以下的赔偿，④ 则其应提交相关的证据，作为法官确定赔偿金额的考量因素。若权利人在上述幅度以下，或者在法定赔偿幅度的下限（如专利案件中的 3 万元）请求赔偿金额，或者仅要求获得象征性赔偿，⑤ 则其无须举证。免除在特定情形下权利人的举证责任，可以更好地发挥法定赔偿制度的功效。

---

① 因法律对法定赔偿的上限作出了规定，故适用法定赔偿，权利人难以获得高额的赔偿。中国知识产权高额赔偿的案件，如正泰公司诉施耐德公司侵犯专利纠纷案，赔偿数额基本上是通过侵权人的非法所得确定的。

② 参见 World Intellectual Property Organization, *Intellectual Property Handbook* (2nd ed.), 2004, WIPO Publication No. 489 (E), at 230。

③ 美国版权法立法史表明，若权利人选择适用最低的法定赔偿额，则其无须对损失或获利进行举证。参见 H. R. REP. No. 94-1476, at 161 (1975)。

④ 参见《著作权法》（2020）第 54 条第 2 款，《专利法》（2020）第 71 条第 2 款，《商标法》（2019）第 63 条第 3 款，《反不正当竞争法》（2019）第 17 条第 4 款。

⑤ 所谓象征性赔偿，是指权利人起诉的主要目的是"讨一个说法"，仅要求很小数额的金额赔偿。如在著名商标"王致和"案件中，权利人仅要求被告赔偿 1 元钱，参见宿迟主编《知识产权名案评析》，人民法院出版社，1996，第 98～103 页。

（3）适用法定赔偿的考量因素应予以明确

中国现行法定赔偿制度的弊端引起理论界、实务界的关注。有法官认为在现行法律框架下，通过司法解释、司法政策对法定赔偿标准进行细化，有利于规范自由裁量权的行使，也是对立法的补充。① 然而法定赔偿标准的细化，是一项难以完成的任务，因为涉案知识产权的种类、价值、侵权情节千差万别，不可一概而论。② 不过，明确适用法定赔偿时应该考量的因素，不仅可以在法官确定赔偿数额时予以指导，也可引导权利人积极有效举证。法定赔偿酌定因素不宜过于简单，如中国现行法中大多仅规定了"侵权情节"的考量因素，也不宜过于繁杂，否则将带来极大的不确定性。本文建议法定赔偿的酌定因素，可从权利人及侵权人的角度简单予以列举，如从权利人一方考量的因素包括涉案知识产权的市场价值、权利的稳定性程度、创造性/原创性高低、开发或获取成本等；而从侵权人一方考量的因素包括侵权持续时间、侵权人主观过错③、侵权后果等。

（4）在法律修改时，抑制提高法定赔偿幅度的冲动

法定赔偿制度的设计目的不是加大保护知识产权力度，根本目的亦不是惩罚侵权人、遏制侵权行为的发生。因此，在中国法定赔偿幅度较高的情形下，立法机关在法律修改时，应抑制提高法定赔偿幅度的冲动。

结　语

法律的目的只在于以赋予特定利益优先地位，而其他利益作一定程度

---

① 参见王逸吟《知识产权侵权赔偿之惑》，《光明日报》2013 年 3 月 28 日。
② 例如，一般而言，实用新型专利的创造性相对于发明专利低，但实施实用新型专利获得的利益并不一定低于发明专利，故所谓的法定赔偿标准细化，不应规定发明专利的法定赔偿一定高于实用新型专利。
③ 在美国法中，若权利人能够举证证明侵权人为故意侵权，则权利人可获得较高的法定赔偿额。参见 Pamela Samuelson, Tara Wheatland, "Copyright Statutory Damages: A Remedy In Need of Reform," *Wm. & Mary L. Rev.* 51 (2009): 504。在中国，侵权人的主观过错程度，通常也是法官确定法定赔偿时的考量因素之一。

退让的方式，来规范个人或社会团体之间可能发生且已经被类型化的利益冲突。① 法定赔偿制度作为起源于美国的制度，其设计目的是中国进行法律移植或借鉴时不容忽视的。中国立法机关不断提高法定赔偿幅度、立法机关依职权在大量案件中适用法定赔偿等做法②，造成了该制度的异化。为消除制度异化所带来的影响，发挥法定赔偿制度应有的作用，中国立法机关对此制度应予再造，法定赔偿只有在权利人选择时方可适用；在适用法定赔偿时，可减轻权利人的举证责任，甚至在其主张象征性赔偿或法定赔偿幅度内的低额赔偿时，免除其举证责任；应明确适用法定赔偿时的考量因素，以增强赔偿数额的可预测性；同时立法机关应抑制提高法定赔偿幅度的冲动。唯有此，法定赔偿制度方能发挥其应有的功效。

① 〔德〕卡尔·拉伦茨：《法学方法论》，陈爱娥译，商务印书馆，2003，第1页。
② 大量适用法定赔偿的做法，提高了审判效率，但从整体上而言不利于权利人获得充分赔偿。

《知识产权与市场竞争研究》第 7 辑
第 238～252 页
© SSAP，2021

姓名商标与姓名权的冲突及其解决[*]

凌洪斌[**]

内容提要：商标权和姓名权都是文明社会中重要的私权形态。在以自然人姓名作为标识元素进行商标申请时，权责机关在授权确权乃至侵权认定时都有一定的特殊考量规则。姓名商标的注册申请应遵循不侵犯在先权利以及不会造成不良影响这两个基本准则。否则姓名商标注册申请不当，很容易构成对自然人姓名权的直接侵犯。姓名商标和姓名权的权利冲突产生的主因在于两者具有相似的法律属性。我国现有商标法律制度虽有解决两者权利冲突的一些规范，但总体上仍有分散零乱之感。建议对现有商标注册申请的相关立法表达方式予以必要的整合和修订，进而构筑系统性和体系性都更趋于完善的权利冲突解决路径。

关键词：姓名商标；姓名权；显著性；权利冲突

一　引言

近年来，随着民众私权意识的不断提升，商标权益争议不断涌现，属

---

*　本文系惠州学院 2017 年博士科研启动项目"我国商标先用权研究"（项目编号：2017JB011）的结题成果。

**　凌洪斌，男，汉族，江西赣州人，1982 年 12 月出生，法学博士，惠州学院讲师，广东省知识产权培训（惠州学院）基地主任。

于姓名商标类型的纠纷也越来越多，尤其是公众人物的姓名商标纷争更是频频闯入公众视野之中。例如，2019 年 3 月，中国香港演艺界明星邓紫棋（艺名，本名为邓诗颖）与签约的经纪公司解约，而该经纪公司先前已向商标注册主管机关申请注册了"邓紫棋"商标，从而引发社会大众对邓紫棋本人能否继续使用该艺名的疑惑。此外，在 2020 年初新冠肺炎疫情发生后，媒体披露，有部分申请人将"钟南山""李文亮"等姓名申请商标注册，更是引起社会各界的极大关注。另外，2020 年 4 月 8 日，最高人民法院作出终审判决，撤销中国乔丹体育公司（以下简称"乔丹体育"）6020578 号"乔丹＋图形"商标，乔丹体育最终败诉，进一步引发公众尤其是体育迷对姓名商标的关注和思考。

经济和社会不断向前发展，自然人的姓名也逐渐被商业化运用，其所蕴藏的经济利益被不断发掘，其巨大的财产价值正在逐渐显现，因而姓名权所体现出的财产属性得以慢慢凸显，姓名权的法律属性逐渐跳脱仅为自然人的一项人格权而彰显出的人身属性。伴随注意力经济的迅猛发展和名人效应的持续扩散，预计未来姓名商标权和姓名权的权利冲突及其法律适用问题将会更频繁且复杂。

二　权利冲突的内在原因

（一）均具识别功能

姓名，顾名思义，由姓氏和名字组成，是指自然人在户籍登记中使用的名称符号。从广义的角度而言，姓名也包括自然人使用或曾经使用的别名、笔名、艺名、雅名、网名和译名等，甚至还包括昵称、绰号（包括花名）等。从民法的视角看，姓名是自然人的身份识别符号，它能将一个民事主体与其他民事主体相区分。这一符号既包括在官方机构登记的正式姓名，也包括未登记而实际使用的其他名字，虽然使用的符号有所不同，但它们都可以发挥识别自然人主体的作用。

商标，是将某种商品或服务的不同提供者相区分的商业标识。简言之，即商业标记。一般而言，能够进行有效区分和识别的元素即可称为标志。《与贸易有关的知识产权协议》（TRIPS 协议）第 15 条第 1 款对商标的含义作出明确的规定："任何能够将一企业的商品或服务与其他企业的商品或者服务区别开来的标记或者标记组合，均应能够构成商标。"我国《商标法》第 8 条规定："任何能够将自然人、法人或者其他组织的商品与他人的商品区别开的标志，包括文字、图形、字母、数字、三维标志、颜色组合和声音等，以及上述要素的组合，均可以作为商标申请注册。"从运行机理上看，商标使用的作用在于消费者通过"认牌"购物，使其可以顺利且快速地"追踪锁定"到自己心仪的商品或服务；而经营者也可在其产品上通过贴附商标来进行商品区隔，以免消费者产生混淆和误认，以维护自身的商业利益。

综上，在某种意义上，姓名和商标都可视为一种语言符号，都具有一定的指代性，自然人姓名和商品（或服务）商标都能够标示载体的不同来源，具有识别功能。商标的识别功能是商标的基础和核心功能，因为商标使用的最主要功能即区分不同商品或服务的来源、识别商品或服务的提供者，进而为其创造和累积商誉，后续衍生品质指示功能。商誉承载功能和品质指示功能均依托于识别功能而发挥作用。[1]

自然人对其姓名的使用是表征其个体身份的重要方式。虽然姓名和商标均具有显著性，但两者明显不同的是，自然人的姓名可能并不具有唯一的对应关系，因为按照我国现行自然人命名和户籍登记等相关法律法规规定，自然人命名和户籍登记都需要遵循一定的规则，再加之我国现有人口基数十分庞大，因此自然人重名的现象非常普遍，官方统计，在我国取名为"张伟"和"王伟"的人大概各有 30 多万，[2]可见姓名符号和自然人个

---

[1] 冯术杰：《商标法原理与应用》，中国人民大学出版社，2017，第 2 页。

[2] 《中国使用最多的名字，30 万人重名，你身边有几个？》"馆陶广播电视台"百家号，https://baijiahao.baidu.com/s? id = 1645067302967806673&wfr = spider&for = pc，最后访问日期：2020 年 3 月 14 日。

体并不必然形成稳定的对应关系。但若普通民众的社会知名度提升后成为社会公众人物，则可能产生该姓名和该人物一一对应的较强关联性，其姓名的显著性亦随之增强，亦即该姓名与该自然人的对应性程度呈动态变化过程。而在商标领域，采取商标注册制的国家或地区，根据商标授权确权的注册规则，申请注册的商标应当在特定区域和行业内具有唯一对应关系，否则商标注册主管机关不予注册。反之，若不存在这种强烈对应关系，则登记机关实无驳回该注册申请之必要。例如：被誉为香港歌坛"四大天王"之一的明星黎明曾对一家地产公司的注册商标"黎明"提出商标异议，但是商标评审委员会并没有支持其请求，委员会认为"黎明"本就是汉语词典中一个普通的词语，用来指代天快亮或天刚亮的时候，行为人使用"黎明"商标并不会让公众必然联系到演艺界的黎明本人，因而不会误导消费者。由此可见，当一个公众人物的姓名符号本身是一个处于公有领域的固定搭配词语时，商标注册人在善意的前提下有权使用该词语，只要不造成混淆误认，这类商标就不应当被认定为是违法的注册商标。

（二）蕴含财产属性

姓名权是自然人一项受法律保护的重要民事权利，属于人格权的基本范畴。《民法典》第110条规定："自然人享有生命权、身体权、健康权、姓名权、肖像权、名誉权、荣誉权、隐私权、婚姻自主权等权利。法人、非法人组织享有名称权、名誉权和荣誉权。"

毋庸置疑，自然人的姓名权具有鲜明的人身属性。然而除此以外，在特定情形下，自然人的姓名权也具有潜在的财产利益，尤其是公众人物的姓名权往往能够体现较大的商业价值。例如体育或演艺明星，凭其社会知名度和业界影响力承接署名的商业广告往往能获取甚为丰厚的报酬。诚如我国台湾地区著名民法学者王泽鉴先生所言："使用某自然人的姓名时需要经过权利人授权许可，这种授权在一般情况下并非是无偿的，而是需要付费的，而这就恰恰体现了姓名权中所包含的财产利益。"①依照我国《民法典》的相关规定，自然人的人格权遭受不法侵害，造成严重精神损害的，被侵害人可以请求精神损害赔偿，这也是包含姓名权在内的人格权蕴含财产属性的有力印证。在实践中，部分人格权的确已经被运用到商业活动中，这就使得其财产属性被有效地显现出来，即实现人格商品化。从域外法经验来看，德国民法明确规定了姓名权除人身属性外，还包括财产属性。同时，德国也较早认可使用姓名申请商标注册。例如，德国制造的梅赛德斯奔驰汽车享誉全球，而其中"梅赛德斯"则是取自其在奥地利的汽车经销商埃米尔·耶利内克的女儿的名字，这就是典型的以姓名作为标识注册的商标。总之，随着市场经济的不断深入发展，姓名权的本质已经逐渐由原来单一的人格权属性转变为人格权和财产权兼具的双重属性。

而商标，即商业标识。显而易见，商标根植于商业活动之中，在商业中使用是商标得以成立的外部条件，商标与商业活动犹如"鱼"和"水"一般，密不可分。②商标承载着经营者的商业信誉，这也是商标的应有之义。商标权人或商标使用人通过对商标的使用，不断累积其所承载的商品或服务的商业价值。商标只有通过在商业活动中的不断使用，反复"呼叫"相关公众（消费者），使其对该商品或服务形成强力联结，才能焕发商标的生命力，真正体现商标制度的根本价值。

综上，姓名权和商标权中的财产属性是两者的重要交集，两者具有一定程度的同质性。而公众人物的姓名商标权，具有公众人物姓名权和商标权叠加的双重效应，则可产生更为可观的经济效益。从历史渊源角度来看，作为商誉符号使用的商标由来已久，著名的美国商标法学者谢克特曾指出："早在标识使用不再是强制性的之前，使用者即开始意识到这些标识作为一

---

① 王泽鉴：《人格权保护的课题与展望（三）——人格权的具体化及保护范围：姓名权》，《台湾本土法学》2006 年第 86 期。
② 凌洪斌：《社会经济发展视阈下的商标功能扩张进路》，《知识产权》2016 年第 1 期。

项财产的可能性，即作为商誉的符号。"①

在一般情形下，姓名符号由语言文字构成，属于公有领域范畴，但在我国重名现象司空见惯，因而姓名符号的使用不具有唯一性，正如马一德教授所言："姓名作为一种公共领域内的符号，在不会引起错误联系的场合，被别人使用于指征他人，于本人无涉，本人无权加以阻止。但当一方或双方滥用其权利时，便产生了权利的冲突。"②而姓名商标权实际上是将姓名与商品或服务做更为紧密的联结，通过将该姓名符号注册为商标，从而获得强烈的法律上的排他性效力。

三　权利冲突的判定与法律适用

在我国现行商标法律制度运作框架下，《商标法》第 32 条的"在先权利"条款和第 10 条第 1 款第 8 项的"不良影响"条款是规制姓名商标与在先姓名权冲突的主要法律依据。这两个条款不是互补关系，也非交叉关系，而属于平行关系，分别适用于不同的情形。这两个条款都规定得较为抽象笼统，导致适用边界模糊，一定程度上给相关机关的授权确权行为带来困难。早在 2016 年 12 月 8 日，最高人民法院再审判决撤销乔丹体育股份有限公司注册的三个"乔丹"商标，理由是乔丹体育违反了《商标法》"在先权利"条款的规定，其对"乔丹"商标的使用侵犯了美国篮球巨星迈克尔·乔丹的姓名权，历经再审审理，乔丹与乔丹体育之间的姓名商标权益争议部分终于落下帷幕，姓名商标权益争议的复杂性，由此可见一斑。③

（一）认定标准

在实务中，判定姓名商标的申请是否构成对自然人姓名权的侵犯，主

---

① 〔美〕弗兰克·Ⅰ.谢克特：《商标法的历史基础》，朱冬译，知识产权出版社，2019，第 134 页。
② 马一德：《商标权行使与姓名权保护的冲突与规制》，《中国法学》2018 年第 4 期。
③ 参见（2016）最高法行再第 20 号行政判决书。

要应参照以下因素予以衡量。

第一，主观上是否具有恶意。行为人在主观上明知该行为会造成相关损害结果而继续为之，即为恶意。2016年版《商标审查及审理标准》规定：未经许可使用公众人物的姓名申请注册商标的，或者明知为他人的姓名，却基于损害他人利益的目的申请注册商标的，应当认定为对他人姓名权的损害。

行为人主观上如果并不具有恶意使用的故意心态，注册名人姓名商标不一定构成侵权。反之，如果具有恶意使用他人姓名的故意，即使姓名权人不具有知名度，商标申请人也有可能侵犯他人姓名权。假如出于报复心理，将普通人的姓名注册于马桶、情趣产品上，即使该普通人毫无知名度，那也是对其姓名权的侵犯，当然该行为也可能构成对其名誉的侵害。实践中常见的抢注他人商标法行为违反了《商标法》第7条关于诚实信用的基本原则，是一种典型的主观恶意行为。

第二，客观上是否造成消费者的混淆和误认。不同于联想理论和淡化理论，混淆可能性理论是我国判定商标是否侵权的主要理论依据。除《商标法》对商标使用人的商标使用行为造成消费者的混淆误认有相关规制外，我国《反不正当竞争法》第6条第2项也规定，擅自使用他人有一定知名度的姓名，引人误认为是他人商品或与他人存在特定联系的，属于混淆行为。[①] 行为人的"搭便车"行为在客观上会造成消费者的混淆误认，损害了竞争对手和消费者的合法权益，是严重违反商业诚信的行为，这既为商标法所禁止，亦为反不正当竞争法所不容。关于这一问题，最高人民法院在2020年12月23日修正《关于审理商标授权确权行政案件若干问题的规定》（以下简称《授权确权规定》），该司法解释第20条第1款规定："当事人主张

[①] 2019年《反不正当竞争法》第6条规定："经营者不得实施下列混淆行为，引人误认为是他人商品或者与他人存在特定联系：（一）擅自使用与他人有一定影响的商品名称、包装、装潢等相同或者近似的标识；（二）擅自使用他人有一定影响的企业名称（包括简称、字号等）、社会组织名称（包括简称等）、姓名（包括笔名、艺名、译名等）；（三）擅自使用他人有一定影响的域名主体部分、网站名称、网页等；（四）其他足以引人误认为是他人商品或者与他人存在特定联系的混淆行为。"

诉争商标损害其姓名权，如果相关公众认为该商标标志指代了该自然人，容易认为标记有该商标的商品系经过该自然人许可或者与该自然人存在特定联系的，人民法院应当认定该商标损害了该自然人的姓名权。"

第三，是否具有一定的影响力。所谓"一定影响"，是指在一定地域范围内被相关公众知晓。此亦为知名度的判断标准。《商标法》第 32 条明确规定对抢注商标的认定，必须以被抢注的商标已有一定知名度为基本前提。在实务中，不管是用在先权利来主张还是用不良影响来阻却申请人使用姓名进行商标申请的行为，抑或主张自身其他权利，端看该姓名符号在被申请注册之时是否具有强烈的一一对应关系，或者与特定的社会、历史、文化等事件联系是否紧密，该自然人已成为社会公众人物，具有较大的社会影响力。正如学者所言："姓名商标的注册应当着重考虑姓名本身的独创性程度和本人的社会影响，那些重名率高的姓名、具有其他含义的姓名以及普通人的姓名，即使未得到本人许可而作为商标注册，也很难认定为侵害姓名权。"[①]

（二）冲突解决的法律依据

1. "在先权利"的优先保护

商标法语境下的"在先权利"是指在注册商标申请人提出注册商标申请以前，他人已经依法取得或者依法享有并受法律保护的权利，其对象可能涉及其他知识产权或者民事权利。《商标法》第 32 条规定："申请商标注册不得损害他人现有的在先权利，也不得以不正当手段抢先注册他人已经使用并有一定影响的商标。"在此，《商标法》第 32 条已经明确提到了在先权利的特别保护问题，然而却没有进一步明确在先权利的具体范围，导致该条在具体适用过程中存在不少问题，即哪些是享有在先权利的权利主体，其是否可以向商标主管机关申请商标注册异议或请求宣告商标权无效，此处立法并没有明确。鉴于此，原国家工商行政管理总局制定的《商标审理

---

① 吴汉东主编《知识产权法》（第五版），法律出版社，2014，第 272 页。

及审查标准》和最高法出台的《授权确权规定》分别针对"在先权利"条款作出比较明确的解释。具体而言,《商标审查及审理标准》规定:"在先权利是指在系争商标申请注册日之前已经取得的,除商标权以外的其他权利,包括字号权、著作权、外观设计专利权、姓名权、肖像权以及应予保护的其他合法在先权益。"此标准规定的在先权利明确排除已取得的在先商标权,而是指其他类型的知识产权、姓名权和肖像权等民事权利。此外,《授权确权规定》第20条第2款规定:"当事人以其笔名、艺名、译名等特定名称主张姓名权,该特定名称具有一定的知名度,与该自然人建立了稳定的对应关系,相关公众以其指代该自然人的,人民法院予以支持。"从内容上看,该《授权确权规定》除将前述"乔丹案"中所明确的"姓名权可以构成商标法规定的在先权利"的裁判规则完全吸收进来之外,还进一步对"姓名权"中的姓名的类型作出了外延诠释。

总之,在先权利本质上是一种抗辩性质的权利,相关权利人可通过行使这一权利来维护自身的合法权益,权责机关亦可将此规则作为裁判依据,以践行良法所倡导的公平正义价值。在实务中,商标注册和使用侵犯公众人物姓名权的情形并不少见,如前述发生的旷日持久的"乔丹"商标系列诉讼案件即为明证。

2. "不良影响"的兜底适用

《商标法》第10条第1项至第7项具体罗列了相关标志不予注册的情形,而第8项则作概括性的规定:"有害于社会主义道德风尚或者有其他不良影响的。"此项规定则为标志绝对禁止注册的规定,我国《商标法》第10条对此采用"详细列举+兜底概括"的立法技术。依照最高人民法院颁布的《授权确权规定》第5条的规定:"商标标志或者其他构成要素可能对我国公共利益和公共秩序产生消极、负面影响的,人民法院可以认定其属于商标法第十条第一款第(八)项规定的'其他不良影响'。"将政治、经济、文化、宗教、民族等领域公众人物姓名等申请注册为商标,属于前款所指的"其他不良影响"。前述"李文亮"姓名商标申请被商标局予以直接驳回,驳回的理由正是注册该姓名申请会造成社会的"不良影响",因为李文亮医生是最早一批被新冠肺炎病毒感染的武汉医护人员，且在殉职后被追授为"全国卫生健康系统新冠肺炎疫情防控工作先进个人"，因此李文亮医生应属公众人物无疑，在全民抗疫的特殊时期，他人基于商业目的抢注该姓名商标，企图将"李文亮"这一姓名符号用作其他方面的联结，申请人的行为严重伤害民族情感，损害社会公众利益，造成了不良的社会影响。有鉴于此，2020 年 2 月 7 日，国家知识产权局商标局审查部门下发《疫情防控相关商标审查指导意见》，明确与疫情相关人员姓名、含疫情病毒名或疾病名的相关标志、疫情相关药品标志等商标的审查指导意见，依法从严从快打击与疫情相关的非正常商标注册申请行为。①

诚然，在司法实践中，裁判者选择该兜底条款适用时应当慎重考虑，尽量避免有违"禁止向一般条款逃逸"的司法适用原则之嫌疑。因此该条款在应用时既扩张了审查人员自由裁量的权力，同时也对其综合判断能力和个人素养提出了更高要求。在实践中，适用该条款时必须从历史背景和公共秩序诸多方面来确定一个商标在商品或服务中的使用是否产生了不良后果。例如，2015 年 3 月 11 日，山东创博亚太科技有限公司诉请北京知识产权法院撤销商评委不予核准"微信"商标案中，该一审法院以争议商标的注册申请会产生"不良影响"为由作出初审判决②，引起学界和实务界的较大争议，而该案二审法院推翻了一审法院审理适用的法律依据，不再援引该兜底条款予以裁判③，而是援引其他更为恰当的具体条款作为裁判的法律依据。

此外，"不良影响"条款还可弥补已故名人的姓名若被他人申请商标注册而无法得到姓名权侵权救济的缺陷。因为姓名权行使和保护的主体都是在世的自然人，已故的自然人的姓名不再受姓名权的法律保护，其近亲属

---

① 《国家知识产权局：加强管控疫情相关不良影响商标申请》，"中国新闻网"搜狐号，2020 年 2 月 28 日，https://www.sohu.com/a/376544713_123753，最后访问日期：2021 年 10 月 15 日。
② 参见 (2014) 京知行初字第 67 号行政判决书。
③ 参见 (2015) 京行 (知) 终字第 1538 号行政判决书。

也不能代为行使姓名权。因而如果一方使用已故名人的姓名申请商标注册，另一方不能使用前述的在先姓名权利予以抗辩，但审查机关却可用"不良影响"条款予以驳回。例如在 2001 年 8 月，媒体报道的浙江绍兴某酒业公司欲使用"鲁迅"商标制售"鲁迅酒"的事件，曾在社会上引起了较大反响。该酒业公司与鲁迅先生家族达成授权许可的协议，并以鲁迅之孙周令飞的名义向商标局申请"鲁迅"商标注册，原国家工商总局商标局依照《商标法》的相关规定，经考量后对该申请予以驳回。商标局驳回该申请的理由正是，鲁迅先生作为深受后人敬仰的革命家、文学家和思想家，将其姓名用于商业活动，会造成不良的社会影响。①申言之，"不良影响"条款的制度价值主要在于维护社会公共秩序和守护善良风俗，而绝对不是或主要不是以维护私人利益为依归，因此有些公众人物（名人）甚或杰出人物的姓名便不可用于特定事项的商标注册，即便由其直系亲属申请亦为不允，这充分体现了社会公共利益优先保护的原则。

综上所述，"不良影响"条款作为兜底弹性条款，立法赋予相关机关一定的自由裁量权，为个案救济提供了法律依据，但鉴于该条款内容本身较为抽象，权责机关对如何界定"社会共同利益和公共秩序"很难达成统一标准，即在何种情形下可以或应当适用"不良影响"条款仍旧不是非常明确。鉴于"不良影响"条款的适用边界具有模糊性，援引该条款应当有极其严格的限制，只有在对公共利益确实造成明显损害时才能适用。换言之，判断一个标志是否有"其他不良影响"，应采用客观标准，即根据社会的通常看法或者普通公众的道德观念予以进行，而非以商标申请人设计或选择标志时的主观意愿为依据。亦即"其他不良影响"的判定应考虑社会背景、政治背景和历史背景等特定的时空环境，也要考虑文化传统、民族风俗和宗教政策等因素，并应结合商标的构成及其指定使用的商品和服务等综合因素，总体上既要符合特定的历史和人文条件，也要符合国家社会传统的

---

① 《将"鲁迅"注册成商标被驳回》，新浪网，2004 年 12 月 2 日，http://ent.sina.com.cn/2004-12-02/1218586634.html，最后访问日期：2020 年 3 月 23 日。

道德和文化观念。在商标授权确权程序中，上述各界知名人士（不论在世还是已故）的姓名均不得作为商标注册和使用，因此若有违反，权责机关可直接以"不良影响"理由予以驳回。

四　权利冲突解决的法律完善

从相关规范上看，我国《商标法》对于姓名商标并不禁止，但也没有明确予以规范。《商标法》第 10 条中"不良影响"条款的立法旨在维护社会公序良俗，而《商标法》第 32 条"在先权利"的立法目的是保护私人合法权益，这两条规定分别适用姓名商标申请注册的不同的情形。尽管我国有关部门已颁布司法解释和部门规章用于规范姓名商标相关法律问题，但从总体上看，这些规范性法律文件要么分布较为零散，要么法律位阶较低，现有自然人姓名商标的立法规范体系不甚严密，系统性和体系性较为缺失，因而导致不能很好地化解姓名商标权和姓名权的权利冲突问题，从解决姓名商标注册，尤其是姓名商标与姓名权冲突的角度看，立法亟须对姓名商标加以统一规范。

（1）明确姓名商标的注册要件

他山之石，可以攻玉。在具体的立法设计上，可以增加设立姓名商标注册相关条款，对此可适当参考和借鉴域外法的相关经验。例如，日本商标立法对姓名商标作了明确的规定，日本《商标法》第 4 条第 1 款第 8 项对于自然人的姓名申请商标注册作出了较为明确的规定，即只有当自然人姓名经过长期使用具备了特别的显著性才能申请注册为商标，对于一般自然人的姓名用惯常的方式表现的标记则不能申请注册为商标，但若是本人或者得到其承诺的，则不在此限。该项规定以保护自然人的肖像权、姓名权等人格权为目的，其中对雅号（绰号）、艺名、笔名及其简称等的保护则要求其必须是著名的雅号（绰号）、艺名、笔名及简称等。这样要求的理由在于它们与本名不同，可以随意变更，因此为防止其作为代表特定人的标记受到过度保护，有必要要求其具备较高的需保护性。①可见，日本商标立法除对姓名本名进行规范外，还对除本名外的雅号（绰号）、艺名、笔名及简称等作一体化的规范和保护，可以说该种姓名保护是比较全面的。除日本关于姓名商标予以立法外，法国也在其《知识产权法典》第 L. 711 - 1 条作出姓氏可以申请商标注册的规定。②

总体而言，我国的《商标法》对姓名商标的问题并没有进行明确的规定，笔者建议在借鉴域外成功立法的基础上，可以对以自然人姓名申请注册的商标予以明确认可并给予必要限制，我国《商标法》第 8 条列举了各种具有显著性的可以申请商标注册的元素及其构成，建议未来修法时可以在此增列一款，作为该条第 2 款，用以补充和规范自然人姓名申请商标注册的诸项事宜，具体条款可以做如下表述："以自然人姓名作为商标注册，不会导致相关公众的混淆误认，也不会对社会产生其他不良影响的，可以核准注册，但应当由其本人或征得其本人同意而申请。"此外，还可以进一步考虑除对姓名本名准许商标申请注册外，还可以将除本名外的字、号、笔名、艺名、译名、别名、网名（昵称），甚至花名（绰号）等能识别自然人身份特征的符号，都统一纳入姓名商标的申请注册范畴之内，采取一体化、全方位的姓名商标注册的强保护手段。

另外，针对公众人物姓名被谐音使用或变形使用的问题，目前尚无较为统一的规制办法。例如"泄停封"（演艺明星谢霆锋的姓名谐音）商标被用于药品商品注册以及"溜得滑"（演艺明星刘德华的姓名谐音）商标被注册于修正液等类似事件可谓屡见不鲜，从一般公众的角度而言，这些商标容易让人与该公众人物相联系对应，产生相关联想，商标申请人或使用人明显具有"搭便车""打擦边球"的嫌疑，但严格来说，这些商标并未侵犯到该公众人物的姓名权。在我国目前并未如美国和日本等国家一样创设公

---

① 〔日〕田村善之：《日本知识产权法》（第 4 版），周超等译，知识产权出版社，2010，第 113 ~ 114 页。

② 《十二国商标法》，《十二国商标法》翻译组译，清华大学出版社，2013，第 49 页。

开权（right of publicity，亦称商品化权或形象权）这一新型权利以保护姓名的财产利益的情形下，且我国理论界和实务界对公开权这一法律概念的创设或引入与否存在较大争议，尚未形成共识，在规范姓名商标注册时，有必要对姓名做进一步的扩张立法，姓名权保护的客体应将公众人物姓名的谐音和变形等内容一并纳入考量，提供相应的法律调整，以进一步保护其姓名权益。

（2）厘定"在先权利"的范畴

虽然《商标审理和审查标准》和《授权确权规定》分别将自然人的姓名权纳入"在先权利"的范围之内，但从体系上看，相关规范显得较为松散，内在逻辑不够严密，在法律适用上会带来一定困难，导致行政和司法效率不彰。因此笔者建议未来商标立法修订时，立法者可以考虑在《商标法》第32条第1款之后增加一款，作为该条第2款内容，即将姓名权明确作为"在先权利"中的"其中"加以列明，另外其他种类的在先权利也一并列举并加上兜底性的表述，如此立法表达，不但可以增强法律的明晰度和可预期性，还使得法律的指引价值更能充分得以彰显。从比较法视域看，这一立法模式，因便利法律适用，操作性较强，不管是在大陆法系国家还是英美法系国家均受到青睐，例如德国《商标和其他标志法》（商标法）第13条第2款即对商标申请的"在先权利"范围作了类似的界定。[①]按照该条款规定，姓名权、肖像权、著作权、植物新品种名称、地理来源标志和其他工业产权均作为申请商标注册时应予避让的在先权利。此外，美国商标立法也有类似规定，在其《兰哈姆法》第1052条（c）款有"与特定在世人物相同的姓名、肖像或签名"不予注册的相关立法表述，[②] 即将自然人的姓名权和肖像权等相关权利纳入在先权利予以优先保护。

---

① 《十二国商标法》，《十二国商标法》翻译组译，清华大学出版社，2013，第80页。
② 详见美国《兰哈姆法》第1052条（c）款的规定。

五 结语

随着我国市场经济的不断发展以及品牌经济效益的不断凸显，诸多市场主体对自然人姓名予以申请商标注册并行使商标权利的热情和欲望被点燃。然而姓名商标的注册和行使在特定情形下容易与自然人的姓名权产生冲突和碰撞，现有商标法法律框架虽然有所规范，但体系性和操作性略显不足，未来商标立法仍有改进的空间。笔者建议可以适当参考借鉴境外先进立法经验，在商标立法中明确姓名商标授权确权的相关标准，譬如细化姓名商标授权确权的各项条件，明确自然人的姓名权属于商标申请注册时应遵从和避让的在先权利。总之，这一立法完善的目的在于兼顾维护相关权利人的合法权益和社会公序良俗，最终确立一套体系性和系统性都比较完备的姓名商标授权、确权、使用和保护规则，以适应不断发展的商标运用实践需要，促进市场经济的健康发展和社会的持续进步。

青年论坛

《知识产权与市场竞争研究》第 7 辑
第 255～274 页
© SSAP, 2021

《反不正当竞争法》中竞争关系司法认定与立法改进

——以"头腾大战"等平台型企业相关案例为引证[*]

桂栗丽[**]

内容提要： 近年来随着互联网的发展，传统企业开始纷纷向平台型企业转型。技术提升和服务细化以及创新的速度都在日益加快。由于平台企业具有多边市场、网络效应及开放性的特征，因此平台企业呈现全产业链化扩张的趋势，并且平台企业对于消费者注意力的争夺情况愈演愈烈。对于传统企业中利用行业与地域来认定竞争关系的方法，在司法实践中已经有诸多不适。在当前互联网领域《反垄断法》对相关市场的界定难以达成共识且实务操作困难的情况下，更需要强化《反不正当竞争法》的运用。建议在《反不正当竞争法》中增设"滥用相对优势"条款，考虑产业融合对于竞争关系认定带来的影响、企业在流量的竞争中是否关注消费者的长远利益，以及如何在制度设计中达到利益平衡。

关键词： 平台经济；竞争关系；滥用相对优势；反不正当竞争法

---

* 本文受到华东政法大学 2020 年度校级研究生创新能力培养专项资金项目资助（项目编号：2020 – 5 – 018），系博士研究生学术研究项目"平台经济下竞争关系的司法认定与立法改进"结项成果。

** 桂栗丽，华东政法大学知识产权研究中心研究人员，知识产权专业 2019 级博士研究生。

随着新兴互联网产业日新月异的发展，新的市场竞争领域被不断拓展和重新定义。传统企业开始纷纷向平台型企业转型。与之相匹配适应的技术、服务以及创新的速度都在日益加快。具有平台模式和庞大客户群的企业，互相之间的竞争也更为激烈，相应的不正当竞争行为也逐渐增多。在技术创新模式的不断革新下，不正当竞争行为越发多样。导致现行的《反不正当竞争法》与《反垄断法》难以涵盖各种不正当竞争行为的具体类型。在传统行业中判断不正当竞争行为时，往往将竞争关系作为重要考量因素，但是在互联网行业中竞争关系的认定逐渐被淡化。而平台企业自身的特性，也丰富了竞争关系认定中需要考虑的因素。因此，本文旨在结合平台企业的特点，对竞争关系的认定进行细化和完善。平台企业之间的不正当竞争，在司法实践中常因行业不同而被判定为不具有竞争关系。随着平台企业全产业链化的发展，这个问题需要被进一步分析，对竞争关系的认定也应当结合平台企业的特性进行完善。本文拟结合司法实践，从学理上探讨平台企业中竞争关系认定相关的法律问题，希望能为争议的解决和规则的适用提供一定的智识贡献。

一　问题的提出

2020 年初受新冠肺炎疫情的影响，大部分企业都开启了线上办公的模式，互联网会议平台之间竞争激烈，其中腾讯公司旗下的"腾讯会议"软件占有较大的市场份额。2020 年 3 月初，北京字节跳动科技有限公司旗下的一款会议软件"飞书"在多个社交平台中启动宣传，其通过微信公众号的推广遭到腾讯旗下微信应用的封杀：凡是对飞书软件进行宣传的文章都被微信平台以各种理由删除，就连涉及此事件（封杀飞书 App）的文章，也难以幸免。同时在新浪微博上转发的"腾讯封杀飞书"的消息，还会被腾讯公司举报为不实消息。这一现象使笔者关注到了持续已久的以平台企业为代表的"头腾大战"①。2016 年至 2020 年，字节跳动公司与腾讯公司可查的相关诉讼有 416 件，其中涉及反垄断、反不正当竞争诉由的就有 18 件。②

其实"头腾大战"只是各类平台型企业激烈竞争的冰山一角。2020 年 3 月，苹果系统要求强行下架微信 App、③ 美团 App 在支付过程中不设置支付宝支付选项、④ 自 2019 年 5 月后华为手机无法直接获得谷歌官方的安卓系统更新⑤等事件，都是平台间激烈竞争的体现，通过限制对手的发展以维护自身的市场份额，这些行为引发了诸多纠纷。究其原因：一方面，平台企业的本质在于吸引更多的消费者，以获得更大的市场份额，进而走向垄断；另一方面，从法律适用的角度来分析，由于商业模式的革新和科学技术的发展，目前的法律在对不正当竞争行为进行判断时出现了一定的不适性，导致《反不正当竞争法》中一般条款被滥用。学界中，对于平台企业

---

① 以短视频平台为例，字节跳动旗下的平台被称为"头条系"，如西瓜视频、抖音短视频、火山小视频。以腾讯为首的被称为"腾讯系"，如微视、快手、梨视频。从 2017 年到 2018 年，就短视频平台来看，形成了"南抖音北快手"的江湖格局。"头腾大战"的缘起是在 2018 年 3 月，腾讯公司先后找了诸多借口，例如产品漏洞、阈值、诱导分享等理由，对"头条系"的产品进行封禁；2018 年 5 月 8 日，今日头条的总裁张一鸣和腾讯总裁马化腾在朋友圈展开"口水战"；2018 年 5 月 18 日，微信发布了外链的管理规则，其中规定："外部链接不得在未取得信息网络传播视听节目许可等法定证照的情况下，以任何形式传播含有视听节目的内容。"而这里受影响的则是抖音、今日头条资讯内容等付费类 App。同年的 6 月 1 日，腾讯以不正当竞争为由发起诉讼，要求今日头条及抖音赔偿人民币一元，并要求公开道歉，同时宣布暂停合作。当日今日头条也宣布，公司以不正当竞争为由提起对腾讯的诉讼，索赔 9000 万元以及要求公开道歉。参见央视大画财经《"头腾大战"让谁头疼》，央视网，http://jingji.cctv.com/special/picture/ttdz/1/index.shtml，最后访问日期：2020 年 10 月 10 日。
② 数据来源于威科先行数据库，检索条件：设定当事人为"字节跳动"与"腾讯"。在结果中二次检索关键词"不正当竞争"。
③ 参见《苹果要强制下架微信？别慌，官方回应来了》，"政商参阅"搜狐号，https://www.sohu.com/a/379035365_539588，最后访问日期：2020 年 10 月 10 日。
④ 参见《刚刚！美团取消支付宝支付……》，腾讯网，https://new.qq.com/omn/20200801/20200801A0BFKX00.html，最后访问日期：2020 年 10 月 10 日。
⑤ 参见《华为手机无法再获取安卓官方更新 谷歌回应会遵守命令》，新浪财经，http://finance.sina.com.cn/stock/relnews/us/2019-05-20/doc-ihvhiews3176150.shtml，最后访问日期：2020 年 10 月 10 日。

竞争的相关问题也有广泛的讨论①，例如在《反垄断法》视角下探讨相关市场的界定、必要设施的界定，以及能否对平台企业从反垄断法的角度进行制约。2020 年 11 月，国家市场监督管理总局发布了《关于平台经济领域的反垄断指南（征求意见稿）》②，该指南已于 2021 年 2 月正式发布实施；而从《反不正当竞争法》角度，也有学者讨论滥用相对优势条款的可适用性，诸如《反不正当竞争法》中"一般条款""互联网专条"的完善等。在判断不正当行为的过程中，竞争关系认定处于十分重要的地位。目前对于平台型企业竞争关系认定分析的文章仍属少数。在平台经济快速发展的背景下，有必要对于"竞争关系"——这个在判定不正当竞争行为中起重要作用的因素予以重视与重新解读。

二 平台型企业概念的界定及对竞争关系认定的影响

（一）平台型企业概念的界定及特点

平台经济学中对"平台"的定义：平台实质上是一种空间或场所，可

---

① 相关文章有孙晋的《互联网平台经营者市场支配地位界定的系统性重构——以〈反垄断法〉第 18 条的修订为中心》（与赵泽宇合著）、《平台经济中最惠待遇条款的反垄断法规制》（与徐则林合著）、《大数据时代下数据构成必要设施的反垄断法分析》（与钟原合著）、《论互联网不正当竞争中消费者权益的保护——基于新修〈反不正当竞争法〉的思考》（与闵佳凤合著）；宁立志的《叫停网络音乐市场版权独家交易的竞争法思考》（与王宇合著）、《互联网不正当竞争条款浅议》、《双边市场条件下相关市场界定的困境和出路》（与王少南合著）；陈兵的《〈反不正当竞争法〉下互联网平台"封禁"行为考辨——以消费者（用户）合法权益保护为中心》（与赵青合著）、《互联网经济发展对反垄断法调适的影响及应对——以〈《反垄断法》修订草案（公开征求意见稿）〉为视角》（与程前合著）、《互联网平台封禁行为的反垄断法解读》（与赵青合著）、《数字经济新业态的竞争法治调整及走向》、《互联网市场固化趋态的竞争法响应》、《互联网新型不正当竞争行为审裁理路实证研究》、《优化〈反不正当竞争法〉一般条款与互联网专条的司法适用》（与徐文合著）、《互联网经济下重读"竞争关系"在反不正当竞争法上的意义——以京、沪、粤法院 2000～2018 年的相关案件为引证》、《数字经济发展对市场监管的挑战与应对——以"与数据相关行为"为核心的讨论》、《互联网平台经济发展的法治进路》。还有许多学者也对这一问题进行了讨论。

② 参见《互联网平台反垄断指南来了》，人民网，https://www.sohu.com/na/431516179_114731，最后访问日期：2020 年 11 月 13 日。

以存在于现实世界，也可以存在于虚拟网络空间，该空间引导或促成双方或多方客户之间的交易，并且通过收取恰当的费用而努力吸引交易各方使用该空间或场所，最终追求收益最大化。① 其实在没有互联网技术之前，平台经济也有很多的样例，如农贸市场、婚介机构等均属于为双方或多方提供服务的交易场所，但由于技术所限，传统型平台企业的业务会受到地域和时间的限制。② 现在很多讨论会将互联网企业与平台企业作为同一种主体进行讨论，但是这种界定并不准确，互联网经济与平台经济两者并不完全相同。以美国亚马逊公司为例，它从单纯的电子商务经销商（网上书店）成功转型为网络交易平台运营商和电子商务经销商混合体的企业。亚马逊公司作为早期电子商务经销商，其经营行为并非平台经济，因为它并没有为多方提供平台服务。由此可见，电子商务的概念范畴要大于平台经济。产业组织理论认为：能够为双边或多边市场塑造公共交易界面，并能够将产品、服务或技术嵌入界面的经济组织可以称为平台型企业；战略管理理论则认为，处于生态系统的中心位置，并具备协调不同利益群体、构建发展型平台、承担治理任务等功能的组织是平台型企业。因此可以说，平台经济并不局限于互联网，但由于互联网企业轻资产的特性使得平台经济发展得更好。③ 对于平台的研究，经济学主要关注同时存在跨边效应和同边效应的情况下平台的定价问题，而管理学则更加关注平台战略的进入与实施。④ 在法学视野中，目前并无对平台企业较为精准的定义，更多的是关注互联网企业之间的关系。部分学者会在反垄断法视角下，探讨对平台企业行为的规范和制约。

平台型企业具有三个主要特征：一是双边/多边市场，即两个或多个市场群体或利益相关群体参与；二是网络效应，即网络中的一边会因其他边

① 徐晋：《平台经济学——平台竞争的理论与实践》，上海交通大学出版社，2007，第 2 页。
② 王玉梅、徐炳胜主编《平台经济与上海的转型发展》，上海社会科学院出版社，2014，第 3 页。
③ 产业组织理论、战略管理理论观点由访谈咨询记录得出，笔者与中山大学管理学博士林晨雨微信访谈，2020 年 9 月 15 日。
④ 张小宁：《平台战略研究评述及展望》，《经济管理》2014 年第 3 期。

的规模和特征而获益；三是开放性，即平台型企业能够支持不同市场群体的交互，是影响市场群体机会识别的开放性系统。[①]

随着平台经济的兴起，跨界竞争对于竞争关系的认定和适用造成了一定的冲击。有学者将其称为混业化特性，[②] 即互联网经济下多平台化趋势对于竞争法规则的挑战。值得注意的是，目前头部互联网平台企业有不断扩展业务范围的趋势，这将围绕平台主体生成横跨多行业的生态系统，换而言之，平台企业的垄断趋势也将越发明显。

（二）平台型企业特性对竞争关系司法认定的影响

在反不正当竞争诉讼中对于反不正当竞争行为的认定，一般分为三个步骤。第一，判断是否有可保护的利益存在；第二，判断是否是竞争者，即起诉资格的确认；第三，判断是否造成了损害。而在第二步中就需要判定二者之间是否存在竞争关系。

竞争关系是竞争法调整的根本关系。竞争关系应指竞争者之间在特定的市场经营活动中，为了自身利益最大化争夺交易机会而形成的经济关系。它一般具有以下几个特性：主体具有多样性；关系具有层次性；本质是一种商业利益关系；竞争关系的产生、变更或终止，双方并不具备合意，均为竞争者退出或加入的单方意思表示。[③] 一般而言，反垄断法中的竞争关系较为严格，属于狭义的竞争关系，而在反不正当竞争法中，其属于广义的竞争关系。[④]

对于传统行业而言，竞争关系的判断，目前有两种主流学说。这两种主流学说分别是广义与狭义竞争关系说和直接与间接竞争关系说。秉持广

[①]　陈威如、余卓轩：《平台战略：正在席卷全球的商业模式革命》，中信出版集团股份有限公司，2013，第 30 页。

[②]　参见张皓然《混业化下网络竞争法律规则适用研究》，硕士学位论文，哈尔滨商业大学，2020，第 9 页。

[③]　李彬：《竞争法的基本范畴研究》，知识产权出版社，2016，第 109～112 页。

[④]　孔祥俊：《反垄断法原理》，中国法制出版社，2001，第 255～273 页。

义与狭义竞争关系说的学者主要有孔祥俊、王先林、杨华权。[①] 持直接与间接竞争关系说的学者主要有郑友德、宋旭东、于海涛、孙晋。[②] 广义竞争关系说与间接竞争关系说均从损害结果角度进行考量，二者的区别在于是否将竞争关系作为不正当行为判断的前提条件。在广义竞争关系学说中，不再将竞争关系作为不正当竞争行为判断的前提条件，而间接关系说则将竞争关系作为不正当竞争行为的前提条件。换而言之，这里的变动因素为是否以侵权法的思路对反不正当竞争行为进行界定。但在司法实践中，这两种主流学说并不能完全涵盖司法裁决的结果，随着平台企业不正当竞争纠纷数量的增多，在竞争关系的判断上，两种主流学说也已经不能满足现实情况的需要。出现了更多的按照传统判断思路没有竞争关系，实质却遭受损害的案例。而被告抗辩的观点第一条便是双方不存在竞争关系，这使法院在进行司法裁判时，需要花大量的时间对竞争关系是否存在进行论证。竞争关系认定的司法意义也是值得进一步思考的问题。

传统市场只需要满足一方的需求，以买卖市场为例，我们经历了从卖方市场到买方市场，再发展到现在的双边市场，[③] 即从凭票购物到超市购物，再到如今的网络平台购物。平台经济的基础是双边市场，平台企业需要满足双方的需求。再举一个传媒行业的例子，最初由供应方主导，也就是无论电视台、广播电台中播出什么内容观众都没有其他选择；第二阶段由需求方主导，电视台、网站拥有更多的资源视频，观众可以进行点播观

① 持竞争关系广义与狭义之分观点的学者及文献，参见孔祥俊《反不正当竞争法新论》，人民法院出版社，2001，第173页；王先林《论反不正当竞争法调整范围的扩展——我国〈反不正当竞争法〉第2条的完善》，《中国社会科学院研究生院学报》2010年第6期；杨华权《论爬虫协议对互联网竞争关系的影响》，《知识产权》2014年第1期。

② 参见郑友德、杨国云《现代反不正当竞争法中"竞争关系"之界定》，《法商研究》2002年第6期；宋旭东《论竞争关系在审理不正当竞争案件中的作用》，《知识产权》2011年第8期；于海涛《不正当竞争行为认定中的实用主义批判》，《中国法学》2017年第1期；孙晋、钟原《大数据时代下数据构成必要设施的反垄断法分析》，《电子知识产权》2018年第5期。

③ 王彬彬、李晓燕：《大数据、平台经济与市场竞争——构建信息时代计划主导型市场经济体制的初步探索》，《马克思主义研究》2017年第3期。

看，出现了电视点播和视频网站；到第三阶段平台化发展，例如现在的直播平台，供需双方可以在平台中进行互动，需求方与供应方的需求进行匹配。由于双边市场内容导向的特性，平台企业需要满足双方的需要，因此在平台中逐渐融合了多种产业，而这种融合使竞争关系的认定界限变得模糊。

（三）竞争关系认定对于司法裁判的意义

在我国，"竞争"一词最早见于《庄子·内篇·齐物论》，① 其中"竞"重在行为，"争"重在言辞，竞争即为互相争胜之意。② 竞争本就是有损害的，而我们所探讨的对于竞争关系的认定，是按照侵权的思路在《反不正当竞争法》模式下对于危害竞争秩序的行为进行规范和制约。有学者归纳了四种司法实践中按照广义竞争关系说进行认定的思路：第一，以不正当地获取竞争优势认定竞争关系；第二，以不正当地破坏他人竞争优势认定竞争关系；第三，以违背诚实信用原则的行为损害他人利益认定竞争关系；第四，以损害反不正当竞争法所保护的利益认定竞争关系。③ 最高人民法院在百度诉奥商案中也适用了广义竞争关系说，法官在裁判要旨中写道："确定市场主体之间竞争关系的存在，不以二者属同一行业或服务类别为限，如果二者在市场竞争中存在一定联系或者一方的行为不正当地妨碍另一方的正常经营活动并损害其合法权益，则应肯定二者之间存在竞争关系。"④ 但是，这种秉持广义竞争关系说，根据损害认定竞争关系存在的思路并不是普遍适用的。

---

① "有左有右，有伦有义，有分有辩，有竞有争，此之谓八德。"参见孙通海《中华经典藏书：庄子》，中华书局，2007，第 40~42 页。
② 夏征农、陈至立：《辞海》，上海辞书出版社，2010，第 2010 页。
③ 参见周樨平《反不正当竞争法中竞争关系的认定及其意义——基于司法实践的考察》，《经济法论丛》2011 年第 2 期。
④ 参见最高人民法院 45 号指导案例《北京百度网讯科技有限公司诉青岛奥商网络技术有限公司等不正当竞争纠纷案》，2015 年 4 月 15 日。

传统竞争关系的认定需要考虑地域及产品可替代性，而互联网和平台的结合打破了这种认定规则。这使平台型企业之间竞争关系的司法认定过程出现了难点。现有司法认定强调泛化竞争关系而只注重损害结果的做法，并不妥当。淡化竞争关系，虽然在一定程度上是大势所趋，但也需要注意这种做法可能会导致滥诉。

三 现有"竞争关系"司法认定的不足

（一）平台企业"竞争关系"司法认定的难点及不足

传统市场与双边市场中包含的主体存在很大区别。传统市场中涉及的主体较为单一，分别是供给方、销售方、需求方。在双边市场中，平台经济系统一般包括三个关键种群：领导种群、关键种群、支持种群。从单一一方变成了多方共同支持，其中包含的内容如图1所示。因此平台企业中涉及的主体十分广泛，并且主体往往不从属于同一地域、行业领域。在司法实践中，平台型企业之间出现利益相争时，被诉一方往往采用双方属于不同领域的观点而否认双方之间存在竞争关系，因此有观点认为：互联网领域的竞争关系应当被泛化，即秉持广义竞争关系的观点，竞争关系认定属于损害认定的范围，没有必要将其作为不正当竞争行为认定的前提条件。[①] 但是这有可能会导致遭受了损害的原告方之起诉资格受到影响。

如前所述，互联网的轻资产性使得平台企业具有了扩张的优势，具有互联网加持的平台企业与传统行业最大的不同之处就在于其产业边界的模糊性。在平台经济发展的背景下，平台企业间的竞争已经从简单的狭窄垂直领域延伸到了立体范围，不再局限于一个行业、一个地域，在这种生态链条发展过程中，平台企业的经营范围逐渐扩大到上下游业务。因此在竞争关系认定过程中，不能仅着眼于企业是否同属于一个行业，这种竞争关

---

① 参见孔祥俊《反不正当竞争法的创新性适用》，中国法制出版社，2014，第103页。

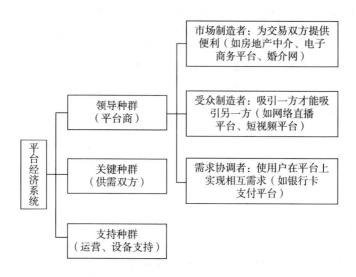

图 1 双边市场中平台经济系统主体

资料来源：笔者根据学者王彬彬等人的观点绘制。参见王彬彬、李晓燕《大数据、平台经济与市场竞争——构建信息时代计划主导型市场经济体制的初步探索》，《马克思主义研究》2017 年第 3 期；参见丁宏、梁洪基《互联网平台企业的竞争发展战略——基于双边市场理论》，《世界经济与政治论坛》2014 年第 4 期。

系的判断方式是有明显的不适性的。例如在"抖音诉微信封禁链接案"中，有一种观点认为：抖音与微信是不同的应用类型，微信主管社交，而抖音主管娱乐，因而不能够将二者竞争行为认定为不正当竞争行为，这样的判断方式不利于倡导自由竞争，这会使具有较大体量的平台在市场竞争中享有更多既得的竞争优势。①

与传统行业不同，平台企业间的竞争关系的认定具有一定的特殊性。平台企业双边市场的特性使竞争关系的认定较为复杂。

1. 平台型企业竞争关系认定的难点

第一，平台企业定位复杂，平台企业自身定位不明导致竞争关系的认定难以把握。平台企业究竟归属于市场主体，还是作为一个小市场存在？

---

① 参见《"死磕用户"起诉腾讯：微信屏蔽淘宝、抖音链接，违反〈反垄断法〉》，站长头条，https://www.seoxiehui.cn/article-189790-1.html，最后访问日期：2020 年 11 月 13 日。

这种定位的不明确，会造成不同的层次竞争关系在判断时更为复杂，传统的竞争关系的认定理论没有预测到这种新兴商业模式所带来的冲击。

第二，平台企业跨行业涉及面广，与传统竞争关系的认定理念相左。与传统服务业单一的模式不同，平台企业往往融合了多种技术，也与多个行业进行了联合，体现了网络化、跨区域、跨行业的特征。全产业链扩张对于竞争关系范围的判断提出了挑战。

第三，平台企业技术革新迅速，竞争关系的认定技术难度大，主要体现在两方面。一方面，因为互联网虚拟、互动与广域的特性，原本分属不同领域的企业进入同一平台，致使竞争关系的认定难度加大；另一方面，由于平台企业横向扩张的模式，导致进入的主体过多。平台企业主体广泛，相互之间竞争关系认定涉及平台与平台、平台与供应方、平台与需求方之间众多主体，范围进一步扩大。"互联网＋"背景下多种商业模式与平台企业结合，涉的市场主体非常广泛。

2. 平台经济中竞争关系认定的共性问题

曾有学者对平台经济视域下商业舞弊行为进行了分类，以单个平台视角和多个平台比较的视角对平台经济中出现的典型问题进行了梳理，[①] 本文在这里将这些典型问题统称为"市场失灵现象"，根据平台经济中所包含的最重要的三方主体，即平台商、供给方、需求方的不同，把平台经济中涉及竞争关系的认定问题分为两大类。第一类是平台行业中的市场机制失灵，也即大市场失灵。其中包含竞争关系认定的问题，是平台商作为主体自身，或者与其他主体间出现的纠纷，比如平台企业自身的、平台企业间的、平台企业与供给方的、平台企业与需求方的。第二类是平台内部的市场机制失灵，即小市场失灵。其中主要包含平台企业这个双边市场中所调控的两方，如供给方、需求方、供给方与需求方（见表1）。

---

① 参见易开刚、厉飞芹《平台经济视域下商业舞弊行为的协同治理——问题透视、治理框架与路径创新》，《天津商业大学学报》2017年第3期，第44页。

表 1　平台企业涉及市场失灵的体现

市场失灵	涉及的主体	行为列举	法律定性	典型案例
平台行业中市场失灵（大市场失灵）	平台企业自身	财务虚报	税收问题、沉淀资金	直播平台偷税漏税、P2P平台沉淀资金
		管理混乱	弱势群体利益保护（消费者、劳动者）	平台注册的格式合同、平台企业中劳动关系不明
	平台企业之间	合谋舞弊	侵权、欺诈	买卖用户信息、电商平台造假虚提价格再打折，利用技术优势制造溢价
		恶性竞争	不正当竞争、垄断	二选一、争抢主播、排挤性定价
	平台企业与供给方	信用交易、流量交易	不正当竞争、欺诈	直播平台数据造假，电商平台交易量造假
	平台企业与需求方	虚假用户、网络水军	不正当竞争、欺诈	微博社交平台热搜、直播平台机器人用户
平台企业内市场失灵（小市场失灵）	供给方与需求方	信用交易	不正当竞争、侵权、欺诈	电商好评返现、差评师；直播平台经纪公司刷票
	供给方	虚假资质	不正当竞争、侵权、欺诈	外卖平台对商家资质审核不严
	需求方	利用漏洞牟利	诈骗、侵权	优步用户利用供给方补贴政策套现

资料来源：笔者自制。

通过表 1 的分类可以看出，在平台类企业中由于平台企业双边市场的特性，使得平台企业中市场失灵现象呈现了多维度、多主体的特点，复杂程度远超传统行业，这也导致平台企业间竞争关系可能被放大至平台与供给方、需求方等多方的竞争。

（二）对平台企业"竞争关系"司法认定不足的原因

平台的发展具有动态性，随着产品互补性、功能多样性，以及兼容互通性的不断增强，平台也在不断地进行演化升级。其概念也从企业内部平台转变为上下游的供应链平台，产业平台和多边市场的平台。而在这个过程中，企业之间的竞争也不仅仅是同类产品的竞争，更多地演化为"创新生态系统"的竞争。从消费者的角度来说，这是对于流量的竞争，对于消费者注意力的竞争。"平台包抄"是企业战略管理中的一个名词，是指市场主体利用自身在某一行业领域或者相关定义范围内的市场上的竞争优势，去参与另一个市场的竞争。[1]

我们在司法适用中认定竞争关系一般采用侵权法认定的思路。以"头腾大战"为例，现实中有两种规制路径，其一是适用《反垄断法》，其二是适用《反不正当竞争法》。但是这两种路径都存在一定的障碍，司法实践中难以直接适用。原因在于，第一，《反垄断法》中相关市场认定因素在互联网范围内更加模糊。在互联网范围内，《反垄断法》中相关市场与必要设施的理论界定有一定困难。竞争法上的相关市场，大多要从产品、地域以及时间这三个要素进行界定，即要分别界定产品市场、地理市场和时间市场。[2] 而在互联网的背景下，平台企业垂直扩张的趋势使得产品、地域这两个要素更加模糊，难以界定。第二，《反不正当竞争法》中没有纳入"滥用相对优势"的制度。使得对于该行为的不正当性认定，只能借助《反垄断法》评价，而一旦不满足《反垄断法》适用的前置要件，对不正当性的认定就不能往下进行。在适用《反不正当竞争法》时，遇到互联网新型案件一般也有两种路径，首先检视专门条款中是否有所规定，如果没有，再考虑《反不正当竞争法》第12条（也即"互联网专条"）第4款"其他妨碍、破坏其他经营者合法提供的网络产品或者服务正常运行的行为"是否能兜底适用，如果依然不能适用，再去寻求《反不正当竞争法》一般条款的适用。但在此过程中，一般条款对于"诚实信用"的判断和第12条中对于"恶意"的解释都有赖于法官的主观判断，一旦对技术发展和平台企业的特性了解不够深入，法官就难以作出较为适当的判决。

（三）竞争关系考察不充分对司法认定的影响

司法实践中通常首先从竞争关系的角度界定竞争和不正当竞争行为，

---

① 刘学：《"战略势能"决胜平台包抄》，《销售与管理》2016年第11期。
② 李彬：《竞争法的基本范畴研究》，知识产权出版社，2016，第57页。

即将存在竞争关系作为构成竞争和不正当竞争的前提。界定竞争行为时对于竞争关系的依赖更多是历史形成的路径依赖。[①] 由于反不正当竞争法以多元利益为保护目标，有学者提出抛弃竞争关系，即采用广义竞争关系认定说，以此作为对不正当竞争判断的要求。笔者并不认同这一观点，笔者认为在平台企业全产业链化发展的背景下，要结合平台企业的特性，在《反不正当竞争法》适用中对竞争关系认定后再做考量。

《反不正当竞争法》的保护目标由从前的经营者扩大到了消费者，抛弃竞争关系认定说可能有助于保护除经营者之外的利益。但对于平台企业而言，如果抛弃竞争关系这一因素，一方面可能造成司法滥诉的情况，另一方面单纯根据损害认定行为是否恰当，会扩大《反不正当竞争法》的调整范围。再者，目前《反不正当竞争法》中并未对起诉资格做出限定，若两个平台企业均为经营者，应当按照侵权的思路进行认定，首先确定二者之间的竞争关系，再论及损害，否则《反不正当竞争法》会成为打击竞争对手的工具。

具体而言，当前对不正当竞争行为认定的司法实践中存在着以下问题：第一，利用传统行业中同类产品或地域的观点，以平台企业之间不存在竞争关系作为抗辩理由，采用消极模式削弱竞争对手，使维护市场秩序的《反不正当竞争法》成为打击竞争对手的工具，《反不正当竞争法》的作用被异化；第二，判定新兴行为是否属于不正当竞争时，适用《反不正当竞争法》第 2 条[②]，其核心在于如何把握违反诚实信用原则和商业道德的界限，被告往往会利用经济学理论，即新商业模式可以促进社会增益来进行抗辩，这种抗辩会让对于技术不够了解的司法工作人员难以做出准确的判

---

① 吴太轩：《互联网新型不正当竞争案件中的竞争关系认定研究》，《经济法论坛》2017 年第 2 期。

② 《反不正当竞争法》第 2 条规定："经营者在生产经营活动中，应当遵循自愿、平等、公平、诚信的原则，遵守法律和商业道德。本法所称的不正当竞争行为，是指经营者在生产经营活动中，违反本法规定，扰乱市场竞争秩序，损害其他经营者或者消费者的合法权益的行为。本法所称的经营者，是指从事商品生产、经营或者提供服务（以下所称商品包括服务）的自然人、法人和非法人组织。"

断；第三，《反不正当竞争法》第 12 条①来源于个案经验，其所规定的行为具体而明确，但是由于互联网产业和技术的不断革新，这些行为可能会被规避，而第 12 条第 2 款第 3、4 项的规定过于概括，未必能够精确地适用于产业融合背景下平台经济的各类调整对象，在适用的过程中容易产生理解偏差。

四 司法适用与立法改进方向及思路

平台企业呈现全产业链化扩张的趋势，并且平台企业对于消费者注意力的争夺情况越发激烈。对于传统企业中利用行业与地域来判断竞争关系的方法，在司法实践中已经有诸多不适。在互联网领域，因《反垄断法》对相关市场界定难以达成共识，且实务操作较为困难，则需要强化《反不正当竞争法》的运用。建议在《反不正当竞争法》中增设"滥用相对优势"的条款，同时考虑产业融合对于竞争关系认定带来的影响，考虑企业对流量的竞争中是否关注消费者的长远利益，以及如何在制度设计中实现利益平衡。

（一）《反不正当竞争法》适用的加强

经营者主体间竞争关系的认定并非不正当竞争认定的唯一要素，更重要的是判断竞争行为是否具有正当性，以及案件的原告是否具有合法利益。在这一背景下，《反不正当竞争法》的适用应当进行强化。竞争法的核心并

---

① 《反不正当竞争法》第 12 条第 1 款规定："经营者利用网络从事生产经营活动，应当遵守本法的各项规定。"第 2 款规定："经营者不得利用技术手段，通过影响用户选择或者其他方式，实施下列妨碍、破坏其他经营者合法提供的网络产品或者服务正常运行的行为：（一）未经其他经营者同意，在其合法提供的网络产品或者服务中，插入链接、强制进行目标跳转；（二）误导、欺骗、强迫用户修改、关闭、卸载其他经营者合法提供的网络产品或者服务；（三）恶意对其他经营者合法提供的网络产品或者服务实施不兼容；（四）其他妨碍、破坏其他经营者合法提供的网络产品或者服务正常运行的行为。"

不是限制竞争，而是鼓励竞争和制止不正当竞争行为,① 从而维护市场竞争秩序。当市场中竞争过剩时会出现不正当竞争，当竞争不足时就会走向反面，形成少数个体的垄断，如图 2 所示。

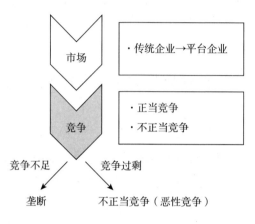

图 2　市场—竞争模式

资料来源：笔者自制。

而我们则需要在市场秩序、经营者利益、社会公益三者之间追寻一种利益的平衡。当前市场环境已经发生了变化，从传统的线下市场变成了线上的互联网市场。互联网经营者之间同质化也越发明显，出现了商业模式趋同化的特点，因此经营者会利用各种手段去争夺流量，即用户的注意力。在互联网领域竞争激烈，不正当竞争现象频发的情况下，《反不正当竞争法》应该在一个较为前位的顺序适用。《反不正当竞争法》的价值目标是公平竞争，因此在我国现有的竞争政策下，应当注重对不正当竞争的行为及损害进行价值衡量。因为竞争本就有损害，而我们应当考虑的是，《反不正当竞争法》应在何时介入，来对不正当竞争行为进行规制。

在判断竞争关系的过程中，也需要考虑原告与被告的经营者身份，当两者同为平台企业时，竞争关系的判断需要关注平台企业自身的特点。先

---

① 朱巍：《论互联网的精神——创新、法治与反思》，中国政法大学出版社，2018，第 348 ~ 351 页。

判断两者具有竞争关系后，再论及损害事实并结合行为进行判断，这样有助于发挥《反不正当竞争法》维持竞争秩序的作用。

（二）在《反不正当竞争法》中增设滥用相对优势条款

对于平台企业间跨界竞争的不正当竞争行为，可在判断两者具有竞争关系之后，引入相对优势条款进行规制。相对优势理论来源于德国，[①] 2016年我国《反不正当竞争法（修订草案送审稿）》[②] 中，增加了"滥用相对优势地位（Comparative Advantage Position）"的条款，理论界和实务界对此展开了激烈的论证。相对优势地位是指在具体的交易过程中，交易一方虽在相关市场中不具有市场支配地位，但对于高度依赖该方的交易相对方而言，其在资金、技术、市场准入、销售渠道、原材料采购等方面，拥有控制相对方"难以转向"的比较优势地位。这种市场优势地位是在交易的二维空间中形成的，故只发生在上下游不同层列的企业之间。[③]

"相对优势地位"与"市场支配地位"是两个不同的概念，市场支配地位是专属于《反垄断法》中的一个重要概念，关系到对于相关市场的界定。有学者认为：相对优势地位与市场支配地位都是垄断力的体现，理论上无差异。[④] 我国从德国引入相对优势地位理论后，有学者曾借用美国的法经济

---

① 早期学者对相对优势地位理论的思考与研究是以德国法为蓝本进行的。例如，曹士兵：《反垄断法研究》，法律出版社，1996，第 147～156 页；文学国：《滥用与规制——反垄断法对企业滥用市场优势地位行为之规制》，博士学位论文，中国社会科学院研究生院，2002；孟雁北：《滥用相对经济优势地位行为的反垄断法研究》，《法学家》2004年第 6 期。

② 《反不正当竞争法（修订草案送审稿）》第 6 条规定："经营者不得利用相对优势地位，实施下列不公平交易行为：（一）没有正当理由，限定交易相对方的交易对象；（二）没有正当理由，限定交易相对方购买其指定的商品；（三）没有正当理由，限定交易相对方与其他经营者的交易条件；（四）滥收费用或者不合理地要求交易相对方提供其他经济利益；（五）附加其他不合理的交易条件。本法所称的相对优势地位，是指在具体交易过程中，交易一方在资金、技术、市场准入、销售渠道、原材料采购等方面处于优势地位，交易相对方对该经营者具有依赖性，难以转向其他经营者。"

③ 龙俊：《滥用相对优势地位的反不正当竞争法规制原理》，《法律科学》（西北政法大学学报）2017 年第 5 期。

④ 参见曹士兵《反垄断法研究》，法律出版社，1996。

学分析方法来否定相对优势地位理论。① 笔者认为，平台经济背景下引入滥用相对优势条款具有必要性。首先，在互联网领域《反垄断法》中对于"相关市场"以及"必要设施"的界定有所困难；其次，互联网竞争激烈，应当更加注重《反不正当竞争法》的适用，因此将滥用相对优势条款加入《反不正当竞争法》中有积极意义；再次，由于平台企业自身特性，平台企业具有监管者和市场主体的双重特征，滥用相对优势条款可以有效地规制平台企业拒绝交易以及限制其他竞争者进入的行为，从源头上对企业的不正当行为进行规制，以阻止其走向垄断，危害市场竞争秩序，进而危害消费者群体的利益。

（三）利益平衡视角下《反不正当竞争法》一般条款与互联网专条的适用

在《反不正当竞争法》视角下认定不正当竞争行为应当遵循如下思路：首先在专门条款中找寻依据；当专门条款无法适用时，再去寻求专门条款中的兜底项目进行保护；当专门条款及其兜底项目均无法适用时，再转向适用一般条款。一般条款作为立法者赋予法官的自由裁量的依据，在审理新类型案件时，具有十分重要的作用。《反不正当竞争法》的第2条以及第12条第2款第4项，就是一般条款与专门条款的兜底项目。适用一般条款时，可遵循如下思路：判断一项竞争行为是否不正当时，需要依次考虑原告是否存在值得保护的利益、原被告之间是否存在具体的竞争关系、被告的竞争行为是否使原告的竞争利益受损。② 诚实信用原则的本质是为寻求当事人之间及当事人与社会之间的利益平衡，在个案中寻求当事人、消费者、制度与社会公共利益之间的平衡，最终得出优先保护哪方的结论。互联网行业由于自身起步晚，且发展速度较快，行业内在多方面并未达成相应的

---

① 参见李剑《相对优势地位理论质疑》，《现代法学》2005年第3期；李剑《论结构性要素在我国〈反垄断法〉中的基础地位——相对优势地位滥用理论之否定》，《政治与法律》2009年第10期。

② 黄武双、谭宇航：《不正当竞争判断标准研究》，《知识产权》2020年第10期。

共识，难以为司法裁判提供足够的道德资源，导致法官的评判标准有所缺失。在这一背景下可在个案中引入个案利益平衡判断方法（见图3）。通过直观的图示表达，以求获得利益最大化。但应当注意的是，利益衡量虽然可以解决个案的问题，但并不意味着仅停留在个案分析当中。[1] 苏力教授曾这样总结科斯定理："所谓最大效益的权利配置，并不是指至少主要不是指个别案件中最大效益的权利配置，而是指社会制度化的权利配置。"[2]

选择保护对象	结果									
	当事人利益		消费者利益		制度利益（公平竞争、秩序）			公共利益			
	经营者利益（原告）	竞争者利益（被告）	网络用户短期利益	消费者长远利益	鼓励创新与知识共享	禁止未经许可利用他人劳动成果	未具体化的制度利益	公平公正	社会公德	行业管理	经济秩序
认定垄断											
认定不正当竞争											
法律不干预											

图3 个案利益平衡判断

资料来源：笔者根据学者梁上上的《利益衡量论》中的图示改进所制。参见梁上上《利益衡量论》，法律出版社，2013，第264页。

司法实践中，真正完全相同的案件是不存在的。但是，性质相同、事实相似的案件很多。单纯依靠抽象的法律原则、法律规则并不能完全解决一切社会矛盾。况且我国幅员广阔，民族众多，社会生活丰富多彩，完全依靠法律条文来解决纠纷并不现实。依此情形，法院除依法裁判，还须针

---

[1] 刘建臣：《利益衡量视角下〈反不正当竞争法〉一般条款的适用研究——以新型网络不正当竞争案件为中心》，硕士学位论文，华东政法大学，2016。

[2] 苏力：《〈秋菊打官司〉案、邱氏鼠药案和言论自由》，《法学研究》1996年第3期。

对不同的案件进行自由裁量。但若因每个法官的认识不同，自由裁量权过大，则易造成"同案不同判"的情形。此时，加强案例指导，统一法律适用就很有必要。① 经过个案不断反思与总结，对相同相似的案件进行归纳，最终将互联网案件中普遍涉及的利益上升为制度利益。

五　结语

互联网平台模式的兴起是不可阻挡的趋势，因此，在法律适用方面，也应当对平台企业给予较为及时的关注。应结合平台企业所具有的网络性、开放性、多边连接性的特点，在司法适用中考虑平台企业产业融合对竞争关系认定所造成的影响。在互联网领域企业竞争越发激烈的背景下，也应当加强《反不正当竞争法》的适用，将《反不正当竞争法》的适用调整到一个较为前位的顺序，并在其中增加"滥用相对优势"条款。对于平台企业不正当竞争行为认定遵循竞争利益、竞争行为、竞争损害、竞争评估的判断顺序，摒弃传统的以地域、行业判断竞争关系的判断方式，应根据平台企业特点考虑其中的竞争关系。在个案适用时注重利益平衡，以维持自由竞争秩序，保护社会公众的利益。

---

① 参见何能高《加强案例指导 统一法律适用》，《人民法院报》2019 年 10 月 28 日。

《知识产权与市场竞争研究》第 7 辑
第 275～295 页
© SSAP，2021

从欧美案例分析判定 FRAND 许可费率的最佳方法

王亚岚[*]

内容提要： 如何在符合 FRAND 原则的条件下确定标准必要专利的许可费率在近几年间已经成为全球专利诉讼中一个具代表性的重要议题。"可比协议法"以及"自上而下法"这两种方法中的一种或两种在此类诉讼的审判过程中通常会被法院所采纳，用以确定符合 FRAND 原则的标准专利许可费率。过去在不同司法管辖区裁定的案件显示，在 FRAND 原则的概念下确定标准必要专利许可费率主要采行的方法是可比协议法。尽管可比协议法已经是全球法院通用的计算方法，自上而下法在美国判例法上仍曾经被采纳作为用以确定符合 FRAND 原则许可费率的主要方式。本文将针对欧美判例法中的相关案例对这两种方法进行分析，并评估其是否能够作为准确判定符合 FRAND 原则的专利许可费率适当的方法。

关键词： 标准化；FRAND；自上而下法；可比协议法

一　引言

提供超高传输速率、超低延迟和无处不在的连接的移动网络第五代无

---

* 王亚岚，德国奥格斯堡大学知识产权暨竞争法硕士。

线标准化技术（5G 标准）在使得车联网、智能制造、远程医疗、远程控制等技术变得可能的同时也获得了显著的进步。所谓标准，即标准发展组织所开发的一组规则或指南，用以使来自不同制造商的设备和服务得以彼此互通。在标准发展的过程中，不同的发明者贡献自己的技术解决方案，以解决发展标准时所遇到的技术性挑战。在标准发展的过程中，标准发展组织成员基于彼此间合意，以透明、公开、公正的程序，[①] 选择最佳的技术方案作为标准的一部分。由于这些技术规格通常是大量投资产出的成果，技术规格的所有者经常会寻求通过申请专利来保护这些技术，而这些被纳入标准并于实施该标准时必不可少的专利便被称为标准必要专利。

为了在发明者和标准使用者之间取得平衡，标准发展组织鼓励拥有标准必要专利的成员按照 FRAND（fair, reasonable, and non-discriminatory）条款和条件对其标准必要专利进行许可。[②] FRAND 代表公平、合理和无歧视。FRAND 条款和条件通常由许可人和被许可人双方本着诚信原则进行谈判后议定，以便适用于每个个案不同的具体情况。[③] 然而，当各方无法就 FRAND 条款达成共识时可能会向法院提起诉讼，在这种情况下，法院便可以判决形式来决定符合 FRAND 原则的许可费率。

近年来，在 FRAND 原则的概念下确定标准必要专利许可费率已成为全球专利诉讼中的一个重要议题。在此类诉讼中，法院通常使用可比协议法以及自上而下法这两种方法中的一种，或同时使用这两种方法来确定符合 FRAND 原则的标准必要专利许可费率。

尽管可比协议法已经是全球法院通用的计算方法，自上而下法仍然在近期的几个案件中被引用。英国法院在一项判决中采用自上而下法作为对

---

① Fredrik Nilson, "Appropriate base to determine a fair return on investment: A legal and economic perspective on FRAND," *GRUR Int.* 12（2017）：1017.

② 此项平衡一方面必须使标准必要专利所有人获得公平合理的报酬，另一方面也必须使该项标准的实施者能取得标准化技术。ETSI IPR Policy, https://www.etsi.org/intellectual-property-rights.

③ 关于 FRAND 双边协商，参见 Luis Herranz, Claudia Tapia, *Good and Bad Practices in FRAND Licence Negotiation（chapter）in Resolving IP Disputes*, Zeiler/Zojer（eds），2018。

可比协议法得出的结果进行核对的辅助方法，然而，美国法院则在另一项判决（该判决目前已经被上级审推翻）中选用自上而下法作为主要的计算方式。[①]

本文将针对欧美判例法中的相关案例对这两种方法进行分析，并评估其是否能够作为准确判定符合 FRAND 原则的专利许可费率适当的方法。

二 判定符合 FRAND 原则许可费率的方法

（一）自上而下法

采用自上而下法计算专利许可费率时，法院首先必须找出某一终端产品（例如智能手机）实施某项标准时所必需的所有专利，然后，法院需要尝试估算这些专利适当的整体价值，之后，再将该整体价值按照各标准必要专利所有人所持有的专利数量占专利总数的比例，分配相应部分的价值给各标准专利所有人。在这一分配计算的过程中，法院对每个标准必要专利均赋予了相同的价值。

（二）可比协议法

可比协议法采纳既有的、由许可人与其他被许可人间善意协商后缔结的协议为参考标准，用以决定适用于此次潜在被许可人的许可费率。换句话说，可比协议法是根据市场上对此类专利的定价来决定合适的许可费率的，因其所使用的方式是通过参考其他方曾经缔结的相似的许可协议来确

---

① *Unwired Planet* v. *Huawei* ［2017］EWHC 711（Pat），affirmed *Unwired Planet International Ltd* v. *Huawei Technologies Co.* ［2018］EWCA（Civ）2344（Eng.）；*TCL Communication Technology Holdings Ltd.* v. *Telefonaktiebolaget LM Ericsson*，Nos. SACV 14 – 341 JVS，CV 15 – 2370 JVS，2018 WL 4488286（C. D. Cal. Sept. 14，2018）. *TCL Communication Technology Holdings Ltd.* v. *Telefonaktiebolaget LM Ericsson*，No. 2018 – 1363，2018 – 1732（Fed. Cir. Dec. 5，2019），vacated-in-part，reversed-in-part，and remanded. http://www. cafc. uscourts. gov/sites/default/files/opinions-orders/18 – 1363. Opinion. 12 – 5 – 2019. pdf，最后访问日期：2020 年 4 月 29 日。

定适当的费率。如此一来，将其他可比协议的各项条款进行拆分（即将协议的所有条款转换为许可费）后，所产生的许可费率便能真实地反映出经验丰富的各谈判方在现实生活中本着诚信原则进行许可谈判所可能达成的结果。[①]

三 剖析自上而下法与可比协议法

目前在全球范围的各个法院间，确定符合 FRAND 原则的许可费率通常使用的方法为可比协议法。尽管如此，2017 年间英国法院判决的无线星球诉华为案（以下称"无线星球案"）[②] 以及美国法院判决的 TCL 诉爱立信案（以下称"TCL 案"）[③] 特别值得关注。此两案中法院都同时采用了可比协议法以及自上而下法，然而，两个法院使用这两种方法时却对它们赋予了各不相同的重要性。英国高等法院在无线星球案判决中，采用了可比协议法作为主要的计算方法，而自上而下法仅用于对该方法的计算结果进行核对；相反地，在 TCL 案中，美国加州北区地方法院则选择了自上而下法作为主要方法。

考虑到英国高等法院和美国加州北区地方法院在分析几乎相同的专利组合时方法上的巨大差异，其得出 4G 手机许可费率相差 2~3 倍而 2G／3G 手机许可费率相差高达 7 倍这样如此不同的结果也就不足为奇了。

另外，值得注意的是，在英国法院上诉审维持了对无线星球案裁决的同时，美国联邦巡回法院则以加州法院对 TCL 案的判决违宪为理由推翻了

---

① Keith Mallinson, *Unreasonably-Low Royalties in Top-Down FRAND-Rate Determinations for TCL v. Ericsson*, https：//papers. ssrn. com/sol3/papers. cfm? abstract_ id = 3169291，最后访问日期：2020 年 4 月 27 日。

② *Unwired Planet v. Huawei* ［2017］ EWHC 711 （Pat），affirmed *Unwired Planet International Ltd v. Huawei Technologies Co.* ［2018］ EWCA （Civ） 2344 （Eng.）.

③ *TCL Communication Technology Holdings Ltd. v. Telefonaktiebolaget LM Ericsson*，Nos. SACV 14 - 341 JVS，CV 15 - 2370 JVS，2018 WL 4488286 （C. D. Cal. Sept. 14，2018）. 本案判决后遭美国联邦法院于 *TCL Communication Technology Holdings Ltd. v. Telefonaktiebolaget LM Ericsson*，No. 2018 - 1363，2018 - 1732 （Fed. Cir. Dec. 5，2019）判决中推翻。

该判决，并将该判决发回下级法院由陪审团进行审理。[1] 此外，美国陪审团于 2019 年 HTC 诉爱立信案[2]中分析了一个与无线星球案几乎一模一样的专利组合，陪审团几乎完全按照无线星球案的方法对该专利组合进行评估并得出相应的 FRAND 许可费率（0.8% 及 1%），法官最终支持此费率，并认定此许可费率符合 FRAND 原则。由此可以看出，随着时间的流逝，英国法院在无线星球案判决中所采用的计算方式似乎获得了更多的支持，并成为进一步分析的基础；反之，TCL 案判决的做法则未得到任何响应。

（一）关于自上而下法的分析

1. 采用自上而下法的优点：理论上可避免专利挟持问题

自上而下法的支持者最主要的理由在于，理论上，采用自上而下法可以避免所谓的"专利挟持"与"许可费堆叠"问题。[3] 然而，时至今日，依然没有相关证据能够证明专利挟持与许可费堆叠系统性的存在问题。

（1）专利挟持与许可费堆叠理论

学者 Lemley 和 Shapiro 在 21 世纪初系统性地阐述了有关专利挟持与许可费堆叠的理论。[4] 此理论的提倡者将专利挟持描述为一种专利持有人以禁令为要挟，得以系统性地向下游制造商收取过多的专利许可费用的情境。[5] 意即，专利实施人为了避免专利权人通过申请禁令的手段阻止或延缓其产品的商业化而被迫支付专利持有人所要求的、远远超出 FRAND 费率的过高许可费。[6]

---

① *TCL* v. *Ericsson*，（Fed. Cir. Dec. 5，2019）.

② *HTC Corp.* v. *Telefonaktiebolaget LM Ericsson*，Ericsson Inc.，CIVIL ACTION NO. 6：18 – CV – 00243 – JRG，US District Court for the ED of Texas，May 23，2019，https：//www. essentialpatent-blog. com/wp-content/uploads/sites/64/2019/05/2019 – 05 – 23 – HTC – v. – Ericsson-Redacted-Memorandum-Of-dckt – 538_0. pdf，最后访问日期：2020 年 4 月 27 日。

③ *TCL* v. *Ericsson*（C. D. Cal. Sept. 14，2018）.

④ Mark A. Lemley，Carl Shapiro，"Patent Holdup and Royalty Stacking，" *Texas L. Rev.* 85（2006）：1991.

⑤ Alexander Galetovic，Stephen Haber， "The Fallacies of Patent Hold-Up Theory，" *J. Comp. L. & Econ* 13，1（2017）：1，3.

⑥ Vincent Angwenyi， "Hold-up，Hold-out and F/RAND：The Quest for Balance，" *Journal of Intellectual Property Law and Practice* 12（2017）：1012.

由于通信设备通常需要获得大量专利的许可，如果每个专利权人的 FRAND 报价中都没有考虑到其他专利权人也为该标准做出贡献才得以创造出现今的整体价值，则该理论预测，如此叠加的使用费率将导致过高的许可费率，即许可费堆叠的问题，[①] 并且他们认为，专利挟持的存在加剧了许可费堆叠问题。[②]

按照此理论，专利挟持与许可费堆叠问题造成的结果将会减缓新技术的发展速度，特别是在标准必要专利密集的资讯产品中，并将使新的市场竞争者因为担心无法负担过高的总许可费率而对进入市场感到灰心。[③] 该理论的提倡者认为，市场本身并没有解决这种情况的能力，因此他们认为，必须通过法院拒绝对标准必要专利核发禁令才能解决这一问题。[④]

（2）对专利挟持理论的批评

尽管专利挟持理论的支持者提出了对上述的问题的担忧，但仍有一些学者指出，迄今为止学界所进行的实证研究尚未有证据显示专利挟持与许可费堆叠是实务上普遍存在的问题。[⑤]

确实，专利挟持理论似乎仅具备理论上的意义。假设专利挟持理论在现实环境中确实存在，那么我们必定会感受到市场创新的停滞、有限的市

[①] Lemley, Shapiro, "Patent Holdup and Royalty Stacking," *Texas Law Review* 85 (2007): 1994 - 1995.

[②] Galetovic, Haber, "The Fallacies of Patent Hold-Up Theory," *Journal of Competition Law and Economics* 13 (2017): 3.

[③] Galetovic, Haber, "The Fallacies of Patent Hold-Up Theory," *Journal of Competition Law and Economics* 13 (2017): 6.

[④] Galetovic, Haber, "The Fallacies of Patent Hold-Up Theory," *Journal of Competition Law and Economics* 13 (2017): 3.

[⑤] 参见 OECD. Anne Layne-Farrar, Patent Hold-Up and Royalty Stacking Theory and Evidence: Where Do We Stand After 15 Years of History, https://www.oecd.org/officialdocuments/publicdisplaydocumentpdf/? cote = DAF/COMP/WD% 282014% 2984 &doclanguage = en, 最后访问日期: 2020 年 4 月 29 日; Damien Geradin and others, The Complements Problem within Standard Setting: Assessing the Evidence on Royalty Stacking, https://papers.ssrn.com/sol3/papers.cfm? abstract_id = 949599, 最后访问日期: 2020 年 4 月 29 日。

场准入以及价格上涨的问题。^① 然而，实证研究所得出的证据却恰恰相反。

首先，标准必要专利密集型产业现今正展现出强大的创新能力和良性竞争。^② 消费者已经经历过并且仍在经历着手机行业持续且快速地创新。^③

其次，一项针对 1994～2003 年标准必要专利行业绩效表现的实证研究显示，不仅标准必要专利权人的数量有显著的增加，更有大量的新公司进入手机设备市场。^④

再次，迄今为止，没有证据显示存在无线通信标准中的专利许可总费率无法抑制地蹿升而使标准化设备价格令人无法承担的情况。实际上，近年来移动电话设备的价格反而是急剧下降的。^⑤

此外，如果标准必要专利的持有人要求的许可费率高于应有的价值，那么标准必要专利的技术实施人便可以诉诸法院为自己辩护。这些标准必要专利持有人不能回避法院，因为法院是将其费率付诸实行的一方。如此一来，倘若要使只在理论上存在的专利挟持和许可费堆叠问题成为现实，法院就不得不与专利持有人共谋抬高许可费率。因此，即便从单纯理论角度出发，专利挟持与许可费堆叠理论似乎也是不可能发生的。

（3）采用自上而下法是否能够真正避免专利挟持及许可费堆叠的问题

倡导自上而下法的人认为，自上而下法是解决专利挟持及许可费堆叠问题的办法。他们认为，正如美国加州北区地方法院 Selna 法官在 TCL 案判

---

① Galetovic, Haber, "The Fallacies of Patent Hold-Up Theory," *Journal of Competition Law and Economics* 13（2017）: 3.

② Galetovic, Haber, "The Fallacies of Patent Hold-Up Theory," *Journal of Competition Law and Economics* 13（2017）: 7. 在本文进行分析时，作者发现 1997～2013 年，电话设备（包括诸如传真机、座机电话以及无线电话等低技术产品）的创新速度每年比整个经济领域的平均值要快 10%。此外，同一项分析也显示便携式计算机和笔记本电脑的创新速度更加快速，每年比整个经济领域的平均值要快出 31%。

③ Galetovic, Haber, "The Fallacies of Patent Hold-Up Theory," *Journal of Competition Law and Economics* 13（2017）: 9.

④ Galetovic, Haber, "The Fallacies of Patent Hold-Up Theory," *Journal of Competition Law and Economics* 13（2017）: 8.

⑤ Galetovic, Haber, "The Fallacies of Patent Hold-Up Theory," *Journal of Competition Law and Economics* 13（2017）: 8.

决中指出的那样，采用自上而下法可以避免专利挟持的问题，因为如果许可费率总额完全依照该项标准中所有专利的总体价值计算，便可以避免标准必要专利权人就其专利因标准化而增加的价值收取溢价。[①]

即便如此，该论点在现实环境中仍存在重大谬误。自上而下法仅在诉讼中由法院来确定许可费率的情况下方有其适用之处。在现实生活中，许可人与被许可人通常会同意 FRAND 条款，很少会提起诉讼。统计数据显示，在美国每年核发的约 200000 件专利中，只有大约 1.5% 的专利会遭遇诉讼。[②] 如果当事各方最终提起诉讼，且即便该诉讼中法院采用的是自上而下法，依然不能保证此诉讼以外的其他专利持有人会遵循该方法，特别是现实中的许可谈判和全世界范围内大多数法庭普遍接受的计算方法是可比协议法。

2. 采用自上而下法的缺点

正如 TCL 案判决所显示的，自上而下法在实践中面临着一些挑战。第一，使用自上而下法产生的结果可能是相当主观且武断的。第二，此方法在确定各标准必要专利权人所持有的实际份额时可能会产生偏差。第三，此方法无法充分且准确地将某项技术的实际价值列入考量范围。第四，使用可比协议法将造成计算许可费率时双重折扣的情况产生。

（1）采用自上而下法失之主观且武断

采用自上而下法可能产生的问题是主观性强烈且过于武断。

其一，采用自上而下法只是武断而没有根据地决定整体许可费率。

在确定总许可费率时，TCL 案中法院采纳了爱立信公司在两次公开声明中所发布的数字。[③] 2002 年初时，爱立信和包含 NTT DoCoMo、诺基亚以及西门子在内的其他行业领导者曾经联合发布了一份新闻稿，而这份联合新

---

① *TCL* v. *Ericsson*（C. D. Cal. Sept. 14，2018），p. 15.

② Anne Layne-Farrar，Patent Hold-Up and Royalty Stacking Theory and Evidence：Where Do We Stand After 15 Years of History? p. 5；Mark A. Lemley，Carl Shapiro，"Probabilistic Patents," *J. Economic Perspectives* 19（2005）：75，85，https：//ssrn. com/abstract = 567883 or http：//dx. doi. org/10. 2139/ssrn. 567883.

③ *TCL* v. *Ericsson*（C. D. Cal. Sept. 14，2018），p. 26.

闻稿在法院的眼中成为一项"确定总许可费率的最大值的宣示"①。在这份联合新闻稿中，这些公司向市场宣布："各公司彼此间已经达成协议，以分配的方式对 W-CDMA 技术的标准必要专利进行许可许可，并且依每家公司各自拥有的标准必要专利数量占总体 W-CDMA 技术的标准专利数量的比例计算许可费率许可。"② 诺基亚公司在同一新闻稿中进一步表示其 W-CDMA 的标准必要专利许可费率为 5%，而 NTT DoCoMo 公司则主张将累计专利许可费率维持在 5% 以下。③ 在 2008 年 4 月，爱立信公司在其网站上发布的一则信息称，其预计将其所有 4G 标准必要专利的相对专利强度维持在 20% ~ 25%，并且爱立信公司认为市场机制将促使所有市场参与者按照这些原则行事，并使手机设备的合理最高许可费率达到 6% ~ 8%。在同一则信息中，爱立信公司还表示，其所预期的关于手机设备 LTE 技术的合理许可费率约为 1.5%。在法院看来，此项声明再次被视为爱立信公司关于"采纳许可费率总和立场"的承诺。④ 这两个陈述在审判中被视为具有禁反言的效果，因此对爱立信公司具有拘束力。

然而，即使法院认为爱立信公司的这些公开声明具有约束力，在只提取这些公开声明的一部分而忽略上下文并且不考虑这些声明的实际目的的情况下，直接引用这些声明的片段似乎仍是十分武断的。举例而言，这些陈述事实上仅是针对使用某一特定技术（3G 或 4G）的单模手机设备得出的总许可费率，并非针对同时使用所有标准（2G 至 4G）的多模手机设备。在 2002 年所发布的联合新闻稿中所指的"总许可费率为 5%"专门针对"3G W-CDMA"技术，而 2008 年爱立信公司网站所发布的信息称，所谓"最高总许可费率应为 6% ~ 8%"仅适用于手机设备中适用 LTE 标准必要的专利。

此外，这些数字是爱立信公司内部为自己估算的费率，代表的仅是该公司所期待的关于所有专利权人的累计费率，并非得以一体适用于所有

---

① *TCL* v. *Ericsson*（C. D. Cal. Sept. 14，2018），p. 26.
② *TCL* v. *Ericsson*（C. D. Cal. Sept. 14，2018），p. 20.
③ *TCL* v. *Ericsson*（C. D. Cal. Sept. 14，2018），p. 20.
④ *TCL* v. *Ericsson*（C. D. Cal. Sept. 14，2018），p. 22.

情况。而法院将这些陈述作为估算该案所涉及标准许可费率的唯一依据似乎是有问题的，因其未能区分每个案件所涉及的不同市场背景和技术，也没有将其他技术贡献者针对他们自己所期待得到的实际费率所发布的公开声明纳入考虑范围。①

此外，由于这两则特定的公开声明是在十多年前发布的，若是要引用此二则声明来对本案所涉及的标准化技术的现值进行计算，则必须将它们具体化。十多年的时间在高科技行业（例如移动电信行业）的概念下是一个非常长的时间跨度，在如此长的一段期间内，相关技术和市场可以发生相当巨大的变化。如此过时的预测，在考虑到所涉及技术的最新发展（尤其是从3G到5G的演进）以及相关标准对消费者而言的价值的情况下，其所具备的证明价值也就令人产生高度怀疑了。②

与TCL案中Selna法官相反的是，Birss法官在无限星球案中对此不予认可，并认为这些所谓的业界公开声明显然是站在自身立场考量而做成的。Birss法官还在他的判决中指出，这些陈述对设定基准许可费率而言并没有太大价值。③ Birss法官考虑了自从这些声明发布以来发生的条件变化，并在判决中指出，采纳这些声明未能将标准专利的持有者与实施人在声明发布后的几年间实际上达成了哪些方面的共识一同列入考虑范围，④ 这可能成为影响这些声明中相关数据资料可信度的一大问题。事实上，Birss法官正是在认识到以过时的行业预测数据来计算现今的FRAND许可费率所具备的证明价值相当有限的情况下，才转而采用可比协议法以了解该案涉及专利的实际市场价值。Birss法官认为，与公开声明相比，可比协议是具体的数据资料，⑤ 因此比公开声明更为可靠。

---

① Richard Vary, Dissecting TCL v. Ericsson—What Went Wrong? *IAM* 9（2018）：10, https://www.twobirds.com/~/media/pdfs/iam91_tclvericsson.

② Richard Vary, Dissecting TCL v. Ericsson—What Went Wrong? *IAM* 9（2018）：10, https://www.twobirds.com/~/media/pdfs/iam91_tclvericsson.

③ *Unwired Planet* v. *Huawei*.

④ *Unwired Planet* v. *Huawei*.

⑤ *Unwired Planet* v. *Huawei*.

其二，错误地将仅是"潜在的"标准专利声明视为决定标准必要专利所有权份额的可靠信息。

导致自上而下法缺乏准确性的另一个问题是，该计算方法在很大程度上依赖于各当事人自己向标准发展组织 ETSI 所提交的标准必要专利和/或专利申请 FRAND 声明，① 然而并没有中立的第三方来审查所声明的标准必要专利是否真实地具有标准必要性。② 实际上，一些专家发现，在所有宣称对 4G 标准潜在必要的专利中，将近90%的专利并非标准必要。③ 然而，原则上只要我们清楚地了解 ETSI 数据库存在的目的，就无须担心此问题。ETSI 数据库中的声明并不是在证明某项专利或者专利申请书具备标准必要性，确切地讲，该声明只是一种承诺，即权利人保证如果其声明或申请的专利成为标准必要专利时，他将按照 FRAND 条款对该专利进行许可。④

但是，在现实中的双边许可谈判里，一项许可是否符合 FRAND 原则通常是由谈判双方决定的。在这些谈判的过程中，为了确定其专利组合具备标准必要性，标准必要专利持有人通常会向标准必要专利实施人提供代表其专利组合的权利要求对照表，之后双方将于技术讨论期间对其进行严格的审查。⑤ 通过这种方式，双方均可以清楚了解对方的专利组合强度以及其标准必要性。

反之，当法院采用自上而下法进行计算时，它们很大程度上完全依赖对 ETSI 数据库中声明的分析结果，而几乎没有对标准必要性进行实质性的审

---

① https://ipr.etsi.org/.

② Peter Georg Picht，"FRAND Determination in TCL v. Ericsson and Unwired Planet v. Huawei：Same Same but Different？" *Max Planck Institute for Innovation and Competition Research Paper Series* 18（2018）：29.

③ David E. Cooper，"Evaluating Standards Essential Patents in Mobile Cellular，"（2019）LIV No. 4 les Nouvelles-Journal of the Licensing Executives Society，https://ssrn.com/abstract = 3470197，David J. Goodman，Robert A. Myers，3G Cellular Standards and Patents（2005），https://citeseerx.ist.psu.edu/viewdoc/download? doi = 10.1.1.1030.4053&rep = rep1&type = pdf.

④ Claudia Tapia，Gabriele Mohsler，The current cost of transparency in IoT patent licensing *IAM*（2019），https://www.iam-media.com/frandseps/transparency-iot-licensing.

⑤ 有关 FRAND 双边许可谈判议题，详见 Luis Herranz and Claudia Tapia，*Good and Bad Practices in FRAND Licence Negotiation*（chapter）in *Resolving IP Disputes*，Zeiler/Zojer（eds），2018。

查。其原因之一在于，当事方向法院提交的专利组合分析报告并不精确可靠，因为面对如此巨大的专利组合，当事方的专家证人无法投入足够的时间进行适当的评估，仅能做出快速且粗略的分析。事实上，一项最近的研究指出，诉讼中当事方提交法院的报告的精确程度其实并不比单纯的猜测准确多少，[①]例如在 TCL 案中，当事方向法院提交的评估报告是基于其专家证人对每个专利族仅花费 20 分钟审查所做成的。如此一来，不管是在 TCL 案或者是在无线星球案的判决中，鉴于该证据的不可靠程度太高，法官们最终都不得不使用一定程度的最佳猜测来得出最终的总许可费率数额。[②] 这种"估计"，在至少这两个案例的事实层面上都表明了高度的主观性和不可靠性。[③]

综上所述，使用自上而下方法很有可能无法有效并准确地在诉讼中确定适当的标准必要专利的价值。

（2）采用自上而下法在判定标准必要专利所有权份额时产生偏颇

上述偏差也同样发生在侵权诉讼中确定某标准必要专利权人所持有的专利组合占总体标准必要专利的实际比例时。例如在 TCL 案中，法院在采用自上而下法时采用了被告提供的一组数字，这些数字是由一家印度公司进行分析后得出的，该公司在每个专利族上仅花费了数分钟时间进行分析，并且每个专利族分析的费用仅为 100 美元。尽管如此，法院还是接受了该结果并将其作为可靠的证据资料，该做法令许多经验丰富的专利从业者和专利诉讼人难以置信，[④] 原因在于，在现实生活的许可谈判中，无论是通过专利池还是许可方与被许可方进行双边谈判，审查单个专利所投入的时间和金钱都远高于该公司审查一整个专利族所花费的时间和金钱。

---

① Cooper, Evaluating Standards Essential Patents in Mobile Cellular.

② Peter Georg Picht, "FRAND Determination in TCL v. Ericsson and Unwired Planet v. Huawei: Same Same but Different?" *Max Planck Institute for Innovation & Competition Research Paper* 18 (2018): 30.

③ Peter Georg Picht, "FRAND Determination in TCL v. Ericsson and Unwired Planet v. Huawei: Same Same but Different?" *Max Planck Institute for Innovation & Competition Research Paper* 18 (2018): 30.

④ Mallinson, Unreasonably-Low Royalties in Top-Down FRAND-Rate Determinations for TCL V. Ericsson, pp. 9 – 10.

例如，在 TCL 案审判期间，爱立信公司向法院介绍了 Via Licensing（一家专利池经营者，向专利市场提供专利许可服务）的专利评估模式。[①] 在将某项专利纳入其专利池之前，Via Licensing 平均每项专利收取 10000 美元的费用对该项专利进行评估，[②] 以确定该项专利是否具备标准必要性。此外，飞利浦前执行副总裁于 2012 年估计，针对一项专利的标准必要性进行评估，费用在 5000 ~ 10000 美元之间。[③] 由这些数据可知，行业中实际投入用于审查专利的标准必要性的投资远高于 TCL 案中专家证人在其专利分析中仅收取的 100 美元。鉴于 TCL 案中进行标准必要性评估的成本相较于市场上普遍接受的进行同等评估的成本大幅降低，此项评估的结果在质量上大大降低也就不足为奇了。

此外，现今业界完整地进行一次标准必要性评估所需的工时也远比 TCL 案专家证人提交的自上而下法评估中所花费的工时长得多。众所周知，专利是由专业人士所撰写的复杂且冗长的技术文档，并且很难在短时间内阅读及分析。[④] 在现实生活中的许可谈判通常涉及各方之间冗长的技术讨论，而这些技术讨论是由专门研究该项专利所涉及特定技术领域的众多工程师所完成的、专业含量极高的工作。针对整个标准必要专利组合进行许可的技术谈判可能需要花费数月或更长的时间，这表明了对如此大规模的专利进行许可时，如何对许可专利的标准必要性进行评估将会是一项严峻挑战。一些业界专业人士指出，仅仅是对一项专利权利要求进行妥善的分析，都必须由经验丰富的从业人员花费至少一整天或更长的时间来确认所声明的专利对于某项技术标准确实为标准必要。[⑤] 若是在没有权利要求对照表的情

---

① *TCL* v. *Ericsson*（C. D. Cal. Sept. 14，2018），p. 30.

② *TCL* v. *Ericsson*（C. D. Cal. Sept. 14，2018），p. 30.

③ European Commission，Transparency and Predictability of Licensing in ICT through Patent Pools? Feb. 21，2012，https://ec. europa. eu/growth/content/transparency-and-predictability-licensing-ict-through-patent-pools_ en.

④ Richard Vary，Dissecting TCL v Ericsson—What Went Wrong? *IAM* 9（2018）：12，https://www. twobirds. com/ ~ /media/pdfs/iam91_ tclvericsson.

⑤ Kelce S. Wilson，"Designing A Standard Essential Patent（SEP）Program," *les Nouvelles-Journal of the Licensing Executives Society*（2018）：202，207.

况下，如 TCL 案中，专家很可能必须每个专利花费 50 个小时或更长时间才能完成评估。①

考虑到评估专利通常所需要的时间、精力和资源条件要求，TCL 案专家证人只花费 20 分钟就能完成阅读并且将该专利的权利要求与标准技术规范相关部分进行比较即得出结果，其准确性不得不令人表示怀疑。

上述观点在无线星球案中获得英国上诉法院的支持。在该案中，当与 TCL 案类似的分析资料被提交给法院时，法院将其描述为"仅是用于识别专利的粗略筛选器"。法院认为这种审查方式只能提供一个粗略的快速评估，并进一步提到，此种审查方式事实上不可能达成在这么短的时间内对数量如此庞大的专利提供具备权威性的标准必要性评估。因此，透过如此快速的评估所得出的这些数字，只能在经过大幅度的调整后才能于交叉检查时使用。②

（3）采用自上而下法无法精确评判某项专利技术的真实价值

自上而下法还存在一个重大缺点，即没有准确考量专利技术的实际商业价值。实务上，无论是从技术角度还是从商业角度来看，专利与专利之间的价值可能存在极重大的差异。③ 基于所有专利均具有相同价值的错误假设进行比例分配的计算，将大大高估某些专利的价值，同时又会远远低估其他专利的价值，从而导致专利许可费率的计算结果不准确。

（4）采用自上而下法将产生双重折扣

采用自上而下法需要考虑的另一个问题点在于对个别地区引用错误的费率折扣的风险。在律师间有一项共识，即根据专利保护程度的不同，适

---

① Kelce S. Wilson, "Designing A Standard Essential Patent (SEP) Program," *les Nouvelles-Journal of the Licensing Executives Society* (2018): 207.

② Unwired *Planet* v. *Huawei.*

③ J. Gregory Sidak, "Judge Selna's Errors in TCL v. Ericsson Concerning Apportionment, Nondiscrimination, and Royalties Under the FRAND Contract," *Criterion Journal on Innovation* 4 (2019): 101, 158 – 161; J. Gregory Sidak, "The Meaning of FRAND, Part I: Royalties," *J. Competition L. & Econ* 9 (2013): 931, 1019 – 1020, 1049 – 1052; Anne Layne-Farrar, A. Jorge Padilla, Richard Schmalensee, "Pricing Patents for Licensing in Standard Setting Organizations: Making Sense of FRAND Commitments," *Antitrust L. J.* 74 (2007): 671, 682 – 685.

用于拥有较强专利保护的国家（例如美国）的本土费率应高于包含适用于专利保护较弱的国家的本土费率在内的适用于全球范围的费率。[1]然而，TCL案中 Selna 法官在计算时错把行业参与者在其新闻稿中所发布的适用于全球范围的总许可费率当作适用于美国本土范围的费率，如此一来便产生了双重折扣而同时降低了全球范围以及美国本土适用的费率。[2]

（二）关于可比协议法的分析

1. 采用可比协议法的优点

可比协议法是估算 FRAND 许可费率更为可靠的一种方法，因为它是熟悉许可谈判的企业间经过长时间的善意谈判而产生的结果。它是一种更有效，同时也能够提供更多信息的方法，并且它是获得一项合理结果最直接的方法。

（1）可比协议在达成协议的过程中具备较高的专业性

如前几段所述，可比协议往往是经过复杂且十分漫长的许可谈判后产出的结果。在谈判的过程中，通常有法律从业人员、专利工程师、技术专家以及销售和业务专家的同时参与，并对专利的权利要求和相关产品进行了详尽的分析，[3] 经过这些努力后缔结的协议无疑体现了更高水平的专业含量。

可比协议之下，双方在经过了一段长时间的善意协商后，皆出于自愿同意了 FRAND 许可条款，而这恰恰反映了标准必要专利权人所持有的专利技术在现实世界中的市场估值，[4] 同时也反映了实际运作中的商业惯例，而这一观点也已经被全球范围内的各个法院所认同（下文详述）。

（2）采用可比协议法较为高效并能获得较大的信息量

FRAND 承诺的具体含义体现在符合 FRAND 原则的许可条款之中。可

---

① Richard Vary, "Dissecting TCL v. Ericsson—What Went Wrong?" *IAM* 9 (2018): 12, https://www.twobirds.com/~/media/pdfs/iam91_tclvericsson.

② *TCL v. Ericsson* (C. D. Cal. Sept. 14, 2018), pp. 113–114.

③ Kelce S. Wilson, "Designing A Standard Essential Patent (SEP) Program," *les Nouvelles-Journal of the Licensing Executives Society* (2018)：66.

④ Gregory Sidak, "How Licensing Standard-Essential Patents Is Like Buying a Car," *WIPO Magazine* 10 (2015)：12.

比协议法提取了在相类似的时间段内许可人与其他情形相似的被许可人间所达成的完整协议进行类比，如此一来使人们可以探知整个许可协议的全貌，因此也可以针对包含但不限于许可费率在内的所有条款进行全方位的考量。

可比协议法更可以就市场如何评估特定专利组合的价值提供可靠的参考信息。通过观察不同的当事方就同一项技术所达成许可的费率和许可条件，可以相对客观地了解该技术的确切价值，[①] 而最终得出最接近市场价值的合理许可费率。

（3）可比协议法被全世界范围内的法院公认为判定 FRAND 许可费率最佳的方式

出于上述原因，可以预见的是世界各地的法院都将可比协议视为确定 FRAND 许可费率的最佳方法。以美国为例，美国联邦巡回上诉法院早在 2012 年的 Laser Dynamics 诉广达案中就已经强调，现实生活中就某项专利技术所达成的许可协议可以很有效地证明什么是这些专利的合理许可费，因为这些真实存在的许可协议最能够清楚地反映该项专利技术在市场上的经济价值。[②] 在爱立信诉 D-Link 一案中，得克萨斯州东区地方法院支持了爱立信方专家证人所提出的损害赔偿数额，此数额即按可比协议法计算 FRAND 许可费率而得。[③] 此外，美国联邦巡回法院也认为，观察可比协议中达成协议的许可费率通常是计算专利损害赔偿金的一种可靠方法，[④] 也是标准必要专利组合

---

① Peter Georg Picht, "FRAND Determination in TCL v. Ericsson and Unwired Planet v. Huawei: Same Same but Different?" *Max Planck Institute for Innovation & Competition Research Paper* 18 (2018): 16.

② *Laser Dynamics, Inc. v. Quanta Comp., Inc.*, 694 F. 3d 51 (Fed. Cir. 2012) 79.

③ *Ericsson Inc. v. D-Link Sys., Inc.*, No. 6: 10 – CV – 473, 2013 WL 4046225 (E. D. Tex. Aug. 6, 2013) 16 – 18. 美国联邦巡回法院在同一案件中还认可了可比协议法对于确定 FRAND 许可费率的价值，并要求考虑一些要素，例如可比对象是否拥有比涉讼专利更多的专利、将交叉许可条款一并纳入考虑、同时需要涵盖外国知识产权，或者如此处提及的，将多组件产品价值的一定百分比列入计算。参见 *Ericsson, Inc. v. D-Link Sys., Inc.*, No. 13 – 1625 (Fed. Cir. 2014) 41 – 42. http://www.cafc.uscourts.gov/sites/default/files/opinions-orders/13 – 1625. Opinion. 12 – 2 – 2014. 1. PDF.

④ *ActiveVideo Networks, Inc. v. Verizon Comm., Inc.*, 694 F. 3d 1312 (Fed. Cir. 2012) 1333.

真实市场价值的最佳依据，并且能够完全地实现许可方的 FRAND 承诺。①

在欧洲，法院也认为可比协议是确定 FRAND 许可费率的最佳方法。② 英国高等法院通常将可比协议理解为与确定 FRAND 许可费率高度相关的资料。③ 此外，德国法院认为，可比协议是判断许可方所提供许可条款是否恰当的一项重要指标，并且原则上，标准必要专利持有人按照可比协议相似的条款达成的许可协议越多，则越能推定这些条款符合 FRAND 原则。④ 同样地，法国法院在确定 FRAND 许可费率时，也曾经分析了请求人与第三方达成的其他许可协议。⑤

印度法院在爱立信诉 Micromax 案中参考了爱立信与其他被许可人曾经

---

① *HTC Corp.* v. *Telefonaktiebolaget LM Ericsson*, *Ericsson Inc.*, CIVIL ACTION NO. 6：18 – CV – 00243 – JRG（E. D. Tex. May 23, 2019）. 法院认为，可比协议为爱立信公司的标准必要专利的价值提供了市场依据，而爱立信公司依据可比协议来计算公平合理的许可费率是一种可靠的方法，并且这与爱立信公司的 FRAND 承诺是一致的。

② 若需了解更多关于欧洲法院针对 FRAND 许可费率所做出的判决，请登录 4ipCouncil 网站，https://caselaw.4ipcouncil.com. 荷兰上诉法院认为，标准必要专利的持有人并没有义务站在其他被许可人正在支付的费用的角度去证明其所提出的 FRAND 许可费率是合理的，而仅是在实施者明确地表达自己取得许可的意愿之后，提出第一次的 FRAND 报价。*Philips* v. *Wiko*, Court of Appeal of The Hague, Case No. C/09/511922/HA ZA 16 – 62.3, July 2, 2019.

③ *TQ Delta LLC v. Zyxel Communications and Ors.*, Case No. HP – 2017 – 000045, [2018] EWHC 1515（Ch）, June 13, 2018；*TQ Delta LLC v. Zyxel Communications UK Ltd. and Ors.*, UK High Court of Justice, Sept. 28, 2018 – Case No. HP – 2017 – 000045, [2018] EWHC 2577（Pat）.

④ *Saint Lawrence v. Vodafone*, District Court Düsseldorf, Case No. 4a O 126/14, Mar. 31, 2016, para 225 et seq.；其他采纳可比协议法的判决请参见 District Court of Düsseldorf, Case-No. 4c O 81/17, July 11, 2018；*Tagivan（MPEG LA）v. Huawei*, District Court of Düsseldorf, Case No. 4a O 17/17, Nov. 9, 2018；*Sisvel v. Haier*, OLG Düsseldorf, Case No. I – 15 U 66/15, Mar. 30, 2017；District Court, LG Düsseldorf, Case No. 4c O 81/17, July 11, 2018；*IP Bridge v. HTC*, LG Mannheim, Case No. 7 O 165/16, Sept. 28, 2018；*Fraunhofer-Gesellschaft（MPEG-LA）v. ZTE*, LG Düsseldorf, Case No. Case-No. 4a O 15/15, Nov. 9, 2018；OLG Düsseldorf, Case No. I – 2 U 31/16, Dec. 14, 2016；OLG Düsseldorf, Case No. I – 2 W 8/18, Apr. 25, 2018。另外，如果不存在可比协议或者没有足够的可比协议可供参考，标准必要专利持有人则可以另外提出其所知的针对专利无效或侵权诉讼所作的与涉讼专利相似的专利判决，或者在相同或可比技术领域中其他当事方之间达成的协议作为证据，参见 District Court of Düsseldorf, Case-No. 4c O 81/17, July 11, 2018 para. 263 and 265。

⑤ *Core Wireless v. LG*, Court of Appeal（Cour d' Appel）of Paris, Case No. RG 15/17037, Oct. 9, 2018.

签署的 26 个可比协议来计算该案的许可费率,① 并且,在爱立信诉 Intex 案中也适用了可比协议法。② 在中国,北京知识产权法院于 2017 年 3 月的 IWNCOMM 诉 Sony 案中也采用了类似的方法,使用可比协议法来确定 FRAND 许可费率,做出对原告有利的判决。③

2. 采用可比协议法将面对的困境

在采用可比协议法时面临的主要挑战之一便是确定哪些被许可人之间是"可比的"。关于此问题,与 FRAND 相关的判例法发展可以为我们提供一些参考。

在无线星球案中,英国高等法院为何时应将两个被许可人视为"可比的"提供了一些指引。英国高等法院主要考虑了两个因素:相同的许可人以及许可协议是近期内签订。④ 另外,法院还支持广泛地考虑多组许可协议而不鼓励专注于单一的许可。

在 TCL 案中,法院也提出了一些特定标准,用以判定哪些协议于确定 FRAND 许可条款时具有可比性。特别是,法院认为,采用可比协议法的第一步是必须先确定"条件相似的被许可人"。在法院看来,这个术语需要作广义解释。基于此概念,法院在确定被许可人是否事实上属于"条件相似的被许可人"时,考虑了诸如公司的地理范围、公司使用的技术、公司所需求的许可,以及合理的销售量等因素。然而,诸如公司的整体财务状况、品牌知名度、实施该项专利的设备所使用的操作系统,以及实施人是否有

---

① *Telefonaktiebolaget LM Ericsson v. Mercury Elecs. & Another*, Interim Application No. 3825 of 2013 and Interim Application No. 4694 of 2013 in Civil Suit (Original Side) No. 442 of 2013 1 – 4, High Ct. of Delhi (Nov. 12, 2014), http://lobis. nic. in/ddir/dhc/GSS/judgement/17 – 11 – 2014/GSS12112014S4422013. pdf.

② *Telefonaktiebolaget LM Ericsson v. Intex Techs. (India) Ltd*, Interim Application No. 6735 of 2014 in Civil Suit (Original Side) No. 1045 of 2014, High Ct of Delhi (Mar. 13, 2015). 本案中,法院支持爱立信的主张,即爱立信提供所有类似公司的条款皆与提供给 Intex 者相同,并且与 Intex 共享的条款同时适用于所有没有标准必要专利可供进行交叉许可的公司。

③ https://ei. com/economists-ink/summer – 2017/iwncomm-v-sony-recent-development-frand- litiga-tion-china/.

④ *Unwired Planet* v. *Huawei*.

其所经营的零售商店等因素则被认为是不相关的。[①]

采用可比协议法所面临的其他挑战在于如何"拆解"许可协议。TCL 案判决可以为这一挑战提供例证,在本案中法院似乎是将被许可人所支付的许可费除以被许可人的零售收入而不是被许可人整体收入来分析可比协议。[②] 法院随后更将这些零售收入计算得出的百分比导入 TCL 的整体收入中,这种计算方法的不匹配使结果严重偏向对 TCL 有利的方向。业界分析家发现了 TCL 许可协议拆解过程中的这一错误以及其他错误,其中的一些问题在爱立信的上诉程序中未仍获得解决。本判决虽然后来被联邦巡回法院推翻,然而其推翻此判决的理由是基于 TCL 案裁决过程的违宪性,[③] 而并不是基于可比协议拆解时产生的错误,因此这一问题也未被联邦巡回法院解决。尽管如此,显而易见的是,针对许可协议的分析需要严格而可靠的方法,否则很可能会产生错误的结果。

四 结论

现实生活中的标准必要专利许可,谈判双方通常会本着诚信原则而进行许可谈判,共享权利要求对照表并于技术讨论中充分讨论协商后,达成对 FRAND 许可条款的协议。只有在当事方未能达成协议时,他们才可能转向法院请求其确认什么是 FRAND 原则的许可条款。在全球范围的各法院中,当需要确定 FRAND 许可费率时,可比协议法被广泛地采用。尽管如此,自上而下法也在一些案件(审判于美国加州北区地方法院,此案件后来被上诉审推翻)中被法院采用,作为确定 FRAND 许可费率的主要方法,[④]

---

① *TCL v. Ericsson*(C. D. Cal. Sept. 14, 2018),p. 58.

② Richard Vary, Dissecting TCL v Ericsson—What Went Wrong? *IAM* 9(2018):10, https://www.twobirds.com/~/media/pdfs/iam91_tclvericsson.

③ Vary, Dissecting TCL v. Ericsson-What Went Wrong? p. 13; Ericsson's CAFC brief, in *TCL v. Ericsson*, US Court of Appeal for the Federal Circuit, Nos. 18 – 1363, 18 – 1380, 18 – 1382, 18 – 1732, 5 July 2018, 54, https://files. lbr. cloud/240539/EricssonTCLAppealBrief. pdf。

④ *TCL v. Ericsson*(C. D. Cal. Sept. 14, 2018),p. 58.

或是对采用可比协议法产生的结果进行核对。①

自上而下法的主要缺陷在于它可能是主观且武断的，它会导致在确定标准必要专利的实际占比时产生偏差，并且没有充分准确地考虑技术的实际价值，而且在计算时可能会对许可费率产生多重而不必要的折扣。由于在采用自上而下法时不可避免地会出现一些"中间点猜测"，并且会对专利侵权诉讼中 FRAND 许可费率计算的关键部分产生影响，因此学界有学者主张，自上而下法应该尽可能地限缩适用。②

可比协议法相较之下则要可靠得多。可比协议法仔细审查了在现实生活中的许可谈判下经由双方的律师、专利工程师、技术专家，以及销售和业务专家共同参与协商所达成的实际协议。尽管采用可比协议的方法不可避免地会面临一些挑战，但它所带来的好处远远超过了挑战。由于目前为止尚未有确定 FRAND 许可费率的完美方法，从理论和实践的角度来看，可比协议法仍然是一个更可靠的分析方法。

标准化为全球各国的消费者和经济带来了很多好处。③ HIS Markit 估计，直至 2035 年，5G 经济将能够创造 13.2 万亿美元的销售额，并提供 2230 万个就业机会。④ 与前几代的通信标准相同，5G 将需要大量的研发投资。然而，这只有在通信标准的创造者共享其标准化投资成果，同时权利人能得到公平、合理且及时的补偿的情况下才可能发生。如此一来，FRAND 许可

---

① *Unwired Planet International Ltd v. Huawei Technologies Co.* ［2018］EWCA（Civ）2344.

② Peter Georg Picht，"FRAND Determination in TCL v. Ericsson and Unwired Planet v. Huawei：Same Same but Different？"*Max Planck Institute for Innovation & Competition Research Paper* 18（2018）：30.

③ Julio Bezerra, et al., The Mobile Revolution：How Mobile Technologies Drive a Trillion-Dollar Impact, Boston Consulting Group（Jan. 15，2015），p. 28，https：//www. bcgperspectives. com/content/articles/telecommunications_technology_business_transformation_mobile_revolution/. 如 Baron 及 Gupta 提到，造成这种影响的主要驱动因素之一是 3G 和 4G 无线传输, Justus Baron, Kirti Gupta, Unpacking 3GPP Standards, 2015, http：//www. law. northwestern. edu/research-faculty/clbe/innovationeconomics/documents/Baron_Gupta_Unpacking_3gpp_Standards. pdf, 可另参见 *Journal of Economics & Management Strategy* 27，3（2018）：433 – 461。

④ Qualcomm's study, The 5G Economy, How 5G Will Contribute to the Global Economy,（Nov. 2019），https：//www. qualcomm. com/media/documents/files/ihs – 5g – economic-impact-study – 2019. pdf.

费率必须继续体现标准化技术运用于现实生活中所带来的价值（例如智能手机）。TCL 案及无线星球案中使用自上而下法这种不可靠的计算方法计算许可费率，可能会导致对创新者整体的补偿严重不足，或者对某些创新者的补偿严重不足，却对另一些创新者过度补偿，因此不利于促进未来的创新发展。

《知识产权与市场竞争研究》 第 7 辑

第 296～311 页

© SSAP，2021

数据抓取行为的不正当竞争认定路径研究

赵　超[*]

内容提要：数据抓取是互联网经济领域出现的一种新型不正当竞争行为。由于立法层面的缺憾和传统审判理念的影响，司法实践中对此类案件的处理存在一定问题。数据抓取行为的不正当竞争认定应结合互联网经济的发展特性和反不正当竞争法的基础理论，从数据权益、市场效果等角度出发，构建利益整体保护观念，在依法规制不正当竞争行为、维护市场秩序的同时，为互联网相关产业的发展提供行为范式与价值引导。

关键词：数据抓取；不正当竞争；竞争关系；认定路径

引　言

以我国首宗"爬虫"案——"深圳市谷米科技有限公司诉武汉元光科技有限公司等不正当竞争纠纷案"[①]为代表，近年来互联网经济领域中涌现出若干以利用网络"爬虫"抓取数据为主要形式的不正当竞争案件。数据抓取类不正当竞争行为可以理解为未经允许或无正当理由利用网络"爬虫"等自动化技术获取互联网数据并影响目标经营者经营利益和竞争优势的行为。囿于我国《反不正当竞争法》并未将此类新型不正当竞争案件以类型

---

[*]　赵超，天津师范大学法学院 2017 级硕士研究生，主要研究方向为竞争法。

①　广东省深圳市中级人民法院（2017）粤 03 民初 822 号民事判决书。

化的法律条文囊括其中，现阶段司法实践中对该类行为的认定与裁决主要依据《反不正当竞争法》的一般条款①，此举存在一定弊端。应当结合互联网经济的发展特性和反不正当竞争法的基础理论、立法精神，探索出正确、适合的认定路径，为此类新型不正当竞争案件的审裁提供新的思路和标准。

一 数据抓取行为概述

（一）网络"爬虫"的含义与应用现状

网络"爬虫"是一种可以自动抓取、下载网页信息内容的计算机程序或自动化脚本，可以根据指定的规则快速、自动分析目标页面并重复抓取和收集相关网页信息，② 是互联网中被普遍运用的一种数据获取手段。与之相对应的一个概念是"爬虫协议"（robots. txt），指的是目标网站的所有者针对抓取行为订立的一种技术协议，数据抓取者可以在协议所设定的访问权限内自由抓取数据。

网络"爬虫"技术的应用涉及电商、出行、社交等多个领域，最早也是最广泛的应用是在搜索引擎上。网络"爬虫"通过对关键字的提取可以实现对目标网页的检索进而呈现出经过整合的信息，例如"天眼查"就是利用"爬虫"来抓取国家企业信用信息公示系统上的信息，为用户提供相应的查询服务。在电子商务领域，网络"爬虫"技术则多被用于采集平台数据并实时监控各站的价格浮动情况进而为用户提供及时准确的比价服务。

（二）规制不正当数据抓取行为的必要性

从技术中立的角度而言，网络"爬虫"技术本身并无违法违规之处。

---

① 《反不正当竞争法》第 2 条第 1 款规定："经营者在生产经营活动中，应当遵循自愿、平等、公平、诚信的原则，遵守法律和商业道德。"

② J. Cho. *Crawling the web*：*Discovery and Maintenance of Large-scale Web Data*（L. A：Stanford University，2002），p. 188.

遵循"爬虫"协议、适当善意的数据抓取行为有利于整合互联网数据资源，产生数据规模效应，既符合互联网开放共享的原则精神，又符合数据所有者的利益预期。反之违反"爬虫"协议或者妨碍网站的正常运行、损害对方商业竞争利益的数据抓取行为属于不正当的数据抓取行为，应当受到法律规制。

规制不正当的数据抓取行为是推进互联网领域安全治理、维护互联网经济良好秩序的必然要求。不正当的数据抓取可能会干扰网站和系统的正常运营。当大量的网络"爬虫"被滥用于同一个站点时，反复大量的访问请求会给原网页的正常运营造成干扰，增加服务器的处理开销、维护成本和技术风险，甚至导致网页的过载甚至崩溃。

规制不正当的数据抓取行为是互联网经济健康、合法发展的根本保证。国家互联网信息办公室于 2019 年 5 月 28 日发布的《数据安全管理办法（征求意见稿）》首次对数据抓取行为进行了法律界定，规定了网络运营者采取自动化技术手段（以网络"爬虫"技术为代表）访问收集网站数据的限度与要求。① 目前司法实践对不正当的数据抓取行为采取"先民后刑"的规制方法，受限于涉案数据的权利归属，此类案件的民事救济主要通过不正当竞争诉讼来解决；针对不正当数据抓取行为中突破技术措施构成犯罪的，则根据不同的犯罪情节以非法获取计算机信息系统数据罪、非法侵入计算机信息系统罪论处，抓取数据涉及个人信息的，还可能构成侵犯公民个人信息罪。

二 我国司法实践对数据抓取行为不正当竞争认定现状

与其他互联网新型不正当竞争案件一样，司法实践中对数据抓取类不

---

① 《数据安全管理办法（征求意见稿）》第 16 条规定："网络运营者采取自动化手段访问收集网站数据，不得妨碍网站正常运行；此类行为严重影响网站运行，如自动化访问收集流量超过网站日均流量三分之一，网站要求停止自动化访问收集时，应当停止。"

正当竞争案件的审裁仍处于一个探索的过程。笔者选取了近年来出现的五例数据抓取的典型案件：深圳市谷米科技有限公司与武汉元光科技有限公司等不正当竞争纠纷案（以下简称谷米诉元光案）①、上海汉涛信息咨询有限公司诉北京百度网讯科技有限公司等不正当竞争纠纷案（以下简称大众点评诉百度案）②、北京微梦创科网络技术有限公司诉北京淘友天下技术有限公司、北京淘友天下科技发展有限公司不正当竞争纠纷案（以下简称微博诉脉脉案）③、北京微梦创科网络技术有限公司与上海复娱文化传播股份有限公司不正当竞争纠纷案（以下简称微博诉"饭友"App 案）④ 以及杭州阿里巴巴广告有限公司、阿里巴巴（中国）网络技术有限公司等与南京码注网络科技有限公司等不正当竞争纠纷案（以下简称阿里巴巴诉码注案）⑤ 作为分析实例，从法律适用、裁判思路两方面做对比分析。

（一）以竞争关系的存在作为认定起点，认可非同业竞争关系

长期以来，在我国的司法实践中竞争关系的存在往往被认为是适用《反不正当竞争法》的基本前提，涉及互联网的新型不正当竞争案件也是如此。在本文选取的案例中，司法机关在进行裁决时大多首先进行竞争关系的辨识，但在个案中对于竞争关系的认定种类、对同种类竞争关系的认定理由却不尽相同，具体见表 1。

第一类如谷米诉元光案，司法机关以原被告双方所开发的软件用途相同、涉及服务领域相同认定双方存在直接的同业竞争关系，本质上是基于经营范围作出的单一判断，与传统的对直接竞争关系认定的理念相契合；第二类案件虽明确当事人之间竞争关系的存在，但在阐明理由的时候侧重

---

① 广东省深圳市中级人民法院（2017）粤 03 民初 822 号民事判决书。
② 上海市浦东新区人民法院（2015）浦民三（知）初字第 528 号民事判决书、上海知识产权法院（2016）沪 73 民终 242 号民事判决书。
③ 北京市海淀区人民法院（2015）海民（知）初字第 12602 号民事判决书、北京知识产权法院（2016）京 73 民终 588 号民事判决书。
④ 北京市海淀区人民法院（2017）京 0108 民初 24510 号民事判决书。
⑤ 杭州市滨江区人民法院（2019）浙 0108 民初 5049 号民事判决书。

于解释为非同业经营者之间的间接竞争关系，对间接竞争关系持认可态度：如在大众点评诉百度案中司法机关采取广义认定的标准，主张竞争关系的认定不应局限于服务领域、经营模式等内容，而要从具体的经营行为出发；又如微博诉脉脉案中司法机关采取综合认定的标准，对经营范围、服务对象、业务模式多个要素进行综合判断，只要这些要素中存在一定的交叉、重叠即可认定竞争关系的存在；此外，司法审判中也逐渐出现对竞争关系的回避或隐化处理，如在阿里巴巴诉码注案中，司法机关并未将竞争关系作为案件的争议焦点，而是在具体的判决中通过阐明原被告双方具体业务中在用户、利益等方面存在的交叉或替代关系，在此基础上对案件进行审理，这种隐化处理实则也是对双方之间竞争关系的一种肯定。

表 1　数据抓取类典型案例中竞争关系的认定理由对比

案件	当事人（简称）	竞争关系的认定理由
谷米诉元光案	原告：谷米公司 被告：元光公司	双方开发的软件提供的服务、用途相同
大众点评诉百度案	原告：大众点评 被告：百度	1. 双方在为用户提供商户信息和点评信息的服务模式上近乎一致 2. 双方存在交易对象的争夺
微博诉脉脉案	原告：微博 被告：脉脉	1. 双方实质上都提供网络社交服务 2. 双方在用户群体、业务模式、经营范围上存在交叉重叠
微博诉"饭友"App 案	原告：微博 被告："饭友"App	1. 双方实质上都提供网络社交服务 2. 双方的经营对象、范围高度重叠 3. 双方存在对流量和数据的争夺
阿里巴巴诉码注案	原告：阿里巴巴 被告：码注公司	1. 隐化竞争关系的认定 2. 双方提供服务的相关公众存在交叉 3. 双方在网站经营和用户流量领域存在替代关系

资料来源：笔者根据案件裁判文书整理自制。

（二）以一般条款作为法律适用的基础，结合商业道德、诚信原则认定

我国《反不正当竞争法》对不正当竞争行为的认定采取"概括 + 列举"的立法体例，在明确规定七种类型的不正当竞争行为的同时保留一般条款

作为法官补充判断竞争行为正当性的工具，以确保不正当竞争概念的周延性，① 为了适应互联网经济日新月异的发展、应对新型互联网不正当竞争行为，2017 年修订的《反不正当竞争法》以类型化的方式设置了互联网专款，规定了互联网领域三种类型的不正当竞争行为。②

鉴于《反不正当竞争法》未能对诸如数据抓取等新型互联网竞争行为的不正当性作出准确具体的评价，现阶段对数据抓取行为的不正当竞争认定主要以《反不正当竞争法》第 2 条的一般条款为法律适用的基础，但针对个案而言，司法机关所适用的法律又并不完全相同，具体见表 2。在互联网专款出台之前，司法机关对于数据抓取行为的不正当竞争的认定大多数是将一般条款作为基础依据并结合具体的案件事实、行为特性来做进一步把握，但也存在独立适用一般条款作出的裁决；在互联网专款出台后，除了按照溯及力需要适用旧法的案件外，其余涉及数据抓取的不正当竞争认定的大多是适用一般条款和第 12 条第 2 款第 4 项这一互联网专款的兜底条款，再结合案件事实进行具体评价。

表 2　数据抓取类典型案例的法律适用对比

案件	当事人（简称）	不正当竞争认定的法律适用
谷米诉元光案	原告：谷米公司 被告：元光公司	1993 年《反不正当竞争法》第 2 条
大众点评诉百度案	原告：大众点评 被告：百度	1993 年《反不正当竞争法》第 2 条、第 5 条第 2 项
微博诉脉脉案	原告：微博 被告：脉脉	1993 年《反不正当竞争法》第 2 条、第 14 条

---

① 蒋舸：《反不正当竞争法一般条款的形式功能与实质功能》，《法商研究》2014 年第 6 期。

② 《反不正当竞争法》第 12 条被称为"互联网专款"，该条第 2 款规定："经营者不得利用技术手段，通过影响用户选择或者其他方式，实施下列妨碍、破坏其他经营者合法提供的网络产品或者服务正常运行的行为：（一）未经其他经营者同意，在其合法提供的网络产品或者服务中，插入链接、强制进行目标跳转；（二）误导、欺骗、强迫用户修改、关闭、卸载其他经营者合法提供的网络产品或者服务；（三）恶意对其他经营者合法提供的网络产品或者服务实施不兼容；（四）其他妨碍、破坏其他经营者合法提供的网络产品或者服务正常运行的行为。"

续表

案件	当事人（简称）	不正当竞争认定的法律适用
微博诉"饭友"App案	原告：微博 被告："饭友"App	2019年《反不正当竞争法》第2条、第12条第2款第4项
阿里巴巴诉码注案	原告：阿里巴巴 被告：码注公司	2019年《反不正当竞争法》第2条

资料来源：笔者根据案件裁判文书整理自制。

以《反不正当竞争法》一般条款作为法律适用，即将不正当竞争行为的认定置于商业道德、诚信原则的评价标准之下。目前司法实践中采取的大多也是以违反公认的商业道德和诚实信用原则与否作为判定行为正当性的关键，评价标准呈现出对"道德化"的高度依赖，如表3所示。与此同时，司法机关在对商业道德、诚信原则的具体理解和适用上呈现出标准不一的情况，大体可总结为两种不同的认定思路与方式：目前主流的认定方式是结合案情判断被告的主观动机和被诉行为客观情形是否违背了商业道德和诚实信用原则，着重强调一般条款中的道德性，属于传统的审理思路；少类的则是从市场效果这一维度入手，通过分析数据抓取行为中各部分要素，如数据的权益归属、抓取行为的技术限度、行为的市场效果等，结合数据抓取行为的技术特性和个案特点对道德和诚信的内涵进行具体化阐明，在审理思路上有一定的创新与突破。

表3　数据抓取行为不正当性的认定理由及角度对比

案件	当事人（简称）	对行为不正当性的认定理由及角度
谷米诉元光案	原告：谷米公司 被告：元光公司	结合案情认定被告的行为属于"不劳而获""食人而肥"，违反诚实信用原则
大众点评诉百度案	原告：大众点评 被告：百度	被告大量、全文使用涉案点评信息的行为带有"搭便车""不劳而获"的特点，违反公认的商业道德和诚实信用原则
微博诉脉脉案	原告：微博 被告：脉脉	在确定数据权益归属的基础上，结合数据获取、使用情况认定被告违反诚实信用原则和公认的商业道德
微博诉"饭友"App案	原告：微博 被告："饭友"App	一是考虑涉案数据是否具有商业价值和竞争价值；二是考察被诉行为是否属于利用技术手段实施了"妨碍、破坏"

案件	当事人（简称）	对行为不正当性的认定理由及角度
阿里巴巴诉码注案	原告：阿里巴巴 被告：码注公司	从被告行为是否有利于市场效率及社会利益、抓取行为是否在合理限度之内两方面认定行为违反商业道德

资料来源：笔者根据案件裁判文书整理自制。

三 对数据抓取行为不正当竞争认定的反思与检视

数据抓取类不正当竞争案件属于互联网经济语境下出现的新情境、新问题，目前此类案件相比其他互联网不正当竞争案件而言数量较少，但其增长趋势与空间不容小觑。对此，理应从现阶段已经审结的案件入手，结合竞争法的法理基础、立法精神和互联网经济业态发展的特点，理清审裁思路和逻辑方法，反思其中存在的问题与不足。

（一）竞争关系的认定上

在我国以往的司法政策中，存在竞争关系被认为是认定构成不正当竞争的条件之一的情况，[①] 但不难发现，近年的司法实践中，竞争关系在互联网新型不正当竞争案件中的认定虽有消减的趋势，但总体上仍未完全脱离这一前提，在个案审判中往往对竞争关系作泛化或隐性理解。数据抓取类不正当竞争是否可以发生在不存在竞争关系的双方或者非经营者之间，目前司法实践中缺乏足够的实例来说明，学界对此也存在较大分歧。跨领域化经营是互联网经济的重要特点之一，近年来互联网行业呈现出经营分工细化、业务重合交叉的发展态势，随之而来的则是经营界限的模糊化和逐渐增多的非同业不正当竞争行为，这也为司法机关审裁相关案件带来了一定的困扰。

[①] 《最高人民法院副院长曹建明在全国法院知识产权审判工作座谈会上的讲话——加大知识产权司法保护力度依法规范市场竞争秩序》，法邦网，https://code. fabao365. com/law_ 46164_1. html。

从竞争关系的认定标准来看，在涉及数据的不正当竞争案件中，目前司法机关对于竞争关系的认定模式大致可以分为三种：一是根据经营范围单一判断，认定为直接的同业竞争关系；二从具体的经营行为入手，认定为非同业经营者之间的间接竞争关系；三是模糊化认定竞争关系并论证。[①]在第二种、第三种认定模式上，由于互联网竞争行为要素的复杂性，实践中的认定标准并不具体且不易把握，学术界尚无定论。与此同时，司法机关也在个案中开始积极探索非同业经营者之间竞争关系的认定，但标准不一。因此如果在竞争关系识别存在一定困难的情况下依旧将竞争关系的认定作为审理案件的起点，实则是一种定位失误。当不正当竞争行为的认定最终朝着探索解释"竞争关系"理论的方向发展时，稍有不慎则会陷入逻辑诡辩、概念论争的危险，致使不正当竞争案件的审判中心发生偏移。

（二）法律适用上

适用法律困难是现阶段审理互联网新型不正当竞争案件面临的主要困境之一。我国《反不正当竞争法》的类型化条款中依然缺乏对数据抓取等大部分新型互联网不正当竞争行为的规制，相应的网络数据规则仍处在孕育之中，司法实践中时常存在"无法可依"的局面。如上文所述，对数据抓取类不正当竞争案件的审理要么独立适用一般条款，要么结合互联网专款进行评价，这两种处理方法都存在一定的不合理之处。

1. 一般条款的适用

立法层面的缺位决定了司法机关在审理大多数互联网不正当竞争案件时必须适用《反不正当竞争法》第2条的一般条款。但以诚信原则和公认的商业道德作为核心内容的一般条款不可避免地带有宽松的外延性和主观裁量性，审裁需要法官结合个案进行主观上的评价判断，有违法律本身的客观性要求。一般条款的普遍适用在赋予司法机关较大裁量自由的同时也对法官对案件的

---

① 王永强：《网络商业环境中竞争关系的司法界定——基于网络不正当竞争案件的考察》，《法学》2013 年第 11 期。

整体把握和竞争法立法精神的理解做出了较高的要求。从司法裁量的社会效果考虑，对一般条款解释技巧和权衡能力的缺乏势必会进一步引发纠纷，削弱司法公信力；从经济效果出发，对一般条款的适用态度和取向则会直接干预互联网市场的自由竞争秩序，影响互联网经济的发展态势。

为了防止一般条款适用上的随意性，最高人民法院在"海带配额案"①中为一般条款的适用限定了具体的要件：一是该种竞争行为法律未作出特别规定，二是经营者的合法权益受到实际损害，三是被告违反诚实信用原则和公认的商业道德。但即便如此，该案确立的适用要件中的第三点仍然过于抽象。此外数据抓取行为以获取数据作为落脚点，在行为外观上有其自身的数据性、技术性特点，与传统意义上的不正当竞争行为有着一定区别，况且互联网经济语境中对商业伦理、商业道德的理解相较传统的经济活动而言又不完全相同，因此"海带配额案"中确立的分析范式和具体要件能否被直接适用于数据抓取这类新型互联网竞争行为案件仍有待商榷。

2. 互联网专款中兜底条款的适用

《反不正当竞争法》第 12 条第 2 款第 4 项的设置是为了保证在立法不能完全穷尽互联网竞争行为的情况下，为可能出现的新型不正当竞争行为提供兜底性规定，保证列举式立法体例的周延性，便于司法机关在审理案件时有法可依。但兜底条款如同一般条款中确立的诚信原则、商业道德一样带有模糊性、主观性，与法律本身的确定性原则相悖。况且现阶段也未有相应的司法解释对该兜底条款进行进一步解释说明，这就导致盲目将数据抓取行为定性成"其他妨碍、破坏其他经营者合法提供的网络产品或者服务正常运行的行为"显得有些许牵强。与此同时解释理念的不一致不仅会导致法律适用上的偏差，更会使互联网从业者对自身行为是否具有合法性的预期产生判断上的困难。②

---

① 最高人民法院（2009）民申字第 1065 号民事裁定书。
② 李阁霞：《互联网不正当竞争行为分析——兼评〈反不正当竞争法〉中"互联网不正当竞争行为"条款》，《知识产权》2018 年第 2 期。

从立法技术上来看，位于列举之后的兜底条款是对应列举项相同类型之事物的"一揽子"规定，而不是用于涵摄与列举事项完全不同之类型的事项。[①] 故有学者指出，《反不正当竞争法》的互联网专款所规定的三类不正当竞争行为并不满足互斥并周延的立法技术要求，在提高可预见性方面有所折扣，而兜底条款也只能仅仅评价与这三类行为高度近似的行为，因此在行为外观与这三类行为并非高度相似的情况下，不能将数据抓取行为盲目地囊括到兜底条款的规定之中。[②] 从数据抓取的技术特性上来看，如果被告利用网络"爬虫"等自动化技术手段对原告目标页面上的数据进行合理限度的抓取，或仅仅是违反爬虫协议的规定和权限进行数据抓取，并不存在所谓"妨碍、破坏正常运行"的影响，那么兜底条款就不能被用于评价此类行为。因此，如果采用目的解释或扩张解释强行将数据抓取等互联网新型竞争行为纳入兜底条款的范围中，将不可避免地导致互联网经营者无法准确判断自身行为的合法性，不利于互联网经济的整体发展和技术进步。

（三）行为的不正当性认定上

在立法缺位和依赖一般条款的传统审判思路的作用下，传统经济活动中一贯坚守的诚实信用、商业道德理念被用于评价、分析数据抓取行为的不正当性。这种将商业道德标准法律化的做法虽然符合反不正当竞争法的立法原意，但如果对互联网经济语境下道德因素的具体标准把握不当，则很容易会产生经济效果和道德价值的冲突，甚至造成竞争行为不正当性认定的偏差，限制互联网经济的自由竞争。

一方面，互联网经济下的商业道德、诚实信用原则具有不确定性，需要依据人的主观判断，并在长期的实践中更新总结，赋予其新的定义和解

---

① 李军：《兜底条款中同质性解释规则的适用困境与目的解释之补足》，《环球法律评论》2019年第4期。

② 蒋舸：《〈反不正当竞争法〉网络条款的反思与解释——以类型化原理为中心》，《中外法学》2019年第1期。

释。互联网经济的飞速发展和商业模式的持续性颠覆很难为这一价值判断的过程创造稳定的经济环境，在此基础上形成的竞争规则很难带有明确的指导性。此外互联网经济语境下的商业道德和诚信原则该从哪些地方把握也是值得思考的地方，《北京市高级人民法院关于涉及网络知识产权案件的审理指南》第 34 条提出对于公认的商业道德的评价可以参照特定行业惯例、自律公约、信息网络行业的技术规范及其他参考因素，但事实上互联网行业内被公认的商业理念和通行的交易习惯未必等同于法律意义上的正当行为，只有良好的、符合反不正当竞争法立法目的的行业惯例才能成为评价依据。[1] 比如业内允许在"爬虫协议"的权限内进行数据抓取，但"爬虫协议"作为一种行业惯例在法律上的效果和定性尚无定论，是否可以将其作为判断数据抓取行为正当性的、可普遍适用的法外规则仍有待商榷。

另一方面，当前司法实践对于商业道德、诚实信用原则的理解和适用并不到位，存在利益考量单一化的问题。如在大众点评诉百度案中，司法机关在对案件进行简单事实描述并列举涉案数据的商业价值、数据获取的成本和难度等要素之后即对原告行为的正当性作出判断，用"从主观故意到客观危害性"的简单逻辑就得出原告违背公认的商业道德和诚信原则的结论，回避了对"公认商业道德和诚信原则"的具体阐释与说理论证。且这种仅仅依据损害行为进行评价的做法明显带有机械性和简单性，强调原告因该行为造成的经济损失而并未进一步考量被告的经营成果和消费者的合法权益是否应当受到一定程度的保护和尊重，缺乏经济性和利益衡平思维。[2]

四　关于数据抓取类不正当竞争行为的认定建议

（一）完善竞争法律体系

如前文所述，司法机关在审理数据抓取类不正当竞争案件中所存在的

---

① 范长军：《行业惯例与不正当竞争》，《法学家》2015 年第 5 期。
② 陈兵：《互联网新型不正当竞争行为审裁理路实证研究》，《学术论坛》2019 年第 5 期。

误区和偏差很大程度上是由于立法层面的缺憾。对此，有学者主张有必要在完善一般条款、增加列举条款的同时作兜底条款的规定。① 但笔者认为在高度依赖一般条款、互联网专款保护不足的情况下，实则应该以司法解释的形式对《反不正当竞争法》第12条第2款第4项作进一步的解释，以类型化列举的方式将数据抓取行为囊括其中。因为一般条款的解释和适用最终多是由司法机关作出的，故相比于围绕一般条款进行解释体系的构建，直接针对互联网专款进行列举式规定则更有利于互联网经营者对自身行为合法性与否的准确识别。

（二）树立符合互联网竞争特性的审判思路

1. 适当调整竞争关系的地位

从法理性质上看《反不正当竞争法》是行为法，适用《反不正当竞争法》的关键在于依据竞争规则判断竞争手段的正当性，而没有必要把竞争关系的存在作为另一种独立附加的认定条件。② 在互联网新型竞争关系难以认定、认定标准不一且非同业竞争关系涌现的情况下，对互联网主体之间竞争关系的考察不应当作为不正当竞争行为认定的桎梏，应当把重点放在是否以不正当手段获取或者破坏数据竞争优势上，即由"竞争关系"转向"行为本身"，而不是坚持以竞争关系的存在作为认定行为的前提。淡化竞争关系的认定一方面可以直接不将其作为认定不正当竞争行为的要件之一，与此同时对竞争关系的弱化和消减并不一定意味着必须完全放弃竞争关系，也不代表竞争关系在反不正当竞争行为的认定中已经毫无意义，对非同业竞争关系的认可和探索，实质上也是对竞争关系的弱化处理。因此在司法实践中还可以着重探索非同业竞争关系或间接竞争关系的认定标准，从实际的市场行为、相互争夺的数据利益、产品目标用户群等要素出发，

---

① 吕来明、熊英：《反不正当竞争法比较研究——以我国〈反不正当竞争法〉修改为背景》，知识产权出版社，2014，第253~255页。

② 孔祥俊：《反不正当竞争法的创新性适用》，中国法制出版社，2014，第130页。

在有效规制此类不正当竞争行为的同时也要避免因一味规制导致的市场负面效果。①

2. 明确是否存在应受法律保护的数据权益

反不正当竞争最早来源于民法中未类型化利益的保护，就这一点而言，反不正当竞争法和侵权责任法有着相似的法理基础。判断是否构成侵权责任的前提是存在应当受到法律保护的权益，那么在不正当竞争行为的认定上也应当考虑这样的前提是否存在。数据抓取类竞争行为的本质是数据资源之争，相应的则要判断是否存在应受法律保护的数据权益，将正当性认定落实到客观事实层面。数据的多重属性导致了平台数据的权属无法得到清晰的界定，在我国的司法实践中一般认为数据属于个人和平台共有，典型的如微博诉脉脉案的判决。② 但事实上，经营者对于其收集的用户数据并不享有所有权，但其可以主张对收集存储的数据的控制权、使用权等权利，倾向于解释为基于数据产品使用价值而产生的权益，此类权益应当受到法律的保护。互联网经济语境中的数据优势就是竞争优势，数据就是商业投入的经济成果和利益回报，因此数据权益的归属应当基于"贡献原则"进行考量，即对数据的收集、管理等作出技术贡献和资金投入的经营主体可以主张一定的经营收益、竞争优势，突破了这一"贡献原则"则不具有应受法律保护的权益。

3. 以市场效果作为行为正当性判定的主要标准

面对竞争利益多元化、竞争关系复杂化的互联网经济，仅凭传统的商业道德等伦理标准已经不足以对竞争行为的正当性作出准确认定，因此需要结合市场效果对商业道德、诚实信用原则做进一步的理解和补充。互联网经济围绕平台、用户、数据三大要素展开，强调效率和信息的高度互联互通，数据抓取的初衷也正是提高信息时代收集和获取数据的效率，因此

① 叶明、郭江兰：《误区与纠偏：数据不正当竞争行为认定研究》，《西北民族大学学报》（哲学社会科学版）2019 年第 6 期。

② 丁晓东：《数据到底属于谁？——从网络爬虫看平台数据权属与数据保护》，《华东政法大学学报》2019 年第 5 期。

对数据抓取行为的不正当性认定应当以市场效果作为主要判定的标准，即该竞争行为是否会损害互联网经济高度追求的效率，商业道德等其他因素则可以适当作为辅助判断因素。市场效果更侧重于强调经济活动中的客观事实，更加满足现代法治对于客观理性的价值追求，能够有效弥补商业道德等伦理标准的滞后性、抽象性。[①] 具体可以从以下三个方面把握：一是数据抓取行为是否会侵害其他经营者受到法律保护的、建立在数据上的竞争优势和商业利益，造成用户转移和交易机会的减少；二是对数据的抓取和使用是否会影响数据这一互联网市场重要商业要素的再产生和开发者对数据的再投入；三是因数据抓取而衍生的如"搭便车"等商业行为和模式是否不利于互联网经济业态的创新和升级。此外数据抓取是否遵守了"爬虫协议"，数据的使用是否获得经营者及用户的授权等也可以作为辅助性判定因素被采纳。

4. 构建利益整体保护观念

不正当的数据抓取行为涉及多方主体，侵犯多重利益。从主体上看包括经营者、消费者的利益以及互联网经济的竞争秩序；从类型上看包括竞争价值、商业利益、互联网行业的创新价值等。因此在审裁数据抓取类不正当竞争案件时应当构建利益整体保护观念，注意利益保护的多元化。

一方面要重视消费者的利益保护。当前互联网不正当竞争侵害消费者利益的行为具有普遍性和严重性，但从司法实践来看，竞争法领域的消费者利益保护现状并不乐观。[②] 互联网经济以保持用户黏性作为主要的业务内容，竞争实质是对用户的争夺，在数据流动共享的过程中，消费者作为数据主体对数据享有的知情权、控制权等合法权益应当受到充分的尊重和保护。如微博诉脉脉案开创性地确立了"用户授权 + 平台授权 + 用户再授权"三重授权的原则，体现了对用户知情权和选择权的保护。在今后的司法裁

---

① 史欣媛：《互联网新型不正当竞争案件中的行为正当性判定标准研究》，《安徽大学学报》（哲学社会科学版）2017 年第 1 期。

② 谢兰芳：《论互联网不正当竞争中消费者利益的保护》，《知识产权》2015 年第 11 期。

判中，应逐渐转变以经营者利益为核心的保护思路，协同、整体保护竞争双方、消费者、其他经营者等市场参与主体的利益并依比例原则进行适当的利益平衡。

另一方面则要关注互联网行业发展的特殊利益。现代不正当竞争法发展的一个重要特点是更加注重效率取向及市场和科技的创新。[①] 应当认识到数据抓取行为在提高信息时代收集和获取数据的效率上有一定的作用，法律对于这一行为的态度直接影响着此类技术的创新进步和互联网经济市场的竞争活力。因此在具体的案件审理中除了要考量传统的商业利益、竞争优势，还应当关注数据抓取行为在商业模式和技术进步等方面彰显出的创新价值，在依法规制不正当的数据抓取行为的同时也要保障数据的正常流通和共享，注重利益保护的多元化，达到保护互联网竞争机制的最终目标。

结　语

互联网经济在创造新的商业模式、经济业态的同时，也突破了传统市场竞争中的诸多理念与因素。在各种互联网新型不正当竞争案件层出不穷的情况下，涉及互联网数据领域的不正当竞争的认定与审理更是司法实践中的难点。司法机关在审理此类不正当竞争案件时应当进行审判思路的革新，结合互联网经济的特有属性和各类竞争行为背后的技术性特征，探索带有网络竞争法特性的审判思维和方式，在依法规制不正当竞争行为、维护市场秩序的同时，为互联网相关产业的发展提供行为范式与价值引导。

---

① 孔祥俊：《论反不正当竞争法的新定位》，《中外法学》2017 年第 3 期。

征稿启事

　　《知识产权与市场竞争研究》是由武汉大学知识产权与竞争法研究所、湖北省法学会竞争法学研究会联合主办，由武汉大学知识产权与竞争法学科带头人宁立志教授担任主编的以书代刊形式的学术性连续出版物，每年出版两辑。本刊力求汇集百家观点、砥砺学术思想、凝聚学术共识、研拟法治策略，赓续往学，推陈出新，力争为推动中国知识产权法与竞争法理论与实务研究的不断深入和发展略效绵力。在此，热诚期盼学术界、监管部门、司法部门以及其他对知识产权与市场竞争理论和实践问题感兴趣的各界贤达赐稿！

　　作为知识产权法与竞争法以及两者交叉领域学术传播和思想交流的重要园地，《知识产权与市场竞争研究》始终坚持在选稿、用稿上的科学标准，突出学术导向，追求学术创新，鼓励学术争鸣，弘扬学术精神，尤其强调贴近中国现实，服务中国进步。每辑拟设"本辑特稿""理论聚焦""学术专论""判解/实务研究""域外法治"等栏目，不划界自囿，不拘泥于稿件类型和作者身份，要求来稿选题新颖，内容充实，观点明确，论证严谨。来稿篇幅以1万~2万字为宜，并在正文前加列"内容提要"与"关键词"。内容提要为文章主要观点之提炼，字数一般控制在300字以内，关键词一般为3~6个。

　　为保证用稿质量和水平，《知识产权与市场竞争研究》将采用双向匿名审稿制。稿件一经刊用，编辑部将给予适当稿酬，并采取"优稿优酬"原则。来稿请以电子邮件的方式惠寄至编辑部专用邮箱：whuiprmc@163.com。请在邮件的标题中注明作者姓名和文章题目。所有稿件请采用Word文档格式，以保证文字信息的兼容性。

《知识产权与市场竞争研究》编辑部

图书在版编目（CIP）数据

知识产权与市场竞争研究. 第 7 辑 / 宁立志主编. ——
北京：社会科学文献出版社，2021.11
ISBN 978 - 7 - 5201 - 8696 - 4

Ⅰ. ①知…　Ⅱ. ①宁…　Ⅲ. ①企业 - 知识产权 - 关系
- 市场竞争 - 研究 - 中国　Ⅳ. ①D923.404

中国版本图书馆 CIP 数据核字（2021）第 226008 号

知识产权与市场竞争研究　第 7 辑

主　　编／宁立志

出 版 人／王利民
责任编辑／易　卉
文稿编辑／王楠楠
责任印制／王京美

出　　版／社会科学文献出版社·人文分社 （010）59367215
　　　　　　地址：北京市北三环中路甲 29 号院华龙大厦　邮编：100029
　　　　　　网址：www.ssap.com.cn
发　　行／市场营销中心 （010）59367081　59367083
印　　装／三河市龙林印务有限公司

规　　格／开　本：787mm × 1092mm　1/16
　　　　　　印　张：20　字　数：292 千字
版　　次／2021 年 11 月第 1 版　2021 年 11 月第 1 次印刷
书　　号／ISBN 978 - 7 - 5201 - 8696 - 4
定　　价／128.00 元

本书如有印装质量问题，请与读者服务中心（010 - 59367028）联系